产品研发质量 与成本控制

基于价值工程和全生命周期

何重军　编著

化学工业出版社

·北京·

内容简介

《产品研发质量与成本控制：基于价值工程和全生命周期》一书，从产品的价值管理出发，综合利用价值工程、产品全生命周期模型、成本管理中的价值分析VA、质量功能展开QFD、目标成本设定/分解和设计等方法，从本质上找到解决客户需求、产品质量、成本、时间进度等之间冲突的方法。实际论述过程中以产品开发过程为线索进行整合，把价值管理、成本管理、质量管理结合起来并行讲解。

本书采用图文解读的方式，并辅以导言、相关链接、提醒、范本等模块，让读者在轻松阅读中了解产品研发管理的要领并学以致用。本书尽量做到去理论化，注重实操性，以精确、简洁的方式描述重要知识点，满足读者希望快速掌握产品研发质量和成本控制的重点和要求。

本书可作为企业管理者、产品研发人员的参照范本和工具书，也可供高校教师和专家学者作为实务类参考指南，还可以作为相关培训机构开展管理培训的参考资料。

图书在版编目（CIP）数据

产品研发质量与成本控制：基于价值工程和全生命周期/何重军编著. —北京：化学工业出版社，2022.1（2025.1重印）
ISBN 978-7-122-40126-7

Ⅰ.①产⋯ Ⅱ.①何⋯ Ⅲ.①产品开发-质量管理②产品开发-成本管理 Ⅳ.①F273.2

中国版本图书馆CIP数据核字（2021）第210874号

责任编辑：陈 蕾　　　　　　　　　　　装帧设计：尹琳琳
责任校对：宋 夏

出版发行：化学工业出版社（北京市东城区青年湖南街13号　邮政编码100011）
印　　装：涿州市般润文化传播有限公司
787mm×1092mm　1/16　印张16　字数313千字　2025年1月北京第1版第6次印刷

购书咨询：010-64518888　　　　　　　　　售后服务：010-64518899
网　　址：http://www.cip.com.cn
凡购买本书，如有缺损质量问题，本社销售中心负责调换。

定　　价：68.00元　　　　　　　　　　　　　　　　　　版权所有　违者必究

前言

　　产品设计是提高产品质量,降低成本的关键。产品质量与成本控制的主要内容在产品开发设计过程中,除了选择最佳质量水平外,还应考虑设计阶段的成本,进行质量与成本的控制。

　　设计阶段的成本一般包括设计规划成本,如调研费用、结构组合费用、条件审查费用等;试制实验成本,如样品试制费用、实验费用、鉴定评审费用等;技术管理成本,如技术文件的管理费用、情报管理费用、设计管理费用等。上述这些费用既构成产品的设计成本,又是确保和提高产品质量所支付的费用,构成产品成本的一部分。产品开发设计质量与成本控制的目的就是要以最低的成本设计出质量最佳的产品。产品开发设计质量与成本控制的主要内容是控制产品质量在适宜水平。通过产品质量最佳水平分析,确定开发设计产品的最佳质量水平。只有这样企业才能取得最好的质量效益。

　　产品研发是产品质量保障体系中最重要的环节之一。产品设计过程在质量管理中几乎涵盖了生产过程的每一个环节,是从供应商到顾客等相关人员都参与其中的并行工程。产品研发要保证产品的适用可靠、经济环保等以满足顾客要求。

　　新产品的概念、计划、开发、验证、发布阶段构建了产品质量过程控制和保证体系,所有的质量管理活动通过产品的质量计划来落实。产品质量包括最终交付产品的质量和产品研发过程质量两个层面,交付产品的质量是客户能直接感受到的产品的最终质量;而产品过程质量主要是指产品研发过程中各个质量要求或指标达成的情况,这些质量指标直接反映了产品研发过程各个环节质量把控状况。产品交付的质量是由产品研发过程质量所决定的,如果过程质量做得不好,最终交付的产品质量肯定不会好。

　　由于生产设备、方法、技术等生产条件与产品设计方案在设计阶段几乎都已确定,产品成本的80%已经确定,因此如果等到产品制造完成后再进行改善,不但可能需要增加额外的成本,而且降低成本的空间也很有限。因此,为使设计开发出的产品性能符合需求,并生产出成本不超过目标成本的新产品,就必须在研发阶段进行成本控制。

　　新产品的研发绝不能单一看重降低成本开支,而应该以提高产品的性价比为目的,以价值工程思想为指导,以产品的设计、生产、销售、使用的循环周期为出发点对产品进行技术指标和经济效益论证,对企业新产品研发全过程的相关成本项目和工作流程进行优化配置,提高资金的运用效率,提供人力的最优化效用,满足企业追求降低成本的需要。

然而，设计人员的理念往往会造成不必要的成本增加。如过分地追求完美的产品，使用最好的材料及最佳的工作方法都是造成成本增加的主要原因。应当采用适当的材料、适当的方法、最低的成本制造出符合顾客需求的产品，而非不计成本地做出完美的产品。

为了帮助产品研发人员有更好的思路，能够既考虑成本，又能研制出符合顾客需求的产品，掌握科学的管理方法，使产品研发过程更轻松，快速突破工作瓶颈，我们编写了《产品研发质量与成本控制：基于价值工程和全生命周期》一书。

本书从产品的价值管理出发，综合利用价值工程、产品全生命周期模型、成本管理中的价值分析VA、质量功能展开QFD、目标成本设定/分解和设计等方法，从本质上找到解决客户需求、产品质量、成本、时间进度等之间冲突的方法。以产品开发过程为线索进行整合，把价值管理、成本管理、质量管理结合起来并行讲解。

本书采用图文解读的方式，并辅以导言、相关链接、提醒、范本等模块，让读者在轻松阅读中了解产品研发管理的要领并学以致用。本书尽量做到去理论化，注重实操性，以精确、简洁的方式描述重要知识点，满足读者希望快速掌握产品研发质量和成本控制的重点和要求。

由于笔者水平有限，书中难免出现疏漏之处，敬请读者批评指正。

编著者

第一部分　研发质量控制

　　产品研发决定产品的固有质量水平，对产品研发过程进行严格的质量控制，开展必要的质量职能活动，避免因为产品研发先天不足而后患无穷的局面。在正式生产开始前后的产品设计变动越少，产品质量水平就越高。产品研发是产品质量保障体系中最重要的环节之一。产品设计过程在质量管理中几乎涵盖了生产过程的每一个环节，是从供应商到顾客等相关人员都参与其中的并行工程。

第一章　优良品质与研发质量管理 ························· 3

第一节　优良品质始于研发 ························· 3
一、什么是优良品质 ························· 3
二、优良品质应具备的特性 ························· 4
三、产品质量的形成过程 ························· 4
四、质量管理的三个阶段 ························· 5

第二节　产品研发质量管理现状与应对措施 ························· 7
一、目前研发活动的质量管理现状 ························· 7
二、应强化质量工具在研发阶段的应用 ························· 8
三、以客户需求为导向进行产品研发 ························· 8
四、在研发活动中推行质量管理体系 ························· 8

第二章　产品研发质量策划 ························· 11

第一节　产品研发质量策划的内容 ························· 11
一、产品研发质量目标策划 ························· 11
二、产品研发运行过程策划 ························· 11

三、产品研发质量计划的编制 ························· 12

　第二节　新产品研发分阶段质量策划 ························· 12

　　一、产品策划阶段 ························· 13

　　二、技术开发阶段 ························· 13

　　三、供应商选定阶段 ························· 13

　　四、样件检验与存储阶段 ························· 13

　　五、产品试装与试验阶段 ························· 14

　　六、小批量试装与检验阶段 ························· 14

　　　【范本01】某企业产品研发工作分解 ························· 14

　第三节　产品研发质量策划的方法和技术 ························· 17

　　一、利益/成本分析 ························· 17

　　二、基准 ························· 17

　　三、流程图 ························· 17

　　四、试验设计 ························· 18

　第四节　质量策划的结果 ························· 18

　　一、质量计划 ························· 18

　　二、具体操作说明 ························· 18

　　三、检查表格 ························· 18

　　　【范本02】×××产品研发质量计划 ························· 19

　　　　相关链接　IPD之TR技术评审 ························· 22

第三章　产品研发质量保证

　第一节　产品研发质量保证概述 ························· 23

　　一、产品研发质量保证的依据 ························· 23

　　二、产品研发质量保证的工具和方法 ························· 24

　　三、产品研发质量保证的结果 ························· 24

　第二节　产品设计验证与确认 ························· 24

　　一、什么是设计验证 ························· 25

　　二、设计验证计划 ························· 25

　　三、设计和开发验证的方法 ························· 28

　　四、设计和开发验证的步骤 ························· 28

五、设计和开发验证记录与报告 ································ 30
　　六、设计和开发确认 ································ 33
第三节　产品研发质量评审 ································ 33
　　一、评审的定义、目的、作用 ································ 33
　　二、产品研发中的主要评审点 ································ 34
　　三、产品研发评审的方法 ································ 35
　　四、产品研发各阶段评审要素 ································ 36
　　五、技术评审 ································ 41
　　　　【范本01】系统设计里程碑评审报告 ································ 47
　　　　【范本02】技术评审报告 ································ 49

第四章　产品研发质量控制 ································ 52

第一节　产品研发质量控制概述 ································ 52
　　一、产品研发质量控制的依据 ································ 52
　　二、产品研发质量控制的方法 ································ 53
　　三、产品研发质量控制的结果 ································ 55
　　四、产品研发质量控制的总体思路 ································ 56
第二节　产品研发质量控制的主要流程及具体工作 ································ 57
　　一、项目任务书开发阶段 ································ 57
　　二、确定产品概念阶段 ································ 59
　　三、制订开发计划阶段 ································ 66
　　四、执行产品开发阶段 ································ 72
　　五、产品验证阶段 ································ 79
　　六、产品发布阶段 ································ 86
　　七、产品生命周期管理阶段 ································ 89
第三节　产品研发质量度量管理 ································ 92
　　一、有关度量的概述 ································ 92
　　二、确定产品/项目度量目标 ································ 93
　　三、开发度量计划 ································ 96
　　四、度量数据采集 ································ 97
　　五、度量分析和控制 ································ 98

六、使用数据进行过程改进 ··· 98
【范本】××系统质量保证总结报告 ··· 99

第五章 研发质量组织保障——研发质量部 ··· 103

第一节 研发质量部概述 ··· 103
一、研发质量部的核心价值 ··· 103
二、研发质量部在公司中的位置 ··· 105
三、研发质量部的构成 ··· 105

第二节 研发质量部目标与职能 ··· 110
一、研发质量部工作流程 ··· 110
二、研发质量部目标与绩效考核 ··· 110
三、为实现目标而设定部门职能 ··· 111
【范本】QA类技术任职资格标准 ··· 119

第六章 研发质量管理的手段和技术 ··· 124

第一节 APQP质量先期策划 ··· 124
一、APQP的定义 ·· 124
二、APQP基本原则 ··· 125
三、APQP的五个阶段 ·· 128

第二节 失效模式与效应分析D/PFMEA ··· 132
一、什么是FMEA ·· 132
二、FMEA的时间顺序 ··· 132
三、D-FMEA的应用 ·· 133

第三节 质量功能展开QFD ··· 145
一、什么是QFD ··· 145
二、QFD的四个阶段 ·· 146
三、质量功能展开（QFD）的工具——质量屋 ······························ 147
四、产品规划阶段的质量屋 ·· 152
五、零部件设计阶段的质量屋 ·· 155
六、工艺规划阶段的质量屋 ·· 156
七、生产计划阶段的质量屋 ·· 157

第二部分 研发成本控制

产品的生命周期包含了产品成长期、成熟期、衰退期三个阶段，这三个阶段的成本控制管理重点是不同的，即设计成本、生产成本、销售服务成本。实际上，产品研发和设计是企业生产、销售的源头所在，产品的目标成本设计成功后就已经固定，作为后期的产品生产等制造工序（实际制造成本）来说，其最大的可控度只能是降低生产过程中的损耗以及提高装配加工效率（降低制造费用）。

第七章 项目研发成本管理概述 161

第一节 开发（设计）过程中的三大误区 161
一、过于关注产品性能，忽略了产品的经济性（成本） 161
二、关注表面成本，忽略隐含（沉没）成本 161
三、急于新品开发，忽略了原产品替代功能的再设计 162

第二节 研发（设计）过程成本控制原则 162
一、以目标成本作为衡量的原则 162
二、剔除不能带来市场价格却增加产品成本的功能 162
三、从全方位来考虑成本的下降与控制 163

第三节 设计阶段降低成本的四大措施 163
一、价值工程分析 163
二、工程再造 164
三、研发成本分析 164
四、减少设计交付生产前需被修改的次数 165

第八章 研发成本控制核心思想——波特战略和价值工程 166

第一节 成本管理的误区与困境 166
一、成本管理认识的误区 166
二、解决之道：总成本领先 167

第二节 波特的总成本领先战略 168
一、波特的三大战略 169

二、波特的成本优势观念……170

　　三、战略成本管理的三大工具……172

第三节　运用价值工程降低研发成本……174

　　一、什么是价值工程……174

　　二、价值、特性／功能和成本的关系……175

　　三、价值工程的工作步骤……177

　　四、价值工程的对象……177

　　五、功能分析……179

　　六、研发方案的详细评价……180

第九章　LCC全生命周期成本管理……182

第一节　产品生命周期管理概述……182

　　一、产品设计开发步骤……182

　　二、产品生命周期管理实施阶段……183

　　三、产品生命周期管理的需求……183

　　四、产品生命周期管理的组成……183

　　五、产品生命周期管理的范围……184

第二节　LCC全生命周期成本法……185

　　一、生命周期成本法基本概念……185

　　二、生命周期成本法的起源与发展……185

　　三、产品生命周期成本的结构……186

　　四、产品成本的降低关键在研发阶段……187

　　五、生命周期成本（LCC）管理程序……188

　　　【范本】某企业生命周期成本（LCC）管理程序……188

第三节　面向成本（DFC）的产品设计……195

　　一、面向成本（DFC）的含义与特征……195

　　二、DFC的研究内容……196

　　三、DFC的关键技术……196

　　　相关链接　并行工程与串行工程……197

　　　相关链接　面向产品生命周期各环节的设计方法DFX……198

　　四、DFC的实现方案……203

五、DFC面向成本设计的关键过程……………………………………206
　　六、DFC面向成本的设计思路……………………………………………206
　第四节　全生命周期成本管理关键实践……………………………………209
　　一、设计成本改进……………………………………………………………209
　　二、采购成本改进……………………………………………………………212
　　三、供应成本改进……………………………………………………………214
　　四、质量成本改进……………………………………………………………217
　　五、制造成本改进……………………………………………………………222
　　六、服务成本改进……………………………………………………………222

第十章　目标成本与研发费用管理……………………………………223

　第一节　目标成本管理…………………………………………………………223
　　一、何谓目标成本管理………………………………………………………223
　　二、目标成本管理的实施原则………………………………………………224
　　三、目标成本管理的过程……………………………………………………225
　第二节　加强研发费用管理……………………………………………………226
　　一、研发费用的分类…………………………………………………………226
　　二、研发费用管理活动………………………………………………………226
　　三、研发项目费用管理的角色和职责………………………………………228
　　四、做好研发费用预算………………………………………………………229
　　五、做好研发费用控制………………………………………………………233
　　六、做好研发费用核算………………………………………………………236
　　　【范本】研发费用核算管理办法…………………………………………237

参考文献……………………………………………………………………………243

第一部分
研发质量控制

产品研发决定产品的固有质量水平，对产品研发过程进行严格的质量控制，开展必要的质量职能活动，避免因为产品研发先天不足而后患无穷的局面。在正式生产开始前后的产品设计变动越少，产品质量水平就越高。产品研发是产品质量保障体系中最重要的环节之一。产品设计过程在质量管理中几乎涵盖了生产过程的每一个环节，是从供应商到顾客等相关人员都参与其中的并行工程。

第一章
优良品质与研发质量管理

导言

质量管理，并不是出厂前的事后检查，而是在产品最初的源头，研发设计活动中就融入企业，在整个研发活动中构建有效的质量管理体系，并按照管理体系的要求将之标准化、流程化，在日常的活动中严格执行，只有这样的研发活动才能科学、高效、有序地进行，设计的产品才能被市场认可，满足市场需求，为企业带来利润，降低企业风险。

第一节 优良品质始于研发

"质量是设计出来的"，研发活动的管理是否规范对企业的生死存亡至关重要，只有满足市场需求的产品才是"合格"的产品，才是为企业带来利润的产品。将质量管理由最后检测转移至产品研发阶段是确保产品质量、提升品牌口碑的重要措施。因此，在产品研发的过程中，生产企业需要在产品研发的过程中，树立"预防为主、仔细检测"的意识，适时提升产品质量，从而能够不断提升产品研发质量、缩短产品研发周期，增强产品品牌价值，全面提升产品质量。

一、什么是优良品质

"优良品质"意味着能够满足顾客的需要从而使顾客满意的那些产品特征。按照这种理解，优良品质的这一含义是收益导向的。这种高质量的目的旨在实现更高的顾客满意度，人们期望以此来实现收益的增加。可是，提供更多或更好的优良品质特征常常要求增加投资，从而会使成本增加。就这种含义而言较高的品质通常意味着"花费更多"。

"优良品质"还意味着免于不良——没有那些需要重复工作（返工）或会导致现场失效、顾客不满、顾客投诉等的差错。按照这种理解，品质含义是成本导向的，高质量通常会"花费更少"，如表1-1所示。

表1-1 "优良品质"的两个方面

满足顾客需要的产品特征	免于不良
较高的质量使公司能够： ·增加顾客的满意度 ·使产品好销 ·应对竞争要求 ·增加市场份额 ·提高销售收入 ·卖出较高价格	较高的质量使公司能够： ·降低差错率 ·减少返工和浪费 ·减少现场失效和保修费用 ·减少顾客不满 ·减少检验、试验 ·缩短新产品面市时间 ·提高产品和产能 ·改进交货绩效
主要影响在于销售额 ※通常，质量高花费也高	主要的影响在于成本 ※通常，质量高花费会更少

二、优良品质应具备的特性

优良品质应该包括以下10个特性。

（1）符合设计品的特性——把产品企划的目标品质实现出来。

（2）品质安定性——各批成品的品质差距小。

（3）性能可靠性——操作容易，并能发挥预期的效益。

（4）修复性——若有故障，能迅速修复。

（5）服务性——零件补给容易，技术服务良好。

（6）安全性——使用时或故障时无危险性。

（7）制品责任性——对使用的人及其他周围的人不会增加困扰或伤害。

（8）节省性——不会耗用大量的资源和能源。

（9）环境非破坏性——不影响现在及将来的人类社会环境。

（10）经济性——产品从制成到使用后废弃，其成本符合经济效益。

三、产品质量的形成过程

产品质量有个产生、形成和实现的过程，这一过程包括市场研究、研制、设计、制定标准、制定工艺、采购、配备设备与工装、加工制造、工序控制、检验、销售、售后服务等多个环节，它们相互制约、共同作用的结果决定了最终的质量水准。

美国质量管理学家朱兰率先用一条螺旋式上升的曲线表示该过程，来对产品质量的形成规律进行描述，所以通常把该曲线称之为"朱兰螺旋曲线"，如图1-1所示。

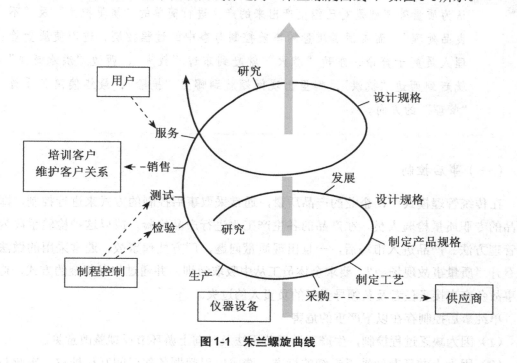

图1-1 朱兰螺旋曲线

四、质量管理的三个阶段

有一则这样的小故事，是关于名医扁鹊的。魏文王问名医扁鹊说："你们家兄弟三人，都精于医术，到底哪一位医术最好呢？"扁鹊答说："长兄最好，中兄次之，我最差。"魏文王非常吃惊地问："你的名气最大，为何反长兄医术最高呢？"扁鹊惭愧地说："我扁鹊治病，是治病于病情严重之时。一般人都看到我在经脉上穿针管来放血、在皮肤上敷药等手术，所以以为我的医术高明，名气因此响遍全国。我中兄治病，是治病于病情初起之时。一般人以为他只能治轻微的小病，所以他的名气只及于本乡里。而我长兄治病，是治病于病情发作之前。由于一般人不知道他事先能铲除病因，所以觉得他水平一般，但在医者看来他水平最高。"

由这则小故事联想到质量管理，就如同医生看病，治标不能忘固本，工厂悬挂着"质量是企业的生命"的标语，而现实中却存在"头疼医头、脚疼医脚"的质量管理误区。

在产品质量管理的过程中，主要可以将其分为三个阶段。即"事前"的产品质量控制阶段、"事中"的过程控制阶段和"事后"的质量把关与处理阶段。

> **提醒您**
>
> 很多企业由于对质量管理的理解不深,将质量管理等同于质量检验,认为质量管理就是对已经生产出来的产品进行简单的"质量把关"及"不良品处理",而忽视了质量的事前控制与事中的过程控制,进而使质量管理人员疲于奔命,东边"着火"就赶到东边"救火",西边"洪水泛滥"就赶到西边"抗洪",哪里出现问题就到哪里"抢险",最终偏离了质量"管理"的方向。

(一) 事后控制

在传统管理模式中,企业的产品质量,通常采取事后控制的方式来进行控制,即由产品的专职质量检验人员,在产品的各生产工序进行产品检验,或以这种检验手段为主的管理方法。产品进入市场后,一旦出现质量问题,厂方处理事故,通常采用的做法则是召开"质量事故现场会",要求全体员工从中吸取教训,并通过扣发奖金的方式,追究对事故负有直接责任者及负领导责任的负责人的过失。

单纯事后控制存在以下严重的危害。
(1) 因为缺乏过程控制,生产下游环节无法及时向上游环节反馈整改意见。
(2) 因为上游环节间缺乏详细的标准,造成出现问题各部门间互相扯皮,影响凝聚力,大大降低了生产效率。
(3) 员工的质量意识会下降,警惕性下降造成质量事故频发。
(4) 严重的质量事故会影响信誉,造成企业严重经济损失。

(二) 事中把关控制

事中控制主要指从原料进厂到产品完工期间,按照工艺标准进行质量监督的过程,也是质量管理的核心工作。事中控制要求严格检查、及时反馈、及时整改。而事后控制的重点是确保每个产品合格并把不合格产品及时反馈给制造部门进行返工。

(三) 事前控制

事前的质量控制阶段包含了"外部"的质量控制和"内部"的质量控制两项。事前控制的关键则是"外部"供应商的管理和"内部"的原材料进货检验。

1. 外部质量控制

在对供应商进行管理时,首先又需进行"供应商等级评估"。其目的是通过评估来确定"最优"的或者说是"最合适"的供应商予以供货,进而确保原材料的供货质量。同时通过有效的"供应商等级评估"建立相应的供应商"信息数据库",为后续的供应商管理奠定基础。在对供应商进行评估时,主要可以从五个方面进行,即被评估供应商的经营管理、研发管理、生产管理、质量管理、物流管理等各方面的运行情况。

(1) 在经营管理过程中需要考察的包括企业的战略管理、企业文化、员工福利等。

(2) 在研发管理中主要考察的是企业研发设计能力。

(3) 在生产管理当中主要考察生产设备、生产计划、生产环境、生产标识(包括产品标识及区域规划)等情况。

(4) 在质量管理方面主要考察管理体系认证、产品认证、组织机构、资源支持、过程质量控制、统计分析、服务质量等情况。

(5) 在物流管理方面主要考察采购管理、仓库管理和物流运输能力等情况。

通过对以上各方面的有效考察、评估来保证供货产品的质量及其稳定性。

2. 内部质量控制

事前控制的重点放在产品开发和标准制定上。技术和标准一旦出现失误会给质量管理带来很大麻烦,因此应当从根本上尽量减少质量事故、降低质量管理难度。

在质量管理的过程中,事后的检验把关是"基础",事中的过程控制是"关键",事前的预防控制是"必然"。质量管理的重心就是如何通过事前的有效控制达到对结果的控制。

第二节　产品研发质量管理现状与应对措施

一、目前研发活动的质量管理现状

目前,大部分制造企业都采用了质量管理体系对企业各方面的运行活动进行规范化管理,但研发活动相比制造过程来说,由于其创新性强、课题弹性大,常具有不确定性及动态性,并且研发过程由于其动态性导致难以量化,很多企业对研发的考核定性大于定量。因此,虽然很多企业表面按照质量管理体系的要求运行,对企业实施管理,而且通过了质量管理体系认证,但是在实际的运行过程中,大部分企业对生产、销售过程的质量管理做得非常好,但对研发活动的质量管理只是停留在表面上,流于形式。尤其是企业在研发项目的选择上比较随意,或者由企业相关领导确定,或者企业研发人员根据自身的兴趣,或者是企业追逐所谓的国内外最新的风潮或动态,在研发活动中仅对人员、财务、项目等表面进行控制,并未进行系统性的质量策划和管理,从而影响研发活动的管理质量,进一步影响企业创新能力的提升。

二、应强化质量工具在研发阶段的应用

产品研发阶段大致分为市场调研、概念设计、工程设计、样品组装、试验以及投产等六个环节,每一个环节都有它的任务和相应的工作内容,同时各个阶段的内容又相互联系。在这一过程中,研发人员需要根据产品研发的不同环节,融合多种质量工具,并且分阶段、分层次制定出每一步骤的质量管理标准,最终形成系统的研发质量管理制度。设计研发过程中质量管理工具的应用,就是为了把这几大生产板块结合起来,进行不同程度的监管和控制,最终提高产品的生产质量。预防质量缺陷的出现,需要综合地利用好各种质量监控工具,操控好研发的每一个步骤和阶段,从而形成稳定的产品生产体系。

三、以客户需求为导向进行产品研发

产品的研发阶段,要充分地结合客户的需求,以及市场发展的导向。产品的研发制造阶段,质量问题会产生的原因除了产品本身的故障,和客户的心理需求也有很大的关系,有的客户关注使用产品的感受,有的则关注产品的属性,比如汽车的速度和性能,所以,产品研发要切实符合人群的选择,这样可以有效地避免一部分不必要的资源浪费,一定程度上也避免了质量缺陷的产生。

四、在研发活动中推行质量管理体系

(一)何谓质量管理体系

质量管理体系(Quality Management System,QMS)是指确定质量方针、目标和职责,并通过质量体系中的质量策划、控制、保证和改进来使其实现的全部活动。质量管理体系是在企业内部组建的、为了保证组织实现质量目标或确保产品质量所必须实行的、系统的质量活动。其可以根据企业自身特点选用若干的体系要素进行组合,从而加强从设计开发、生产制造、产品检验、产品销售、售后服务等全过程的质量管理活动,并使之制度化、标准化,成为企业内部质量管理工作的活动程序和要求。构建有效的质量管理体系,有助于企业实现质量管理的方针、目标,可以更加有效地开展各项质量管理活动。

(二)在研发活动中推行质量管理体系的意义

企业在研发活动中推行质量管理体系,主要有以下两个方面的重要意义。

(1)有利于培养研发人员的流程化意识、规范化意识,最大限度地降低产品设计过程可能存在的风险。

在目前日益激烈的市场竞争下，研发人员通常会为了产品尽快投放市场而省略了研发过程中某些必不可少的环节或是对应该严密监控的环节疏忽了检查，从而导致设计过程中出现了缺陷而未及时发现，以致产品在投放市场后，出现各种各样的问题，导致市场退货，给企业带来了巨大的经济损失及不可挽回的名誉损失。

而企业在研发活动中推行质量管理体系，根据质量管理体系的管理原则，将之转化成适用于本企业的各项管理制度、文件，形成各相应流程，并将各环节模式化固定下来，由专人进行检查，如此运行，研发人员逐步形成了流程化、规范化的意识，能够按照质量管理体系的要求进行设计开发活动，从而将产品的源头设计开发活动中的风险降到最低。

（2）有利于提高研发人员市场化意识、提升研发人员的前瞻性，从而为企业带来利润最大化。

企业在研发活动中推行质量管理体系，能够使公司内部更为广泛的质量活动得以实现，内部的管理科学有序，提高管理效率；有助于企业发现价值链中的利润空间，改善价值链，与利益相关者建立良好的关系。同时，还能够促进员工有针对性地学习岗位所需要的管理技能，促使员工不断自主学习，从而提高自身的业务水平和职业素质。而且，通过质量管理体系的不断推动、运行、改进，能够提高研发人员的质量意识、风险意识，使研发人员的市场化意识逐步增强，在产品研发设计时就充分考虑市场形势，与市场接轨，从而使设计出的产品能够符合市场要求，避免开发出的产品因没有市场而滞销，降低企业投资风险，确保企业利润最大化。

（三）如何构建有效的质量管理体系

1. 加强研发人员的培训，提高研发人员的质量意识、市场化意识

以前，我国的企业研发人员大都是重技术轻管理，缺乏市场化意识和商品化意识，不重视质量、不在意成本。研发人员在工作过程中容易依靠自身多年形成的习惯和经验，难以接受新方法及新的管理工具；缺乏组织纪律性，不习惯依照流程和制度来做事，导致产品研发工作无序、随意，进而影响产品创新的效率和质量。

如今，通过对研发人员不断进行培训，提高强化研发人员的质量意识，按照质量管理体系的要求，设计开发策划时，培养研发人员充分考虑市场的意识，将市场化、商品化的概念植入设计开发的策划当中，在整个设计开发过程中，始终围绕"满足市场需求"这一目标，来进行设计开发活动，从而确保最终研发出的产品满足市场需求。

2. 坚决落实、贯彻标准化、流程化工作

质量管理体系的核心是PDCA不断循环改进，在改进的过程中，实施标准化、流程化管理是至关重要的一点。标准化是在经济、技术、科学及管理等社会实践中，对重复性事物和概念，通过制定、发布和实施的标准，以达到统一，获得最佳的社会效益。在设计开发过程中，按照质量管理体系的要求，结合企业自身的特点，将每个活动的管理要求形成适宜的文件，并制定相应的流程，使之标准化，从而可以极大地提高研发活动的管理效率、缩短开发周期，同时可以保证新产品的设计质量，降低企业管理成本。

3. 加强对研发过程的监督审核

确保质量管理体系有效实施的一个重要环节即内部审核。企业通过建立专职的研发体系管理人员，在整个设计开发的过程中，从设计开发的源头课题立项，到设计开发过程中的各个环节，产品小试、产品中试、产品试生产，以及各个环节的验证、确认，研发质量体系管理人员在每个研发活动的环节进行监督审核，确保研发过程按照体系的管理要求、标准化的流程要求进行，从而保障整个研发活动受控，研发的产品受控，进而保证最终设计的产品满足最初的设计目标，符合市场需求。

4. 建立科学、有效的研发绩效考核体系

质量管理体系的有效运行，离不开科学的绩效考核的支撑，将对质量管理体系的要求以及流程化的要求，融入企业研发人员的绩效考核中，建立科学、有效的研发绩效考核体系。企业建立科学、有效的研发绩效考核体系，不仅可以提高研发人员的工作积极性及责任心，增强研发人员的企业归属感；而且通过实施绩效考核，变相地"强迫"研发人员按照质量管理体系的要求、流程化的要求进行工作，长此以往，研发人员的这种按照流程办事、遵循质量管理体系要求进行研发的思想，便进行了强化，使这种流程化、制度化的研发管理理念深深地植入到研发人员的日常工作中，从而有效确保了研发活动的高质量、高效率、高标准，极大地为企业降低了设计风险。

第二章
产品研发质量策划

导言

产品研发质量的策划是在产品研发前期针对顾客的需求进行全面、准确、客观的评估，连接具体的质量要求，并以此展开讨论、确认下一步的工作安排，拟定具体明确可操作的管控计划。

第一节 产品研发质量策划的内容

产品研发质量策划是指确定与产品研发有关的质量指标及标准，并决定如何满足这些标准。它包括产品研发质量目标策划、运行过程策划以及编制质量计划三大部分。

一、产品研发质量目标策划

质量目标策划包括确定产品研发质量目标、质量目标分析、质量目标分解。即利用质量功能展开技术（QFD）将获得的市场和客户需求信息转化成项目的质量目标和质量标准，然后采用自上而下的方式将质量目标进行分解，为产品研发质量运行过程的策划提供指导。

二、产品研发运行过程策划

首先，根据质量目标分解的结果，确定实现该目标的活动并对其进行组织，以获得形成产品研发质量的作业流程；然后，为各项活动配置人力、设备、材料等资源，以保证项目活动能顺利展开；最后，制订质量控制计划并确定产品研发质量职责。

三、产品研发质量计划的编制

质量计划是质量策划过程的反映,内容包括:质量管理计划、操作定义、各种检查和报告清单。

第二节 新产品研发分阶段质量策划

对于新产品研发项目,其质量目标包括向客户提供满意的产品或服务和实现其运行过程的有效管理。

对总体质量目标进行分解,可知新产品研发项目共分6个阶段:产品策划阶段、技术开发阶段、供应商选定阶段、样件检验与存储阶段、产品试装与试验阶段、小批量试装与检验阶段,具体流程如图2-1所示。对上述6个阶段的质量目标进行分解,可以确定6个阶段的具体质量活动,依次进行,即可确定其实施重点。

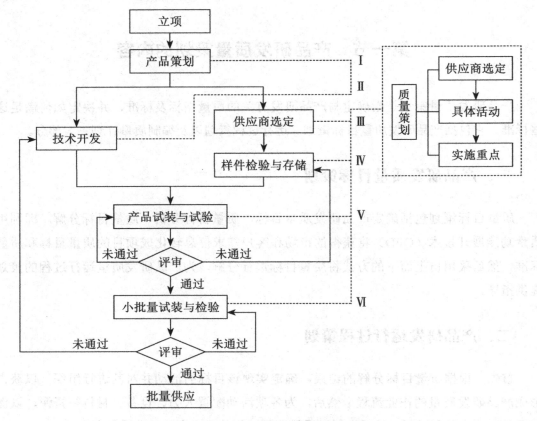

图2-1 企业新产品研发项目流程图

一、产品策划阶段

产品策划以设计出符合市场需求的产品总体方案为质量目标,其主要任务包括总体方案设计和总体方案评审。其中,产品总体方案设计包括功能设计、结构设计和外观设计;产品总体方案评审具体活动包括评审方法和评审指标的确定。

具体活动确定后,将各项活动按照顺序进行组织,以形成作业流程。再根据活动应实现的质量目标,为各项活动配置各种资源,包括人员、资金、设备、材料等;最后针对形成的作业流程以及所获得的资源确定该阶段的组织机构、制订相应的质量控制计划。

二、技术开发阶段

该阶段以在最短的时间内、以最低的成本设计出满足客户需求的产品以及实现产品最佳工艺方案为质量目标,为实现该目标,需进行技术设计、工艺设计和工作图设计。其中,技术设计包括各种重要零部件结构和尺寸的设计,通用件、标准件、外购件和外协件的确定,产品总图和各种分系统图的绘制;工艺设计包括拟定工艺方案、编制工艺规程及设计和制造工装夹具,其中编制工艺规程包括过程卡片和自制件工序卡片的编制;工作图设计包括全部零件的工作图设计、总装配图、部装配图设计和产品说明书设计。

在该阶段,着重强调作业流程,因技术开发阶段所耗费时间最长,如果能缩短技术开发时间,则能大大缩短整个项目的周期。在保证各项活动质量的前提下,合理安排各项活动的接口是这个阶段的重要任务。

三、供应商选定阶段

该阶段以选择合适、经济的供应商为质量目标,其具体活动包括确定待选供应商、供应商能力评定和供应商选定签约。在此,供应商能力评定是质量策划的重点,因此,需确定合理的评价指标和评价方法,并分配合理的时间、人力、财力,以获得准确的待选供应商信息,完成对供应商的全面客观评定。

四、样件检验与存储阶段

该阶段以在预定时间内、以预定成本获得符合质量要求的产品外购零部件为质量目标,具体活动包括样件检验和样件存储。其中,样件检验需确定产品质量特性、产品相关图纸文件的检验指标和检验方法。在此阶段,质量策划的重点是确定产品外购零部件合格控制的程序和方法。

五、产品试装与试验阶段

该阶段以在最短时间内，以最少的资源投入生产出合格的、满足客户需求的新产品为质量目标，其具体活动包括产品试装和产品试验。其中，产品试装包括自制件生产、部装和总装；产品试验包括部件试验和最终产品试验。

六、小批量试装与检验阶段

该阶段以产品定型为质量目标，即通过小批试装新产品的方式，检验和调整设计或购买的工艺装备的性能和稳定性，并进一步对产品的结构和工艺进行审查。它是在产品试装和试验的基础上进行的，所以，整个阶段的具体活动与其相似，在此不做介绍。

如下所示，经过质量策划，可获得详细的产品研发项目阶段工作分解表，为新产品的研发质量管理提供指导。

【范本01】▶▶▶

某企业产品研发工作分解

序号	阶段	项目	责任部门	输入文档	输出文档	预估评审时间	实际评审时间	状态
1	立项阶段	产品调研	提案人		《需求提案单》提案资料	参照日程表		
		评审	项目委员会		《需求提案评审表》《项目立项通告》	参照日程表		
2	规划阶段	PRD制作	产品部/SDE	《项目立项通告》	《PRD》初版《产品交互框架设计》《ID设计资料》	参照日程表		
		PRD审核	SDE、PM、项目	《PRD》初版，《产品交互框架设计》	《PRD》《PRD评审表》	参照日程表		
		堆叠	产品，结构	《PRD》	—	参照日程表		
		ID设计	产品，结构	《堆叠》	《板框图》	参照日程表		
		产品系统方案设计	SDE	《PRD》《产品交互设计方案》《ID设计资料》	《总体设计方案》	参照日程表		

续表

序号	阶段	项目	责任部门	输入文档	输出文档	预估评审时间	实际评审时间	状态
3	计划阶段	项目任务分解	硬件，软件，结构，SDE	《项目总体设计规范》《ID设计资料》，PRD	《测试用例》《测试计划》《项目成员任务工期表》	参照日程表		
		项目总体计划表		《项目成员任务工期表》	《项目总体进度计划》	参照日程表		
		项目预算		《项目总体进度计划表》	《项目预算表》	参照日程表		
4	研发阶段	物料选型	硬件、采购、项目、产品、DQA	《PRD》	《关键物料清单》《新物料清单》	参照日程表		
		原理图设计	硬件	《关键物料清单》《新物料清单》	《原理图》《原理图评审表》《样机初始BOM》	参照日程表		
		软件开发	软件	—	《软件概要设计》软件	参照日程表		
		PCBlayout	硬件，采购	《原理图》《原理图评审表》	《PCB评审表》《PCB打板资料》《样机制作追加物料》《原理图》《线材打样资料》	参照日程表		
		MD设计	结构	《ID设计资料》	《开模2D资料》《开模3D资料》《结构评审表》《结构BOM》《爆炸图》《装车验证报告》《壳料样品确认书》	参照日程表		
		包材设计	包材开发	《六视图》	《包装设计资料》《包装BOM》	参照日程表		
		工程样机制作	NPI，RD		《工程样机制作报告》	参照日程表		
5	研发验证阶段	样机联调	硬件工程师 软件工程师	样机	《样机硬件电性能自测报告》《样机软件自测报告》	参照日程表		
		可靠性测试	测试工程师	整机	《可靠性测试报告》	参照日程表		
		装车	硬件工程师、结构工程师、DQA	整机	《装车报告》	参照日程表		

续表

序号	阶段	项目	责任部门	输入文档	输出文档	预估评审时间	实际评审时间	状态
5	研发验证阶段	路测	测试工程师、硬件工程师、DQA	整机	《路测报告》	参照日程表		
		试产软件测试	测试工程师、软件工程师	整机	《样机测试报告》	参照日程表		
		安规认证	硬件、DQA、测试	整机及《认证资料》	《整改方案》	参照日程表		
		样机评审验收	DQA	《可靠性测试报告》《整机电性能测试报告》《样机测试报告》《路测报告》《装车报告》《样机组装报告》	《样机验收报告》	参照日程表		
6	试产验证阶段要求	准备试产资料	硬件	《样机验证报告》	《原理图》《PCB打板资料》《试产资料清单表》《试产注意事项》	参照日程表		
		文控发行试产资料	硬件、软件、测试、DQA、文控	《试产资料》软件包	《样品承认清单表》《软件升级说明》《试产资料清单》	参照日程表		
		试产	NPI及项目组	生产资料	《试产安排计划》《试产会议记录》《维修指导书》《作业指导书》《试产可靠性证报告》《试产样机性能测试报告》《新产品试产总结报告》	参照日程表		
		试产样机路测	测试、产品硬件、DQA	整机	《路测报告》	参照日程表		
		试产样机装车	硬件、结构、产品、DQA	整机	《装车报告》	参照日程表		
		试产问题点追踪	DQA	《新产品试产总结报告》	《试产问题点DQA追踪报告》	参照日程表		
		试产验证评审验收	NPI及项目组	《试产问题点DQA追踪报告》	《试产验证评审验收报告》	参照日程表		
7	转量产	新产品试产总结	项目组		《新产品试产总结报告》	参照日程表		
		文控发行量产资料	项目组	生产资料	《样品承认清单表》《软件升级说明》《量产资料清单》	参照日程表		

第三节 产品研发质量策划的方法和技术

一、利益/成本分析

利益/成本分析的目的是找到最佳质量投入点，用来估算备选方案优势和劣势的财务分析工具，以确定可以创造最佳收益的分选方案。质量管理的基本原则是利益与成本之比尽可能地大。

成本：一致性质量成本。

效益：减少返工，提高生产率，降低成本，提升顾客满意度及提升盈利能力。

质量成本：包括在产品生命周期中，为预防不符合要求，为评价产品或服务是否符合要求以及因未达到要求返工而发生的所有成本。它主要分为一致性成本和非一致性成本，一致性成本又分为预防成本和评估成本，非一致性成本又分为内部失败成本和外部失败成本，如表2-1所示。

表2-1 质量成本的分类

一致性成本	非一致性成本
预防成本（生产合格产品）	内部失败成本（项目内部发现）
培训 流程文档化 设备（使用好的设备） 正确的做事时间	返工 报废
评估成本（评估质量）	外部失败成本（客户发现）
测试 破坏性测试损失 检查	负债 保修 业务流失

二、基准

基准主要是通过比较实际或计划产品研发项目的实施与其他同类项目的实施过程，为改进项目实施过程提供思路和提供一个实施的标准。

如果需要增加特定的质量管理活动，范围基准可能因本过程而改变。

三、流程图

流程图是一个由任何箭线联系的若干因素关系图，流程图在产品研发质量管理中的应用主要包括如图2-2所示两个方面。

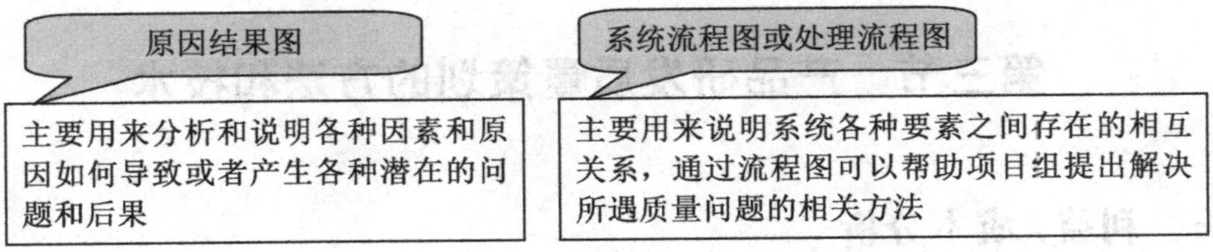

```
┌─────────────────┐              ┌───────────────────────┐
│   原因结果图    │              │ 系统流程图或处理流程图 │
└─────────────────┘              └───────────────────────┘
```

| 主要用来分析和说明各种因素和原因如何导致或者产生各种潜在的问题和后果 | 主要用来说明系统各种要素之间存在的相互关系，通过流程图可以帮助项目组提出解决所遇质量问题的相关方法 |

图2-2　流程图的类别

四、试验设计

试验设计对于分析辨明对整个产品研发项目输出结果最有影响的因素是很有效的，然而这种方法的应用存在着费用与进度交换的问题。

第四节　质量策划的结果

一、质量计划

质量计划是对特定的项目、服务、合同规定专门的质量措施、资源和活动顺序的文件。质量计划的工作内容。

（1）实现的质量目标。

（2）应承担的工作项目、要求、责任以及完成的时间等。

（3）在计划期内应达到的质量指标和用户质量要求。

（4）计划期内质量发展的具体目标、分段进度、实现的工作内容、项目实施准备工作、重大技术改进措施、检测及技术开发等。

二、具体操作说明

对于一些特殊条款需要附加的操作说明，包括对他们的解释及在质量控制过程中如何度量的问题。比如说满足项目进度日期不足以说是对项目管理质量的度量，项目管理组还必须指出每一项工作是否按时开始或者按时结束，各个独立的工作是否被度量或者仅是做了一定的说明等类似情况。

三、检查表格

检查表格是一种用于对项目执行情况进行分析的工具，其可能是简单的也可能是复杂的，通常的描述包括命令和询问两种形式。许多组织已经形成了标准的确保频繁执行的工作顺利执行的体系。

【范本02】

×××产品研发质量计划

1. 目的

略。

2. 适用范围

略。

3. 定义

略。

4. 流程裁减计划

与NPD（New Product Development，新产品开发）标准过程的偏差包括适当的活动裁剪、合并或增加（PDT确定与NPD标准过程的偏差后需报PAC批准，偏差内容在此记录），具体描述如下。

4.1 决策评审的偏差

序号	偏差内容	原因详细描述	备注

4.2 产品技术评审的偏差

序号	偏差内容	原因详细描述	备注

4.3 其他活动的偏差

序号	偏差内容	原因详细描述	备注

5. 质量目标

按照度量过程收集以下度量数据，这些度量数据将会在各个决策点进行跟踪。

在制定质量目标时，可以在"说明"列中列出上一个版本产品的质量指标，与以前的质量指标进行比较，新制定的质量目标应不低于前一版本产品的质量指标要求。

这些质量目标也表明了项目的优先级别，变化率较小者具有较高的优先级。

序号	度量	优先级	质量目标						说明
			产品			公司基线			
			目标	下限	上限	目标	下限	上限	
1	重点客户产品故障率（次/客户年）	高				0.100	NA	0.120	
2	问题报告数量	高							各产品线不同
3	问题报告修理响应时间	高							
4	超期问题月解决率	高				75%	60%	NA	
5	内部问题累积月度解决率	高/中/低				95%	90%	NA	可细化为阶段性目标
TR关键交付件缺陷发现密度										
	TR2设计规格书缺陷密度								等同采用业务部NPD-CMM组织能力基线值
	TR3软件需求规格缺陷密度								
其他备选质量目标										
	计划月更改数								
	产品计划偏差率								
	研发工作量偏差（%）								
	单板直通率								

6. 质量目标达成计划

例如，目标：到TR5时去除产品所有的已知严重缺陷。

策略	量化目标	数据来源	特别的应急措施
在开发计划中安排代码检视，完成对所有新开发代码的检视，尽早发现代码问题	100%代码检视	项目计划，代码检视记录	如果质量目标引起进度偏差，PM将要求项目组成员加班以及时完成各项任务
在功能测试后安排开发人员支持测试队伍，加强测试的投入；进入联合实验室测试，充分模拟真实应用环境；确保开5个以上有规模用户的试验局，充分发现实际问题；按时完成对技术支援人员的培训计划，确保技术支援人员能准确反映网上问题	系统测试用例100%覆盖，5个以上有规模用户的试验局	系统测试报告，网上问题统计的试验局清单	

内部问题累计解决率/TR4/TR5/TR6 内部问题累计解决率

量化目标	数据来源	特别的应急措施

7. 关键性能指标达成计划

对于客户提出的关键性能要求，PDT（Product Development Team，产品开发团队）需要采取特别的活动来满足，请列出。包括性能目标、活动、实施时间和应急措施。活动描述应当清晰和可以跟踪。

序号	性能目标	活动	实施时间	应急措施

8. 质量保证和控制活动

应该执行以下的质量保证活动，PQA（Process Quality Assurance，全程质量检测认证）需特别关注PDT是否遵循相关流程规范进行变更控制管理（如计划更改、工程更改、规格更改等）。

活动	责任人	说明
内部审计（包括流程符合度审计）	产品线NPD推行组	Internal Audit Procedure 内部审计规程 依据项目任务书、项目WBS计划和相关流程，按TRx进行阶段划分，制定并实施本NPD项目内部审计计划。在项目实施过程中，根据LPDT要求PQA必须进行专项内部审计
交付件审计	PQA	依据项目WBS计划和相关流程，定期（周或月）对交付件进行审计，并在TRx报告。交付件审计的要点：是否按流程进行评审、进行验证或得到批准，评审中所提出的问题是否确定了相应的解决措施，在重新提交的交付件中问题是否得到解决
PCR变更处理	LPDT	PCR Control Procedure PCR变更控制流程
ECR，DCR变更处理	SE	ECR，DCR Control Procedure ECR，DCR变更控制流程
质量记录	PQA	确定本NPD项目所需并必要的质量记录，以提供本NPD项目产品和过程符合要求的证据，同时便于进行必要的追溯和分析。规定本NPD项目质量记录的标识、收集、归档、维护和处理等活动要求，并结合内部审计进行检查

相关链接

IPD之TR技术评审

IPD之TR（Technical Review）是指IPD流程中定义的TR1、TR2、TR3、TR4、TR4A、TR5、TR6等7个技术评审点。用于检查IPD实施到一定阶段以后产品的技术成熟度，发现遗留的技术问题，评估存在的技术风险，给出技术上的操作建议。

TR1：在概念阶段CDCP前针对产品包需求和产品概念的评审。TR1重点关注产品包需求的完备性以及选择的产品概念是否满足产品包需求。

TR2：在计划阶段对产品设计规格的评审。TR2重点关注产品设计需求到产品设计规格的完备性。

TR3：在计划阶段对概要设计（HLD）的评审，确保设计规格已经完全、正确地在概要设计中得到体现。TR3的结果将作为开发阶段的后续详细设计活动是否继续投入资源的根据。

TR4：保证Building Block用于系统级构建之前是完整的。对于一次构建（Build）涉及的每一个Building Block，应该有且仅有一次TR4对其进行评审。任何不符合规定的情况都应该在TR4问题记录中得到记录，并进行风险评估。

TR4A：在SDV（System Design Verify，系统设计验证）完成后，对产品技术上的成熟度进行评估，确保所有存在的问题和风险都进行了评估，并生成了相应的改进计划，以保证供应和制造能力足以支撑初始产品生产活动。

TR5：在发布给客户前对项目整体状态在设计稳定性和技术成熟度方面的独立评估活动。TR5目的是确保产品符合预定的功能和性能要求，以满足前期确定的产品包需求。

TR6：是一个关注于系统级的评审，确保产品的制造能力已经能适应全球范围内发货的需求。

第三章
产品研发质量保证

> **导言**

质量保证是为使人们确信某组织能满足质量要求，在质量体系内实施并按需要进行证实的全部有计划的和系统的活动。研发阶段的质量保证是企业质量体系的重要组成部分，研发阶段的质量保证或线外质量保证与线内质量控制又有很大不同，研发过程的标准化和研发过程能力的提高需要形成有效的质量控制闭环。

第一节　产品研发质量保证概述

产品研发质量保证是要在产品研发的管理过程中合理地去拆分产品研发阶段性成果，并就可交付成果进行检验、确认。每一次地交付都需要通过严谨地检查、核对，有合理的输出过程才能够更加规范地约束具体的活动行为。

一、产品研发质量保证的依据

产品研发项目质量保证的依据主要包括图3-1所示几个方面。

依据一	项目质量计划
	这是项目质量计划工作的结果，是有关项目质量保证工作的目标、任务和要求的说明文件，所以它是项目保障工作最根本的依据

依据二	项目实质质量的度量结果
	项目实际质量的度量结果是有关项目质量保证和控制工作情况绩效的度量和评价结果，这是一种给出项目实际质量情况和相应的事实分析与评价的报告，这也是项目质量保证工作的依据

图3-1

依据三	项目质量工作说明
	项目质量工作说明是指对于项目质量管理具体工作的描述，以及对于项目质量保证与控制方法的说明，这同样是项目质量保证工作的具体依据

图3-1　产品研发项目质量保证的依据

二、产品研发质量保证的工具和方法

（1）质量计划的工具和技术。

（2）质量审核。

质量审核是确定质量活动及其有关结果是否符合计划安排，以及这些安排是否有效地贯彻执行，并适合系统、独立地审查目标达成情况。通过质量审核，评价审核对象的现状与规定要求之间的符合性，并确定是否需采取改进纠正措施，从而保证项目质量符合规定要求；保证设计、实施与组织过程符合规定要求；保证质量体系有效运行并不断完善，提高质量管理水平。

质量审核的分类包括：质量体系审核、项目质量审核、过程（工序）质量审核、监督审核、内部质量审核、外部质量审核。

质量审核可以是有计划的，也可以是随机的，它可以由专门的审计人员或者是第三方质量系统注册组织审核。

三、产品研发质量保证的结果

产品研发质量保证的结果是质量提高。质量提高包括采取措施提高产品研发的效益和效率，为企业提供更多的利益。在大多数情况下，完成提高质量的工作要求做好改变需求或采取纠正措施的准备工作，并按照整体变化控制的程序执行。

第二节　产品设计验证与确认

设计和开发验证：目的是确保设计和开发的输出满足输入的要求。

设计和开发确认：目的是确保产品满足规定的使用要求或已知的预期用途的要求，在产品交付或实施之前完成。

一、什么是设计验证

设计验证是指对某项规定的活动所进行的检查，以确定该项活动达到了规定的要求的试验，这些规定要求主要是指产品规范。

设计验证可包括以下的活动。

（1）设计评审。
（2）进行替换计算。
（3）了解试验和实验。
（4）在发放之前对设计阶段文件进行评审。

例如：对样机进行的型式试验。

二、设计验证计划

设计验证必须列出计划，规定验证活动的职责，并为其配备资源，包括能胜任此活动的人员。

设计验证计划需包括下列的部分或全部内容。

（1）确定经过验证的产品设计规范。
（2）计划的目标，可以包括不同方面要求的几个计划。
（3）确定设计验证所处的阶段。
（4）确定设计验证所需进行的步骤、活动、负责人。
（5）确定参与设计验证的部门、人员，以及协作内容与关系。
（6）确定设计验证活动所需的试验设备、辅助设备、工装等。
（7）时间进度。
（8）设计验证的实施地点。
（9）依据制定的程序、规范和记录，提出在整个设计验证活动中实施的控制、在过程期间需要进行的评审（范围、组织形式），以及用于开始、终止和完成验证的判据，以及终止的补救措施和行动计划等。

设计验证计划以及对其中内容的裁剪，必须得到总工程师的批准。

设计验证计划的发布应按照文件控制程序的文件发布流程执行，获得批准的设计验证计划必须受控，如表3-1，表3-2所示。

表 3-1　产品设计验证计划（1）

项目名称：　　　　　　　　　　　　项目编号：
隶属系统：　　　　　　　　　　　　零部件/总成名称：

序号	试验项目	试验程序或标准	试验描述	目标要求	设计验证/认可试验	样件		试验单位	测试责任人	试验周期		计划日期	
						数量	类型			单项	合计	开始	完成

表 3-2　产品设计验证计划（2）

产品设计验证计划

一、引言
1. 编写目的
本文档根据《×××产品设计需求规格书》编写，用于验证产品设计是否符合预期要求，后续相关的产品测试及最终产品验收都以此为依据展开进行。
2. 适用范围
仅适用于×××产品设计验证，如果需求规格发生变更，验证方案需要评估适用性。
3. 参考资料
《×××产品需求规格书》
二、验证人员组成
验证由研发部组织实施，根据不同验证项目安排不同人员进行验证，具体分工如下：

验证项目	验证人员

三、验证方案
研发部组织按照以下的内容进行逐项验证，验证完成后输出设计验证报告，同时审核验证报告，确认是否所有设计需求已经进行了验证，是否所有验证项目验证结果通过。

续表

总体需求：

需求项目	需求描述	验证方法及接收准则
产品型号		
便携性		
设备外观		
设备操作		
……		
尺寸		
储存湿度		
储存温度		
工作湿度		
工作温度		
运行模式		

功能需求：

需求项目	需求描述	验证方法及接收准则
界面语言		
供电方式		
时间设置		
工作模式		
……		
警告提示		

性能需求：

需求项目	需求描述	验证方法及接收准则
报警声音		
工作噪声		
设备寿命		
屏幕大小		
……		
设备重量		
电池最短续航		
电池充电时间		

续表

其他需求：		
需求项目	需求描述	验证方法及接收准则

四、验证检查

验证完成后，应对设计需求、验证项目及验证结果进行对应检查，确认所有需求均已得到验证。

三、设计和开发验证的方法

设计开发输出的是信息（文件），为了确保设计和开发输出资料满足输入资料要求，根据设计和开发策划时做出的安排，对设计和开发进行验证。

设计验证可采用的方法如下。

（1）变换方法进行计算。

（2）类比验证。

（3）模型试验。

（4）模拟试验。

（5）样机（样品）试验。

（6）计算机仿真。

（7）虚拟现实技术。

设计验证的方法决定了设计验证计划中的多个内容的确定，设计组应仔细分析验证需求，确定正确方法，以取得有效、经济的验证结果。

设计开发验证是分阶段、分层次进行的。一般来说，对某一子项（如某一零件）的设计可以采用较为简单的方法，而对整个设计则应采用较为复杂的方法。加工业的设计开发则必须进行样机试验才能最终加以验证。验证的结果及任何必要措施（如更正）的记录应予保存。

四、设计和开发验证的步骤

关于设计和开发验证的步骤，我们引用一个企业关于"设计和开发的验证"的实际操作步骤来加以说明。

（一）产品小试

由质量管理部负责组织和监督，研发部负责具体实施，主要对采购及其供应商提供的原辅料进行试样验证和产品主要性能验证等，出具《设计和开发验证报告》（小试阶段），作为设计开发评审的内容之一。

（二）试生产

1. 试生产前准备

（1）小试合格，评审合格可以进入下一阶段的研究后，项目负责人在收集各部门的修改意见后，负责组织召开新产品介绍会，主要介绍产品功能、生产工艺控制要点、产品检验方法及要求。新产品介绍会后项目负责人针对各部门意见汇总对新产品暂用资料（原辅料清单、产品标准、使用说明书及包材及标签等）进行可行性修改，并将定稿的新产品暂用资料按需发放至各使用部门，要求相关部门负责人签名接收确认资料，记录于《产品标准等确认表》。

（2）各相关部门在产品介绍会后，依据研发部提供的新产品暂用资料，作产品中试生产前准备工作。中试生产部准备作业指导书，质量管理部准备产品检验规程。

2. 试生产样品

项目负责人填写《产品生产申请单》，交研发部经理审核，报总经理批准后，交给中试生产部。中试生产部安排生产，项目负责人在试生产过程中负责技术指导。

3. 试生产样品的测试

质量管理部对试生产样品进行测试，并出具检验报告。

（三）试生产评审

（1）试生产完后，产品的批生产记录复印件交项目负责人，项目负责人召集中试生产部、质量管理部等进行试生产评审，共同填写《试生产报告》。

（2）研发部组织召开评审会议，讨论产品的标准、工艺、性能等方面所存在的问题及其改良方案，通过会议达到相关部门加强沟通的目的，从而达到整体运作协调的目的，故在评审会议上，要将评审的内容、改良的方案等会议记录填写于《评审会议记录》中，并请与会人员签名确认。

（3）试生产评审会议后，项目负责人按照会议讨论的方案和要点，填写《设计和开发验证报告》（中试阶段），必要时安排设计更改，同时对新产品暂用资料进行可行性修改并确认，由研发部经理和总经理审核，并附上相关部门负责人签名的《产品标准等确认表》。更改过后，根据产品的复杂程度及更改问题的程度，决定是否再次试产。

五、设计和开发验证记录与报告

（一）设计验证记录

设计验证必须保留必要的验证记录，以证实设计的正确性和可行性。记录包括设计验证的技术记录与过程记录，过程记录如表 3-3、表 3-4 所示。

表 3-3　设计验证记录表（1）

设计验证记录表			共　页	第　页
产品名称		型号规格		
样品数量		检验依据		
检验项目及结果				
序号	检验项目	标准值实测值		结论
1				
2				
3				

针对输入要求的各专项试验/检验内容及其结论：

　　合格

验证结论：

　　合格

对验证结论的跟踪结果：

　　合格

备注										
						编制		标准化		
						校核		批准		
标记	处数	更改文件号	签字	日期	审核					

表 3-4　设计验证记录表（2）

设计验证计划		编号：		页码：							
		计划编制日期：		计划编制人：							
部件：	件号：	审核/日期：		批准/日期：							
车型：	应用：	来源：	报告完成日期：			报告人： 审核人：					

验证项目	程序或标准	测试说明	接受标准	目标要求	测试负责人	测试时间	样本		日期		样本		实际结果	备注
							数量	类型	开始	结束	数量	类型	阶段		

（二）设计验证报告

（1）设计开发项目负责人综合所有的验证结果，编制《设计开发验证报告》，将验证结果和跟踪情况记录在报告内，报总工程师批准。确保设计开发输入中每一项性能、功能指标都有相应的验证记录，如表3-5～表3-7所示。

表 3-5　设计开发验证报告（1）

序号	试验项目	试验程序或标准	试验描述	目标要求	设计验证/认可试验	实际实施日期		测试报告		结果确认		
						开始	完成	报告编号	测试结果	结果判定	设计工程师签字	设计主管签字
验证中心会签					编制							
性能主管会签					审核							
车型主管会签					批准							

表 3-6 设计开发验证报告（2）

编号：　　　　　　　　　　　序号：

项目名称		型号规格	
验证单位及参加验证人员			
试验样品编号		试验起止日期	
设计开发输入综述（性能、功能、技术参数及依据的标准或法律法规等）：			
主要试验仪器和设备：			
序号	仪器设备编号	仪器设备	操作者
针对输入要求的各专项试验/检测报告内容摘要及其结论：			
设计开发验证结论：			
对验证结论的跟踪结果：			
备注：可另附页叙述。			
编制：　　日期：	审核：　　日期：	批准：　　日期：	

表 3-7 设计开发验证报告（3）

编号：

项目名称		验证方式		验证日期	
参加验证部门/人：					
验证内容：					
验证结论：					
改进措施及其跟踪验证：					
备注：验证结果作为附件予以保存。					

编制：　　　　　　　　审核：　　　　　　　　批准：

（2）样机验证通过后，技术部组织相关部门对小批生产的可行性进行评审，根据开发产品的特点，填写《试产报告》报总工程师审核、董事长批准、然后确定开模、工装设计制造的投入、技术部协助生产部门进行小批试产（试产数量小于 50 台）。

（3）品质部对小批试产的产品进行检验或试验，出具检测报告；技术部对生产工艺进行验证并出具工艺验证报告；供应部出具物料批量供应的可行性报告；财务部出具成本核算报告；技术部综合上述资料填写《试产总结报告》，报总工程师审核、董事长批准，作为批量生产的依据。

六、设计和开发确认

对开发新产品进行确认的目的是证明产品能够满足规定的和已知预期用途的要求。单件产品通常应在产品交付顾客之前确认，批量产品应在正式批量生产之前确认。如果开发新产品需要经过顾客使用一段时间以后才能完成确认工作的，应在可能的范围内，采用模拟方式先期实现局部确认。确认方式可在下述中选择一种。

（1）技术部组织或报请上级组织召开新产品鉴定会，邀请公司外的有关专家和顾客参加会议，鉴定会对产品认可并形成《新产品鉴定报告》，即可视同已被确认。

（2）试产合格的产品需要经顾客实际使用一段时间以后才能完成确认工作的，由销售部门与顾客沟通后交顾客使用一段时间，顾客对使用情况表示满意可视为对设计开发的确认。

（3）全新产品也可送往国家授权的试验室进行型式试验并出具试验报告，即可视为对设计开发的确认。

上述确认形式提供的报告及相关资料是确认的证据。如果在确认中有某些不足，技术部门应及时进行分析。并采取相应的改进措施，确保设计开发的产品全面满足顾客的要求。

第三节　产品研发质量评审

一、评审的定义、目的、作用

（一）评审的定义

评审是企业对产品研发设计进行系统的考察，以便标识缺陷和需要进行更改的区域。

（二）评审的目的

为了及早高效地从工作中消除产品缺陷。

（三）评审的作用

(1) 有效提高质量。
(2) 错误被及时发现并及早改正，减少开发过程中的返工。
(3) 降低发现/修改问题的成本。
(4) 增强开发小组的团队协作精神。

二、产品研发中的主要评审点

（一）项目确立阶段——可行性评价

项目确立阶段主要是进行市场信息的收集。通常由公司最高决策层根据客户的要求和市场部预测确定新产品的发展方向，由市场部从客户取得新产品的订单、合同或协议后，搜集产品的相关资料，如技术协议及相关法规，产品规范含外观、性能、功能、配合尺寸等。经分析草拟编制《项目开发建议书》交产品研发部。市场部输出书面文档如图3-2所示。

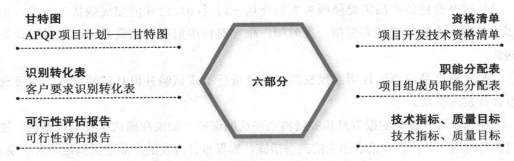

图3-2　项目确立阶段市场部输出书面文档

研发部对顾客或相关资料和拟开发项目进行可行性评审，并形成《可行性评价报告》，产品开发设计可行性评估：材料、性能、外观、尺寸、工具、生产技术、设备、开发周期。

（二）技术要求转化阶段——开发计划评审

研发经理召开开发会议，组织成员编制《产品开发计划表》，包括研发各段划分及任务安排、各阶段的评审、验证、确认活动的安排，必要时包括产品认证（如3C认证等）。

研发部组织成员对产品各功能模块的研发方案进行策划，编制详细的产品功能模块研发方案，并组织相关成员对方案的完整性和正确性进行评审和验证，编制《开发计划评审报告》。

研发部输出书面文档：电原理图、元器件清单、印制板图、硬件设计说明、软件流程图、软件清单、软件设计说明、结构设计示意图、装配示意图、面板铭牌图、包装设计图、产品说明书、合格证、装箱单。

（三）样机阶段——中间过程评审

样机分设计、试制、试验、定型阶段。如中间过程评审不能通过，则需要反复进行改进设计、试制、试验直到产品鉴定确定小批试生产用图。

输出书面文档：工艺流程图初案、作业指导书初案、产品包装规范初案、PFMEA（Process Failure Mode and Effects Analysis，潜在失效模式及影响分析）初案、工装、治工具的制作方案。

（四）试生产阶段——试生产评审

当改进设计、试制、试验结束，经评审通过后即可进行小规模的生产技术准备。主要包括工艺设计、自制设备及工装的设计制造，外购设备订货、协作件的配套选点，生产用原辅材料的采购等。

这一阶段要进行试生产评审。参加的部门包括：研发部、工程部、品保部、生产部、采购单位。评审要素为：外观要求、性能、功能、工装夹具、生产条件。

小批试生产之后要递交客户评审报告，评审通过之后，产品、工艺、装备等各项技术文件经修改后即可转为正式生产用文件。

技术部门输出书面文档为：《正式归档BOM、图纸》《生产流程单》《培训材料》《作业指导书》《质量控制计划》《产品可靠性测试计划表》《检测数据记录表》《测试数据记录报告（S2P）》《工装清单、图纸》《3C报告》《新产品成品检验规范》《新产品试产报告》《小批量/转产评审表》《工程变更申请单》《会议记录》。

（五）量产阶段——小批量/转产评审

在产品批量投产前必须完成研发部门向生产部门交接准备工作，包括技术资料、设备、物料、工装夹具、模治具的准备情况、试产目标达成情况、量产目标设定情况、试产问题整改情况等确认符合后则签核《小批量/转产评审表》，项目开发进行量产阶段。量产后，即进入产品维护周期，提升产品品质阶段。进行纠错性维护和完善性维护。

三、产品研发评审的方法

评审的类别包括管理评审、技术评审、正规检视和Walk Through（走读）。四种评审方法的区别和重点如表3-8所示。

表 3-8 评审的类别与方法

种类/属性	管理评审	技术评审	检视	Walk Through
目标	·确保过程 ·建议更正活动 ·确保资源的分配	·评估与规格和计划的一致性 ·确保更改的一致性	·检测、标识缺陷 ·验证解决	·检测缺陷 ·检查可选项
做决定	管理组，在评审会议上决定，或者以建议结果	评审组请求管理和技术领导对建议采取行动	检视组从预定义的产品排列中选择，缺陷必须被移去	所有决定由生产者决定，更改是生产者的权利
更改验证	留给项目其他控制人员	领导者在评审报告中进行验证	组织者对返工的工作进行验证	留给其他项目控制人员
推荐的规模	两人或多人	三人或多人	3~7人	2~7人
参加者	管理、技术领导人员	通常是领导工程师	满足文档要求的同行专家	技术领导者和同行
领导人员	通常是负责管理者	通常是领导工程师	受过培训的组织者	通常是生产者
种类/属性	管理评审	技术评审	检视	Walk Through
材料量	从适中到高，依赖于特定的会议目标描述	从适中到高，依赖于特定的会议目标描述	相对比较少	相对比较少
主持人	项目代表	依赖于特定的会议目标描述	由阅读人员而不是其他人员	通常是生产者
收集的数据	按照适应的政策、标准或计划要求	严格正式要求	有正规要求	没有一个正规的项目要求，可以就地做
报告	管理评审报告	技术评审报告	·缺陷清单和总结 ·检视报告	Walk Through报告
进入数据库	任何进度变化必须进项目跟踪数据库	·缺陷数 ·缺陷特征 ·会议属性	·缺陷数 ·缺陷特征 ·会议属性	·缺陷数 ·缺陷特征

四、产品研发各阶段评审要素

以下为某企业的产品研发流程的支持性文件，阐述了产品开发过程中各评审阶段的评审要素及对应的文档或交付物，同时也明确了评审资料的提供部门和资料评审负责人，如表3-9所示。

表 3-9 各阶段评审要素对应表

阶段	评审要素（查核要点）	评审点对应的文档或交付物
非评审内容		阶段 0～1 项目立项任务书
非评审内容	产品开发团队人员及职责确认	阶段 0～2 产品开发任命书
TR1	**技术概念评审**	
TR1-1	需求描述（产品定位）	
TR1-2	产品对应的顾客规模	
TR1-3	需求特点及创新性描述是否清楚	
TR1-4	需求的产品目标（上市时间、市场需求、定价估算）	阶段 0～3 原始需求报告
TR1-5	需求的时效性（短期需求还是长期需求）	
TR1-6	需求分析（$APPEALS 分析）	
TR1-7	产品或器械是否能解决所提出的问题，如何满足需求（需求要素分析）	
TR1-8	产品设计参考的样件分析	阶段 0～4
TR1-9	产品概念设计的设计方案	
TR1-10	产品概念设计中的风险及应对措施	
TR1-11	产品分类	
TR1-12	配套器械分类	
TR1-13	产品注册信息（如注册的法律法规信息）	阶段 0～5 法规注册评估报告
TR1-14	注册可行性及注册方案（如需注册）	
TR1-15	注册方面的法律法规风险和管理计划	
TR1-16	专利可行性分析（包括专利避险等）	阶段 0～6
TR1-17	产品是否符合整体产品组合规划	
TR1-18	竞争对手和竞争产品分析是否全面	
TR1-19	产品市场的综合竞争性分析	阶段 0～7
TR1-20	竞争风险分析和管理计划	
TR1-21	产品是否满足市场需求	
TR1-22	设计可实现性要求是否能够满足	
TR1-23	产品可靠性要求是否能够满足	阶段 0～8 技术可行性评估报告
TR1-24	产品可测试性要求是否能够满足	
TR1-25	技术的风险分析管理计划	
TR1-26	产品可制造性要求是否能够满足（从加工该产品的技术方案、工装、加工设备、人力资源方面进行分析）	阶段 0～9
TR1-27	加工成本和相关费用的估算	

续表

阶段	评审要素（查核要点）	评审点对应的文档或交付物
TR1-28	生产该产品对环境的影响评价	阶段0～9
TR1-29	生产的风险分析和管理计划	
TR1-30	全方面风险分析及控制计划	阶段0～10风险管理计划
TR1-31	风险管理负责人确认	
概念评审	**概念评审**	
概念评审-1	对TR1评审结果的审查	
概念评审-2	产品的相关介绍（如产品性能、产品标准）是否明确	
概念评审-3	涉及的知识产权问题是否确定解决办法	
概念评审-4	需求目标、客户、需求量等信息是否明确	
概念评审-5	市场情况分析	
概念评审-6	研究与开发的技术、资源、竞争对手的情况是否明确	阶段0～12
概念评审-7	生产线及生产能力确认	
概念评审-8	是否制定了切实可行的市场营销策略	
概念评审-9	市场经济效益评估认定	
概念评审-10	是否识别了风险、制订了风险响应计划	
概念评审-11	概念阶段评估项目立项可行性（项目概算、沟通计划、里程碑事件、产品开发团队及职责是否确认）	阶段0～13
TR2	**规格评审**	
TR2-1	法律法规评审	阶段0～5法规注册评估报告（更新）
TR2-2	注册计划评审	
TR2-3	产品型号设计及关键设计参数	
TR2-4	外观设计	
TR2-5	包装规格	阶段1～15
TR2-6	材料规格	
TR2-7	灭菌规格	
TR2-8	关键产品特点的测试方法、测试标准及关键指标予以说明	阶段1～16
TR3	**总体方案评审**	
TR3-1	各个工程要素整合能力的评审	
TR3-2	研发成本预算评审	阶段1～17
TR3-3	外协计划评审	

续表

阶段	评审要素（查核要点）	评审点对应的文档或交付物
TR3-4	资源投入计划评审	阶段1～17
TR3-5	明确的进度计划	
TR3-6	开发周期风险评估	阶段0～10风险管理计划
TR3-7	开发成本风险	
TR3-8	设计需求，包装需求和设计参数是否有风险控制	
计划评审	**计划评审**	
计划评审-1	TR2评审结果的审查	
计划评审-2	TR3评审结果的审查	
计划评审-3	规格对供应链成本的影响评审	阶段1～15（更新）
计划评审-4	投资组合管理	阶段0～12（更新）
计划评审-5	开发资源匹配的优化	阶段1～17（更新）
TR4	**设计成果评审**	
TR4-1	是否满足概念设计要求	阶段2～19 图纸
TR4-2	设计关键尺寸和部件	
TR4-3	设计图纸的审核	
TR4-4	设计变更历史记录是否完整	
TR4-5	工具、刀具、检具、工装的设计、审核	
TR4-6	设计方案的工艺确认	
TR4-7	工序、设备、工艺装置等是否明确	阶段2～20样品生产工艺
TR4-8	工艺、重点、难点是否已解决	
TR4-9	生产计划是否清晰明确、可行，包括采购计划（刀具等采购计划）	阶段2～21样品
TR4-10	详细测试计划	阶段2～18样品
TR4-11	器械加工需求是否明确	阶段2～22器械采购申请表/委托加工单
TR5	**样品测试评审**	
TR5-1	收集工厂方面对样品的加工意见	阶段2～23样品加工意见反馈表
TR5-2	样品质量检验结果	样品质检报告

续表

阶段	评审要素（查核要点）	评审点对应的文档或交付物
TR5-3	样品测试报告	样品
TR5-4	测试实施标准	
TR5-5	测试数据	
TR5-6	测试设备使用状况	
TR5-7	批量试制任务确认	批量试制订单
TR5-8	注册计划（需要注册的产品）	阶段0～5法规注册评估报告（更新）
TR5-9	批量试制计划、采购计划确认	阶段2～24批量试制采购计划书
TR6	**批量试制评审**	
TR6-1	收集对批量试制的意见（包括产品和器械）	阶段2～26批量试制意见反馈表
TR6-2	批量试制质量检验结果	质检报告
TR6-3	临床测试结果	阶段2～27临床评估报告
TR6-4	费用和预算平衡	阶段2～28项目成本核算表
TR6-5	人力资源等成本核算	
TR6-6	批量生产的生产工艺	阶段2～29量产生产工艺
TR6-7	量产计划、外购件采购计划	阶段2～30量产生产采购计划书
TR6-8	量产确认（包括器械和产品）	阶段2～31植入物生产订单 阶段2～32器械采购申请表
发布评审	**发布评审**	
发布评审-1	TR4评审结果的审查	TR4评审记录
发布评审-2	TR5评审结果的审查	TR5评审记录
发布评审-3	TR6评审结果的审查	TR6评审记录
发布评审-4	成本核算，收益评估	项目成本核算表（更新）
发布评审-5	资源使用情况评价	阶段3～33
发布评审-6	市场营销战略和营销策略	阶段3～34新品市场推广培训计划
发布评审-7	预估销售额	
发布评审-8	宣传资料	
发布评审-9	培训计划	
发布评审-10	发布产品验收标准	阶段3～35
发布评审-11	销售任务	阶段3～36销售任务书
发布评审-12	产品上市后跟踪计划	阶段3～37产品上市跟踪计划
发布阶段	产品文档归档移交	

五、技术评审

前面讲到产品开发的评审有四种方法,在此主要描述技术评审。

(一)技术评审的定义

技术评审(Technical Review,TR)的目的是尽早地发现工作中的缺陷,并帮助开发人员及时消除缺陷,从而有效地提高产品的质量。

技术评审最初是由IBM公司为了提高软件质量和提高程序员生产率而倡导的。技术评审方法已经被业界广泛采用并收到了很好的效果,它被普遍认为是软件开发的最佳实践路径之一。

技术评审能够在任何开发阶段执行,它可以比测试更早地发现并消除工作成果中的缺陷。技术评审的主要好处有:通过消除工作成果的缺陷而提高产品的质量。越早消除缺陷就越能降低开发成本。开发人员能够及时地得到同行专家的帮助和指导,无疑会加深对工作成果的理解,更好地预防缺陷,一定程度上提高了开发生产率。可见技术评审有助于"提高质量、提高生产率、降低成本",符合软件过程改进的根本目的。

(二)技术评审的类型

技术评审有如图3-3所示两种基本类型。

图3-3 技术评审的类型

理论上讲,为了确保产品的质量,产品的所有工作成果都应当接受技术评审。现实中,为了节约时间,允许人们有选择地对工作成果进行技术评审。技术评审方式也视工作成果的重要性和复杂性而定。

技术评审过程域有三个主要规程:"制订技术评审计划""正规技术评审"和"非正规技术评审",如图3-4所示。

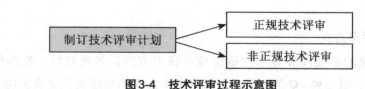

图3-4 技术评审过程示意图

(三)技术评审的体系模型

技术评审的体系模型如图3-5所示。

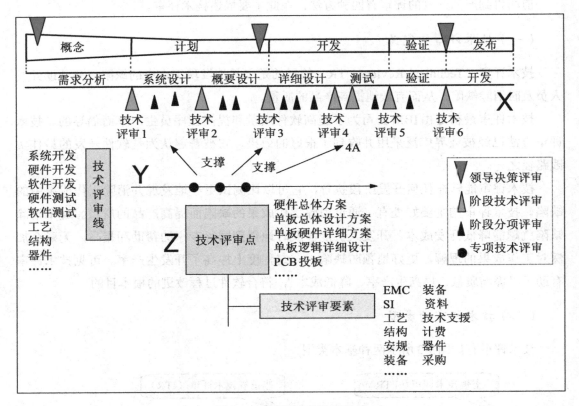

图3-5 技术评审的体系模型

(四)技术评审计划

制订技术评审计划的目的是确定需要评审的工作成果、评审方式、预定评审时间、地点以及相关人员。通常由项目的技术负责人(或技术骨干)制订《技术评审计划》,项目经理审批《技术评审计划》。制订技术评审计划的主要步骤如下。

1.确定需要评审的工作成果

如果项目的时间充足,为了确保产品的质量,应当对产品的所有工作成果都进行技术评审。如果项目的时间不充足,为了节约时间,可以选择一些重要的工作成果对其进行技术评审。

2.确定技术评审方式

根据工作成果的重要性和复杂性确定技术评审方式。将重要性、复杂性各分"高、中、低"3个等级。重要性-复杂性组合与技术评审方式的对应关系见表3-10。

表 3-10　重要性-复杂性组合与技术评审方式的对应关系

重要性-复杂性组合	技术评审方式（FTR，ITR）
高高	正规技术评审（FTR）
高中	正规技术评审（FTR）
高低	正规技术评审（FTR）或非正规技术评审（ITR）均可
中中	正规技术评审（FTR）或非正规技术评审（ITR）均可
中低	非正规技术评审（ITR）
低低	非正规技术评审（ITR）

3. 预定评审时间、地点以及相关人员

根据《项目计划》中的进度表，预定评审时间和地点。根据工作成果的特征预定评审主持人和其他评审员。

4. 审批计划

项目经理根据《项目计划》以及现实情况（如可以支配的人力资源评审计划）。项目的技术负责人（或技术骨干）应根据项目经理的批示修正《技术评审计划》。

5. 度量

技术负责人（或技术骨干）统计工作量和上述文档的规模，汇报给项目经理。

（五）正式技术评审

正式技术评审的目的是对工作成果进行正式技术评审，尽早地发现工作成果中的缺陷，并帮助开发人员及时消除缺陷。

1. 角色与职责

（1）作者（开发者）：是指待评审的工作成果的开发者，可能是一个人也可能是个小组。在评审会议期间，作者答复评审小组的问题，并与评审小组共同查找缺陷、商讨缺陷解决方案。评审会议结束后，作者应当及时消除工作成果中的缺陷。

（2）评审小组。评审主持人是应当具备比较高的技术水平和比较丰富的评审经验，能够控制评审会议的进程。评审主持人可以是项目内的技术骨干也可以是项目外的技术专家。评审主持人本身是一名评审员，评审结论必须有评审主持人的签字才能生效。

评审员主要来源于项目内和项目外的技术人员，必要时还应当邀请客户和质量保证人员担任评审员。工作成果的作者不能担任评审员。评审员的人选以及分工都由评审主持人来确定。评审员应当根据"检查表"认真地查找工作成果中的缺陷，并和作者共同商讨缺陷解决方案。

评审小组的总人数一般在 3～7 人之间。

（3）记录员：由评审主持人指定一位评审员来担任记录员。记录员如实地将评审过程记录在指定的文档中。

2. 启动准则

作者已经按照指定的格式（如模板）完成了工作成果，对工作成果进行了内部检查，消除了拼写、排版等初级错误。根据《技术评审计划》，该工作成果进行正式技术评审的时间已到。

3. 输入

待评审的工作成果。与该工作成果评审相关的一些材料，如检查表。

4. 主要步骤

正式技术评审的流程如图3-6所示，流程说明如表3-11所示。

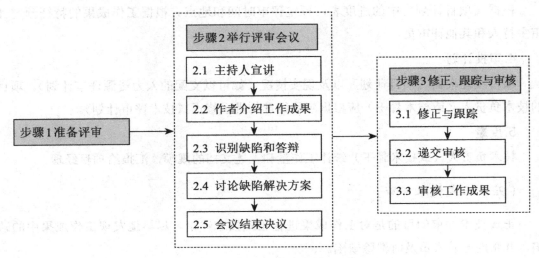

图3-6　正式技术评审的流程图

表3-11　流程说明

步骤		说明
准备评审		（1）评审主持人首先确定评审会议的时间、地点、设备和参加会议的人员名单（包括评审员、记录员、作者、旁听者等），然后起草《技术评审通知》，并告知所有相关人员 （2）评审主持人把工作成果及相关材料、技术评审规程、检查表等发给评审员 （3）评审员阅读（了解）工作成果及相关材料
举行评审会议	主持人宣讲	主持人宣讲本次评审会议的议程、重点、原则、时间限制等
	作者介绍工作成果	作者扼要地介绍工作成果
	识别缺陷和答辩	评审员根据"检查表"认真查找工作成果的缺陷。作者回答评审员的问题，双方要对每个缺陷达成共识（避免误解）
	讨论缺陷解决方案	作者和评审员共同讨论缺陷的解决方案 对于当场难以解决的问题，由主持人决定"是否有必要继续讨论"或者"另定时间再讨论"

步骤		说明
举行评审会议	会议结束决议	评审小组给出评审结论和意见，主持人签字后本次会议结束。评审结论有三种。 （1）工作成果合格，"无需修改"或者"需要轻微修改但不必再审核" （2）工作成果基本合格，需要做少量的修改，之后通过审核即可 （3）工作成果不合格，需要做比较大的修改，之后必须重新对其评审
修正、跟踪与审核	修正与跟踪	作者修正工作成果，消除已发现的缺陷。评审主持人（或者指定审查员）跟踪每个缺陷的修正状态
	提交审核	作者消除所有已发现的缺陷后，再将修正后的工作成果递交给评审主持人（或者指定审查员）审核
	审核工作成果	评审主持人（或者指定审查员）审核修正后的工作成果。审核结论有两种。 （1）修正后的工作成果合格 （2）修正后的工作成果仍然不合格，需重新修改，重复[Step3]

5. 技术评审的输出

该工作成果形成《技术评审报告》，以及根据评审报告修正后的工作成果。

技术评审报告模板

一、产品质量评估

1. 要素表检查情况

2. 遗留问题改进计划

3. 冲突点记录和结论

4. 风险分析

二、评审结论

过程规范和质量目标达成情况

1. 过程审计结果

2. 度量指标

3. 质量目标

三、会签记录

---

6. 结束准则

工作成果中所有已识别的缺陷都已经被消除。

7. 度量

评审主持人统计工作量和上述文档的规模，汇报给项目经理。

（六）非正式技术评审

非正式技术评审的目的是对工作成果进行快速、灵活地评审，及早地识别和消除工作成果中存在的缺陷。

1. 参与的角色与职责

作者：是指待评审的工作成果的开发者，可能是一个人也可能是个小组。作者答复评审员的问题，并与评审员共同查找缺陷、商讨缺陷解决方案。评审结束后，作者应当及时消除工作成果中的缺陷。

评审员：由作者的同伴或者同行专家担任评审员，通常一两个人即可。评审员应当根据"检查表"认真地查找工作成果中的缺陷，并和作者共同商讨缺陷解决方案。由于参加非正规评审的人员比较少，由评审员兼做记录员即可。

2. 启动准则

作者已经按照指定的格式（如模板）完成了工作成果，对工作成果进行了内部检查，消除了拼写、排版等初级错误。根据《技术评审计划》，该工作成果进行非正式技术评审的时间已到。

3. 输入

待评审的工作成果，与该工作成果评审相关的一些材料，如检查表。

4. 主要步骤

非正式技术评审的步骤如表3-12所示。

表3-12　非正式技术评审的步骤

步骤		说明
准备评审		评审员与作者共同确定评审的时间、地点、设备、人员等。起草并将《技术评审通知》发布给相关人员。 评审员阅读（了解）工作成果及相关材料、评审规程、检查表等
评审	介绍	评审员介绍本次评审的议程、重点、原则、时间限制等。作者扼要地介绍工作成果
	识别缺陷和问答	评审员根据"检查表"认真查找工作成果的缺陷。作者回答评审员的问题，双方要对每个缺陷达成共识（避免误解）
	讨论缺陷解决方案	作者和评审员共同讨论缺陷的解决方案。对于当场难以解决的问题，由双方商定"是否有必要继续讨论"或者"另定时间再讨论"
	给出评审结论	评审员给出评审结论和意见。评审结论有三种： （1）工作成果合格，"无需修改"或者"需要轻微修改但不必再审核" （2）工作成果基本合格，需要做少量的修改，之后通过审核即可 （3）工作成果不合格，需要做比较大的修改，之后必须重新对其评审

续表

步骤		说明
修正与跟踪	修正	作者修正工作成果,消除已发现的缺陷。审查员跟踪每个缺陷的状态
	跟踪	提交审核作者消除所有已发现的缺陷后,再将修正后的工作成果递交给审查员审核
		审核工作成果审查员审核修正后的工作成果。审核结论有两种: (1) 修正后的工作成果合格 (2) 修正后的工作成果仍然不合格,需重新修改,重复修正

5. 输出

该工作成果的《技术评审报告》。根据评审报告修正后的工作成果。

6. 结束准则

工作成果中所有已识别的缺陷都已经被消除。

7. 度量

评审员统计工作量和上述文档的规模,汇报给项目经理。

> **提醒您**
>
> 对于重要性和复杂性都很高的工作成果,建议先在项目内部进行"非正式技术评审"然后再进行"正式技术评审"。技术评审应当与质量保证有机地结合起来,请质量保证人员参加并监督正规技术评审是很好的方式。技术评审应当与配置管理有机地结合起来,规定没有通过技术评审的工作成果不允许成为基准文件。最好采用统一的缺陷跟踪工具,使得技术评审所发现的缺陷能被及时消除,而不被遗漏。

【范本01】▶▶▶

系统设计里程碑评审报告

项目名称	×××		
项目级别	[√]公司级	[ ]部门级	
要求评审的项目里程碑(阶段)名称	[ ]规划阶段 [ ]实现与测试阶段 [ ]其他	[ ]需求分析阶段 [ ]系统测试阶段	[√]系统设计阶段 [ ]系统实施与验收阶段

续表

项目经理	×××		建议评审时间	20××年8月6日
本阶段主要目标	通过评审项目系统设计阶段重要产出物,如《概要设计说明书》《详细设计说明书》《用户界面设计说明书》《数据库设计说明书》《系统设计里程碑报告》《质量保证里程碑报告》等内容,并且了解项目在系统设计阶段的工作量、进度、成本、资源、风险等情况,确定是否可以进入"设计阶段"。			
本阶段的主要交付物	序号	交付物名称	变更情况	当前版本
	1	《概要设计说明书》	无	V1.0
	2	《详细设计说明书》	无	V1.0
	3	《用户界面设计说明书》	无	V1.0
	4	《数据库设计说明书》	无	V1.0
	5	《系统设计里程碑报告》	无	V1.0
QA审核意见	主要项目交付物已通过评审,并已基线化,里程碑报告已审核。召开里程碑评审会议基本具备。			
PMO审核意见	相关资料已审核,同意进行里程碑评审。			
评审意见及结果				
评审时间	自20××年8月6日16时30分至20××年8月6日17时30分			
评审问答记录				
	记录人签名	××	日期	20××年8月6日
评审人员签名	×× ×× ××			
其他参与人员签名	×× ×× ××			
评审意见总结	工作产品基本都按OSSP(Organization's Set of Standard Process,组织标准过程集)的系统设计过程进行,已经完成系统设计阶段的所有工作,进度在可控范围内。但项目里程碑报告中发现一些缺陷。具体缺陷见评审问答记录。故在少量发现的问题修改后,同意设计里程碑结束,可进入实现与测试阶段。			
评审结论	[√]通过:[ ]项目实现了该阶段的预期目标 [√]只做少量修改不需要再次进行评审,可以进入下一阶段 [ ]不通过:项目没有实现该阶段的预期目标,需要进一步安排下一步的工作。具体意见参见评审意见总结。			
建议整改完成时间	20××年8月7日			
评审负责人签字	××		日期	20××年8月6日
高层经理最终意见	同意评审小组的意见,请项目组按评审意见执行			

续表

\multicolumn{5}{l	}{纠正措施实施及验证（如无纠正意见，则无需填写下面内容）}
序号	内容	修正措施	实施结果	实施人、日期
1	《系统设计里程碑质量保证报告》中的2.2执行符合度的图缺少"系统设计阶段"	已处理	完成	××× 20××-8-6
2	干系人活动协调记录表没有填写	已处理	完成	×× 20××-8-6
纠正措施验证情况	验证结论： 以上缺陷已经修改并验证			
	验证人签字	××	日期	20××年8月6日

【范本02】

技术评审报告

项目名称	×××CMMI-ML3咨询认证			
项目级别	☑公司级　□部门级　□子部门级		项目经理	×××
要求评审的工作产品的名称	×××OSSP1.1过程文件			
产品作者（评审申请人）	EPG组	建议评审时间	20××年9月7日	
要求评审的工作产品所属开发阶段	□规划阶段　　　　□需求分析阶段　　□系统设计阶段 □实现与测试阶段　□系统验收阶段　　□安装运行阶段　　☑其他			
评审准则	1.过程文件是否按改进意见及初步方案修订； 2.过程文件改进具体方案是否合理、可行； 3.过程文件改进意见是否符合公司软件开发项目的实际情况			
评审需提交的资料	1.×××OSSP1.0过程文件送审稿； 2.过程改进建议库			

续表

产品批准人（审核人）意见	☑同意评审 　　由___×××___担任评审负责人，按技术评审流程开展评审工作。 　　评审方式：☑正式技术评审（会议评审） 　　　　　　　☐非正式技术评审（☐E-mail会签　☐走查　☐其他：　　　） 　　评审级别：☑部门级　　☐子部门级　　☐项目组内 ☐暂不评审 　　原因是：☐方案不成熟　　☐资料不完整　　☐其他			
	签字	×××	日期	20××年×月7日
技术评审意见及结果				
评审时间	自20××年×月7日15时至20××年×月7日17时			
评审问答记录	1.过程裁剪指南能否完全按项目周期确定？ [答复]：不能完全按项目周期来确定裁剪原则，因为存在如下情况： （1）有些很重要的××移植项目可能开发周期不长，但却是公司级项目； （2）有些周期较长的项目，可能投入的人员只有1～2人。 因此完全基于项目周期长短来确定裁剪原则不合适，只能根据项目的具体情况来确定项目的PDP过程。 2.OT中为什么缺少"员工技能记录表"。 3.技术评审报告中的"缺陷"如何界定？ [答复]：对于项目每个阶段产生的重要成果，在技术评审准则中有评审准则说明，对于不符合重要准则的部分，可以判定产品存在"缺陷"，技术评审小组应将"缺陷"记录在评审报告，以便以后的跟踪、解决及验证。 4.OPD中质量目标的三个值是依据什么确定的？ [答复]：由于公司目前没有项目历史数据的积累，因此质量目标的每个度量项的3个值（下限值、上限值、目标值）是参考业界的有关数据给出的。随着公司项目数据的积累，以后修订OSSP文件时，可以调整质量目标。 5.组织级风险库应是共性的内容，应提供组织的建议应对措施。 6.风险管理中应考虑更新组织级风险库。 7.实现与测试需要有《编程规范》。			
	记录人签名	×××	日期	200×年×月7日
评审人员签名				
其他参与人员签名				
评审意见汇总				

续表

	一、缺陷识别			
评审意见汇总	序号	缺陷描述	严重性	建议缺陷解决方案
	1	OT过程中缺少员工技能记录表	严重	增加《员工技能记录表》，员工技能表应包括员工基本信息、技能包括技术和管理多个方面内容
	2	组织级风险库应提供组织的建议应对措施	严重	增加对共性风险的应对措施
	（注：严重性分三种情况："非常严重""严重""一般"）			
	二、总体评价及建议 对过程文件的修订基本符合过程改进建议及实施方案的基本要求，但需对提出的几个缺陷进行修正处理。			
评审结论	□评审通过：工作产品合格，"无需修改"或"需要轻微修改但不必再审核"； ☑评审基本通过：工作产品基本合格，需要做少量修改，之后通过审核即可； □评审不通过：工作产品不合格，需要做比较大的修改，之后必须重新对其评审。			
建议整改完成时间	20××年×月8日			
评审负责人签字	×××		日期	20××年×月7日

缺陷修正及验证（如果使用缺陷跟踪软件，则无需填写下表）

序号	缺陷内容	修正措施	实施结果	实施人、日期
1	OT过程中缺少员工技能记录表	增加《员工技能记录表》，员工技能表应包括员工基本信息、技能包括技术和管理多个方面内容。	已实施	××× 20××-×-8
2	组织级风险库应提供组织的建议应对措施	在《组织风险列表》中增加对共性风险的应对措施。	已实施	××× 20××-×-8

缺陷修正验证情况	验证结论： 所有缺陷已经全部解决			
	验证人签字	×××	日期	20××年×月8日

04

第四章
产品研发质量控制

导言

产品研发质量控制是指对于产品研发质量实施情况的监督和管理。质量控制的主要内容包括：产品研发质量实际情况的度量，产品研发项目质量实际与质量标准的比较，产品研发质量误差与问题的确认，产品研发质量问题的原因分析和采取纠偏措施以消除产品研发质量差距与问题等一系列活动。

第一节　产品研发质量控制概述

一、产品研发质量控制的依据

产品研发质量控制的依据如图4-1所示。

依据一　产品研发质量计划

这与产品研发质量保障是一样的，这是在项目质量计划编制中所生成的计划文件

依据二　产品研发质量工作说明

这也是与产品研发质量保障的依据相同的，同样是在产品研发质量计划编制中所生成的工作文件

依据三　产品研发质量控制标准与要求

这是根据产品研发质量计划和产品研发质量工作说明，通过分析和设计而生成的产品研发质量控制的具体标准，质量控制标准是根据这些最终要求所制定的控制依据和控制参数

依据四 产品研发质量的实际结果

产品研发质量的实际结果包括项目实施的中间结果和项目的最终结果，同时还包括项目工作本身的好坏。产品研发质量实际结果的信息也是产品研发质量控制的重要依据，因为有了这类信息，人们才可能将产品研发质量实际情况与项目的质量要求和控制标准进行对照，从而发现产品研发质量问题，并采取质量纠偏措施，使产品研发质量保持在受控状态

图4-1　产品研发质量控制的依据

二、产品研发质量控制的方法

（一）检查：包括度量、考察和测试

质量检查的内容有个两方面：一是进行评审，是合格还是不合格？能打多少分？二是提出建议，对质量的好坏进行分析，以便"改差为好""好上加好"。以下是经常采用的质量检查措施。

（1）事先把检查的主要内容制成一张表，使检查活动集中在主要问题上。

（2）只评审工作，不评审开发者。评审的气氛应该是融洽的。存在的错误应该被有礼貌地指出来，任何人的意见都不应被阻挠或忽视。

（3）建立一个议事日程并遵循。检查过程不能放任自流，必须按照既定的方向和日程进行。

（4）不要花太多的时间争论和辩驳。

（5）说清楚问题所在，但不要企图当场解决所有问题。

（6）对检查人员进行适当的培训。

> **提醒您**
> 质量检查并不是要等到研发项目结束时才执行唯一的一次，应该在每个实践环节都要执行。对应于进度表，在每个里程碑到达时执行质量检查比较合理。

（二）排列图

排列图是一种直方图（见图4-2），由事件发生的频率组织而成，用以显示多少成果是产生于已确定的各种类型的原因的。等级序列是用来指导纠错行动的项目小组应首先采取措施去解决导致最多缺陷的问题。排列图与帕累特法则的观点有联系，后者认为相应的少数原因会导致大量的问题或缺陷出现。

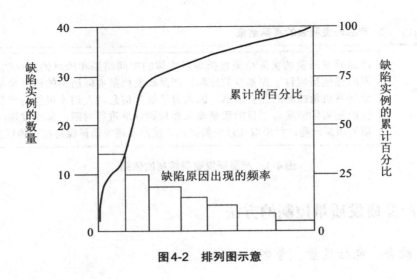

图4-2 排列图示意

(三) 统计样本

对研发项目实际执行情况的统计值是产品研发质量控制的基础,统计样本涉及样本选择的代表性,合适的样本通常可以减少项目控制的费用,当然这需要一些样本统计方面的知识,研发管理组有必要熟悉样本变化的技术。

(四) 流程图

流程图(见图4-3)通常被用于产品研发质量控制过程中,其主要的目的是确定以及分析问题产生的原因。

流程图能够帮助项目小组预测可能发生哪些质量问题,在哪个环节发生,因而有助于使解决问题的手段更为高明。

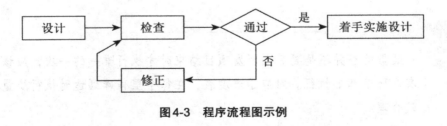

图4-3 程序流程图示例

(五) 趋势分析

趋势分析是应用数学的技术根据历史的数据预测项目未来的发展,趋势分析通常被用来监控以下两方面。

(1) 技术参数:多少错误或缺点已被识别和纠正,多少错误仍然未被校正。

(2) 费用和进度参数:多少工作在规定的时间内被按期完成。

三、产品研发质量控制的结果

产品研发质量控制的结果是产品研发质量控制和质量保障工作所形成的综合结果,是产品研发质量管理全部工作的综合结果。这种结果的主要内容包括如图4-4所示五个方面。

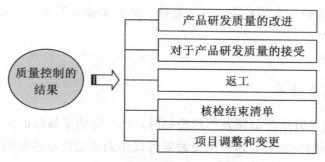

图4-4 质量控制的结果

(一)产品研发质量的改进

产品研发质量的改进是指通过产品研发质量管理与控制所带来的产品研发质量提高。产品研发质量改进是产品研发质量控制和保障工作共同作用的结果,也是产品研发质量控制最为重要的一项结果。

(二)对于产品研发质量的接受

对于产品研发质量的接受包括两个方面。

(1)产品研发质量控制人员根据产品研发质量标准对已完成的项目结果进行检验后对该项结果所做出的接受和认可。

(2)企业根据项目总体质量标准对已完成项目工作结果进行检验后做出的接受和认可。

> **提醒您**
>
> 企业做出了接受产品研发质量的决定,就表示一项项目工作或一个项目已经完成并达到了产品研发质量要求,如果企业做出不接受的决定就应要求项目返工和恢复并达到产品研发质量要求。

(三)返工

返工是指在产品研发质量控制中发现某项工作存在着质量问题并且其工作结果无法接受时,所采取的将有缺陷或不符合要求的项目工作结果重新变为符合质量要求的一种工作。

返工的原因通常为产品研发质量计划考虑不周、产品研发质量保障不力、出现意外变故。返工所带来的不良后果则是延误项目进度、增加项目成本、影响项目形象。

> **提醒您**
> 重大或多次的项目返工会导致整个研发项目成本超出预算，并且无法在预定工期内交付成果。返工是最严重的质量后果之一，项目团队应尽力加以避免。

（四）核检结束清单

当使用核检清单开展产品研发质量控制时，已经完成了核检的工作清单记录是产品研发质量控制报告的一部分。这一结果通常可以作为历史信息被使用，以便对下一步产品研发质量控制所做的调整和改进提供依据和信息。

（五）项目调整和变更

项目调整和变更是指根据产品研发质量控制的结果和面临的问题（一般是比较严重的，或事关全局性的产品研发质量问题），或者是根据项目各干系人提出的产品研发质量变更请求，对整个研发项目的过程或活动所采取的调整、变更和纠偏行动。

在某些情况下，研发项目调整和变更是不可避免的。例如，当发生了严重质量问题而无法通过返工修复产品研发质量时；当发生了重要意外而进行项目变更时都会出现研发项目调整的结果。

四、产品研发质量控制的总体思路

产品研发质量控制的总体思路如图4-5所示。

思路一	由CDT、市场部主导建立客户信息收集机制和客户需求库的建设，研发质量参与客户信息准确性分析和验证，在每个新产品项目开始前，收集、分析和整理客户及相关方的需求，使用《产品包需求》的方式分解成公司设计规格和质量标准，将客户和相关方的需求全面融入公司的设计和质量控制标准，成为公司产品开发过程的行动准则
思路二	由研发质量PQA主导，各PDT的核心代表和拓展组成员共同参与，对产品开发过程中的人员、设备、物料、产品开发方法、环境、时间、空间、测量、信息、流程、产品等要素进行管控，进行节点检查，组织开展决策评审和技术评审工作，及时纠正偏离客户需求的行为，保证整个产品开发的过程能够满足客户的需求

| 思路三 | 由测试部主导，研发质量部DQE参与，共同设计出客户需求得到满足的测试项目、测量方法、判定标准、设备、人员配置，完善测量系统，并由测试部主导、DQE跟进客户的需求是否已被正确、全面的实现 |

| 思路四 | 由返修分析工程师对客户退货的新产品进行逐个分析，主导组织相关工程师确认根本的原因，从而优化产品的开发过程，改进测量系统，并作为《失效模式与效应分析数据库》的输入，从而建立一套预防机制来控制此类问题的重复发生 |

| 思路五 | 前期质量控制与IPD全面融合 |

图4-5　产品研发质量控制的总体思路

注：CDT是一个跨功能部门的Charter开发团队，负责初始产品和解决方案包以及项目任务书的开发，对版本踏准市场节奏，满足客户需求，可盈利和市场竞争力负责。

第二节　产品研发质量控制的主要流程及具体工作

我们依据一般新产品研发的实际情况，将产品研发质量控制按项目任务书阶段、确定产品概念阶段、制订开发计划阶段、执行产品开发阶段、产品验证阶段、产品发布阶段、产品生命周期管理阶段（上市后六个月）来说明研发质量控制的主要流程及具体工作。

一、项目任务书开发阶段

项目任务书开发阶段，主要是对客户的需求进行收集、整理和分析，确定是否已全面的收集到了客户的需求，对需求的准确性进行分析，结合公司的技术水平和质量控制能力，来制定可行的项目任务书。

这一阶段主要的质量工作如下。

- ·参与客户需求分析和竞争分析
- ·参与项目任务书CDT初审
- ·立项决策评审问题跟踪
- ·主导客户需求向质量策略转化

项目任务书开发阶段主要质量控制点及具体工作说明如表4-1所示。

表 4-1 项目任务书开发阶段主要质量控制点及具体工作

质量控制点	时机	执行人	流程描述	里程碑	度量与考核
参与客户需求分析和竞争分析	市场环境分析已完成,已确定为客户创造价值的途径	DQE	**输入**：市场环境分析结论 **做什么**：使用 $Appeals 来分析客户需求,并分析竞争对手的同类型产品如何满足客户需求 **如何做**： （1）在对客户的沟通过程中,使用调查表、双向沟通的方式来了解客户的需求,清晰地了解客户对公司提供的产品价格、可获得性、包装、性能、易用性、保证性、生命周期成本、社会接受程度等方面的需求 （2）确认收集到客户需求信息是否具有代表性,抽样的客户数量、区域是否满足产品将来的顾客群体 （3）统计方法是否正确,是否清晰确定了未来开发的产品关键需求的优先级 （4）收集竞争对手同类型的产品,针对公司的客户需求分析结果,分析竞争对手如何来满足这些需求,找出他们的优势和弱点,针对性地设定未来产品的质量目标 **做到什么程度**： （1）清晰、全面、准确的客户需求,已确定各需求的优先级 （2）了解竞争对手产品的优势与弱点,针对性地确定未来产品的质量目标 **输出**：客户需求分析结论、竞争分析结论、产品质量目标的优先级 （3）了解竞争对手产品的优势与弱点,针对性地确定未来产品的质量目标 **输出**：客户需求分析结论、竞争分析结论、产品质量目标	质量目标	**度量**： （1）客户区域、选择的抽样数 （2）统计分析数据准确性 （3）竞争对手的信息全面性 **考核**： （1）质量目标适宜 （2）客户需求确定后增减的次数
参与项目任务书CDT初审	项目任务书已完成,已经过了作者的确认	研发质量经理	**输入**：项目任务书 **做什么**：评审项目任务书中客户的需求是否得到了全面、准确的反馈,公司的质量控制能力是否满足客户需求 **如何做**： （1）按 $Appeals 模型中影响因素,对客户的需求分析逐个确认,对优先级进行评估 （2）确定质量目标的适宜性和可行性,为实现质量目标需要配置的资源 **做到什么程度**：项目任务书中的客户需求明确、质量目标已通过适宜性评估 **输出**：更新后的项目任务书	项目任务书	**度量**： 客户需求确认数量、优先级 **考核**： 质量目标适宜性、可行性

续表

质量控制点	时机	执行人	流程描述	里程碑	度量与考核
立项决策评审问题跟踪	立项决策评审已通过,遗留部分问题需要CDT解决	PQA	**输入**:立项决策评审报告 **做什么**:跟踪立项决策评审中遗留问题得到解决,做出对应的更新质量目标及其他质量控制活动 **如何做**: (1)依据决策评审报告中问题点和解决的时间、人员安排,在规定的时间内检查执行的情况与效果 (2)分析遗留问题的影响,确定对后续质量控制风险点,记录并作为后续监控的重点检查项目 **做到什么程度**:问题得到解决,风险得到控制 **输出**:《决策评审问题跟踪报告》	立项决策评审问题跟踪报告	**度量**: (1)问题解决的时间 (2)风险点影响程度 **考核**:问题解决效率与准确性
主导客户需求向质量策略转化	客户需求及优先级已确定,质量目标的适宜性得到确认	研发质量经理主导,DQE、PQA、认证工程师参与	**输入**:客户需求,质量目标 **做什么**:将质量目标分解,结合客户的需求来确定选择何种途径来实现产品质量目标 **如何做**: (1)分析质量目标实现涉及的范围、方法 (2)分解质量目标,规定实现的途径,确定策略 (3)规定为途径、策略执行的人员和要求,制订WBS计划 **做到什么程度**:可执行的策略WBS来实现质量目标 **输出**:质量策略	质量目标实现策略	**度量**:质量目标实现途径 **考核**:质量策略与WBS可执行性

二、确定产品概念阶段

确定产品概念阶段,项目任务书评审合格并由PDT经理组建PDT团队后,主要的质量工作如下。

(1)依据公司的产品战略和质量目标,结合客户的需求,确定项目产品的质量目标与实现的策略及计划,把客户的需求准确、全面地映射成为公司的技术规格和质量标准。

(2)通过概念决策评审来确定是否要继续该项目。

(3)通过产品包需求评审来确认客户明确和隐含的需求已得到全部满足。

(4)跟踪评审过程中发现的问题点是否已解决或得到有效的控制。

这一阶段主要的质量控制点如下。

- 参与概念阶段项目计划
- 制定产品质量目标与质量计划
- 验证市场需求
- 跟进确定硬件、软件和结构需求
- 参与可制造性需求确认
- 主导认证需求确定，参与知识产权检索
- 基于产品包需求，将客户需求转化成可执行的质量标准
- 技术评审1（产品包需求）
- 产品包需求受控
- 参与制定测试策略与计划
- 跟进采购和制造的策略与计划
- 认证策略与计划
- 主导完善产品失效模式与效应分析库
- 制订产品实验设计 DOE（Design of Experiment）计划
- 概念决策评审问题跟踪

确定产品概念阶段的主要质量控制点及具体工作说明如表4-2所示。

表4-2 确定产品概念阶段的主要质量控制点及具体工作

质量控制点	时机	执行人	流程描述	里程碑	度量与考核
参与概念阶段项目计划	PDT团队已建立，PDT经理组织团队成员开始制订概念阶段的WBS计划	PQA	**输入**：项目任务书 **做什么**：确定质量控制节点，确立技术评审的时间、参与人员 **如何做**： （1）依据概念阶段PDT的工作计划，确定质量控制的节点，规定具体的时间 （2）选择技术评审专家，确定评审时间节点 **做到什么程度**： （1）确定概念阶段的质量控制点，规定具体的工作内容，质量控制点的工作内容适宜、可执行 （2）技术评审人员、时间点确定 **输出**：概念阶段WBS计划	无	**度量**： 无 **考核**： 无
制定产品质量目标与质量计划	质量目标已分解成策略，明确各岗位所需要在质量控制中的职责	PQA	**输入**：质量目标与策略 **做什么**：制订初步的质量控制计划 **如何做**： （1）依据质量目标和客户的需求，完成质量控制策略 （2）明确各岗位为实现质量目标而需要完成的职责，确定工作任务并明确工作任务的价值与考核方法	产品质量计划受控	**度量**： 质量计划时间 质量控制资源配置

续表

质量控制点	时机	执行人	流程描述	里程碑	度量与考核
制定产品质量目标与质量计划	质量目标已分解成策略,明确各岗位所需要在质量控制中的职责	PQA	(3) 依托PDT的WBS计划,详细规定各岗位具体的工作时间、实现质量目标的方法 **做到什么程度**:质量目标符合公司的实际能力和客户需求,质量计划可执行 **输出**:《产品质量计划》	产品质量计划受控	**考核**: 质量计划逻辑性与可行性
验证市场需求	产品包需求中客户需求已完成	DQE	**输入**:产品包需求中客户需求部分 **做什么**:验证收集、分析确认后的客户需求是否与产品包中市场需求一致,是否全面 **如何做**: (1) 对比客户需求分析结论和确定的需求优先级,与产品包需求中提供的需求差异 (2) 确定客户需求发生变化的原因、影响及解决的对策 **做到什么程度**:客户需求变化的任何变更已确认了原因,分析了影响,已有妥善的对策 **输出**:《产品包需求》	产品包需求	**度量**:无 **考核**:无
跟进确定硬件、软件和结构需求	产品包需求中客户需求已确定,硬件、软件、结构工程师开始映射成设计需求	DQE	**输入**:产品包需求中客户需求部分 **做什么**:将客户的需求映射成设计需求 **如何做**: (1) 由硬件工程师将客户需求转化成硬件的设计需求,DQE检查、确认映射的准确性与完整性 (2) 由软件工程师将客户需求转化成软件的设计需求,DQE检查、确认映射的准确性与完整性 (3) 由结构工程师将客户需求转化成结构设计需求,DQE检查、确认映射的准确性与完整性 **做到什么程度**:客户的需求的准确、全面的映射,公司现有资源能够满足或投入一定的资源可满足 **输出**:《产品包需求》	产品包需求	**度量**:无 **考核**:无
参与可制造性需求确认	产品包需求中客户需求已确定,制造代表开始映射可制造性需求	PQA	**输入**:产品包需求中客户需求部分 **做什么**:将客户需求映射成可制造性需求 **如何做**: 检查制造代表是否有将客户的需求和研发工程师确定的硬件、软件、结构、测试等方面的需求,全面映射成可制造性需求,并验证这些可制造性需求的适宜性。	产品包需求	**度量**:无

续表

质量控制点	时机	执行人	流程描述	里程碑	度量与考核
参与可制造性需求确认	产品包需求中客户需求已确定，制造代表开始映射可制造性需求	PQA	**做到什么程度**：客户需求全面、准确地映射到可制造性需求中，并且有效地结合了硬件、软件、结构、测试等方面的需求 **输出**：《产品包需求》	产品包需求	考核： 无
主导认证需求确定，参与知识产权检索	产品包需求中客户需求已确定，研发代表已开始知识产权分析	认证工程师	**输入**：产品包需求中客户需求部分，知识产权分析 **做什么**：产品销售目的地认证需求的确认 **如何做**： （1）全面收集产品涉及的各个国家法律法规、强制性认证要求、市场准入制度 （2）将这些认证标准的条文进行罗列，摘录涉及本公司产品的具体标准要求，确定产品的认证需求 （3）将涉及产品的标准条文进行分析，确定这些标准条文对设计的影响，将标准条文转化成具体的要求，并将其确定为设计的限定条件 （4）对研发代表的知识产权分析结论进行确认，将知识产权设置成设计的限定条件 **做到什么程度**：清晰地说明产品涉及的认证需求，确定知识产权所形成的限定条件。 **输出**：《产品包需求》	产品包需求	度量： 产品涉及的认证需求知识产权 考核： 认证要求和知识产权要求的全面性
基于产品包需求，将客户需求转化成可执行的质量标准	产品包需求已完成	质量经理	**输入**：《产品包需求》 **做什么**：将设计需求转化成质量标准要求 **如何做**： （1）分析客户需求与质量标准的关系 （2）评估客户需求映射成设计需求的准确性 （3）分析为实现设计需求、满足客户需求所要确定的质量要求 （4）依据国际、国家、地区、行业的标准和规范，结合客户的需求、公司的质量控制能力、内部质量控制标准，来制定一套针对性的质量标准 **做到什么程度**：制定的标准能够满足客户的需求和公司发展的需要。 **输出**：《质量功能展开》	质量功能展开	度量： 客户需求 设计需求 国标、行标、企标 考核： 质量标准可行性

续表

质量控制点	时机	执行人	流程描述	里程碑	度量与考核
技术评审1（产品包需求）	产品包需求已完成并提交专家组评审	PQA	**输入**：已通过初审的《产品包需求》 **做什么**：对产品包需求进行全方位的评审 **如何做**： （1）由PQA按项目WBS计划规定的时间，跟踪技术评审工作的完成状况和资料准备状况 （2）对PDT提出的技术评审申请进行确认，并选定技术评审专家，指定主审人 （3）组织评审专家对PDT提供的资料进行初步审核，并检查各评审专家提供的《评审资料问题点清单》，对其中的问题进行确认，并与PDT经理进行沟通，确定解决的办法 （4）按项目WBS规定的时间开展技术评审，作为技术评审会议的主持人和流程专家，对各个专家在评审过程中的表现进行评分，并对评审过程中的问题点进行记录、确认 （5）评审过程中经各领域评审专家确认的问题，由PDT经理指定专门的人员、规定时间和解决方案，由PQA持续跟进，直到问题解决 （6）对整个评审进行综合评分，并确定是否通过 （7）跟踪评审后设计资料的更新，并将更新后的资料发布给各评审专家再次审核，合格后通过文档发布流程，将更新后的文档和资料受控 （8）编写技术评审报告，综述整个技术评审过程中的问题点、经验、教训 （9）将技术评审过程中的问题点进行分析，找出原因，针对问题的原因制定纠正和预防措施，鉴定执行的效果，并将评审中的问题点列入《失效模式与效应分析库》 （10）持续优化技术评审检查清单 **做到什么程度**：按技术评审清单的条款进行逐项全面检查，及时发现问题，并在早期将问题有效解决。 **输出**：《技术评审报告》《技术评审问题跟踪表》	TR1评审报告	**度量**： 技术评审清单符合性 **考核**： 技术评审得分 评审专家得分

续表

质量控制点	时机	执行人	流程描述	里程碑	度量与考核
产品包需求受控	产品包需求已通过技术评审并已更新	PDE	输入：通过文档发布流程后的《产品包需求》 做什么：检查文件内容是否准确，格式是否与要求一致，是否有明显的错误，文档是否全面，有无遗漏 如何做： （1）对比已通过文档发布流程的文档和文档要求模板，确认是否与模板一致 （2）检查文档中的内容、数据是否存在明显的错误 （3）将受控的文档发布后，跟踪ECN和DCN的变更，及时更新文档资料 做到什么程度：文档和资料内容无明显错误、应当受控的文档全部得到有效管控 输出：无	无	度量： 文档的全面性与准确性 考核： 文档中出现的错误
参与制定测试策略与计划	客户需求映射成测试需求完成，开始制定测试策略与计划	DQE	输入：测试需求 做什么：初步选择测试项目、方法与设备 如何做： （1）分析满足客户需求，确定需要测试的项目 （2）初步确定测试这些项目所需要的设备、方法，配置相应的人员 （3）确定测试的策略与计划，明确各个时间点 （4）编写测试的策略与计划文件 做到什么程度：确定满足客户需求而需要测试的项目、方法 输出：《测试策略与计划》	测试策略与计划	度量： 测试项目 测试方法 考核： 测试策略与计划满足客户需求的程度
跟进采购和制造的策略与计划	客户需求已映射成采购和制造需求，开始制定采购和制造的策略与计划	PQA	输入：产品包需求 做什么：跟进采购策略与计划、制造策略与计划的可行性，评估对质量控制的影响 如何做： （1）对采购策略与计划、制造策略与计划进行分析，确认其中对质量影响的部分 （2）对质量影响的部分进行分析，确认其影响程度，制定消除影响的对策和方法	无	度量： 无

续表

质量控制点	时机	执行人	流程描述	里程碑	度量与考核
跟进采购和制造的策略与计划	客户需求已映射成采购和制造需求，开始制定采购和制造的策略与计划	PQA	（3）将这些对策与方法列入前期质量控制的重点关注方面，进行产品开发节点检查 **做到什么程度**：明确的定义采购策略与计划、制造策略与计划中影响质量的问题点，并对这些问题点制订出可行的节点检查计划 **输出**：节点检查计划	无	考核： 无
认证策略与计划	认证需求已完成	认证工程师	**输入**：认证需求 **做什么**：编制认证策略与计划 **如何做**： （1）依据产品的销售目的地所涉及的法律法规、强制性要求、市场准入要求，编写认证策略与计划，并具体的规定完成各项工作的内容、时间 （2）针对认证要求，选择通用的、大部分国家可接受的认证方式，以降低认证费用 **做到什么程度**：认证策略与计划可执行，费用最低 **输出**：《认证策略与计划》	认证策略与计划	度量： 认证策略与计划的时间、工作内容 考核： 认证费用 认证证书符合性
主导完善产品失效模式与效应分析库	失效模式与效应分析的统计数据与信息基本完善	质量经理	**输入**：失效模式与效应分析 **做什么**：建立失效模式与效应分析库 **如何做**： （1）收集以往产品的不合格问题，并进行统计汇总与整理 （2）针对关键的统计问题点，对不合格的原因进行分析，并制定相应的纠正和预防措施 （3）验证纠正和预防措施执行的效果，对行之有效的措施标准化 （4）将问题点、原因分析、有效的纠正和预防措施进行编号，列入失效模式与效应分析库 **做到什么程度**：已发生的问题全部都有原因分析、行之有效的纠正和预防措施，并将这些措施应用到实际的产品开发和质量控制过程 **输出**：《失效模式与效应分析库》	失效模式与效应分析库	度量： 质量问题统计与分析 纠正和预防措施 考核： 失效模式与效应分析库的应用

续表

质量控制点	时机	执行人	流程描述	里程碑	度量与考核
制订产品实验设计DOE计划	产品测试策略与计划初步完成	DQE	输入：产品质量特性、国际、国家、地区、行业标准与规范 做什么：确定影响产品质量的因子与效应，设计测量系统 如何做： （1）依据客户需求、测试策略，已确定的测试项目，分析影响的因子和效应，确定关键的影响因子 （2）针对关键的影响因子，分析其影响的程度、制约因素，编制实验设计的计划 （3）执行实验设计，确定各个测试项目合格与否的范围 做到什么程度：清晰的关键测试项目、测试方法、判定标准 输出：实验设计计划	实验设计计划	度量： 关键影响因子 实验设计计划 考核： 关键测试项目、方法和判定标准的适宜性
概念决策评审问题跟踪	概念决策评审已完成	PQA	输入：概念决策评审报告 做什么：跟踪概念决策评审中遗留问题得到解决，做出对应的更新质量目标及其他质量控制活动 如何做： （1）依据决策评审报告中问题点和解决的时间、人员安排，在规定的时间内检查执行的情况与效果 （2）分析遗留问题的影响，确定对后续质量控制风险点，记录并作为后续监控的重点检查项目 做到什么程度：问题得到解决，风险得到控制 输出：《决策评审问题跟踪报告》	概念决策评审问题跟踪报告	度量： 问题解决的时间 风险点影响程度 考核： 问题解决效率与准确性

三、制订开发计划阶段

制订开发计划阶段，主要的质量工作如下。

（1）优化《产品质量目标与质量计划》。

（2）评估产品包需求分解与分配的合理性。

（3）评估设计需求映射为产品规格的准确性与全面性。

（4）对设计过程要素进行检查，确保规格设计和概要设计的设计过程中，各PDT成员结合客户需求在进行工作，并有对风险点采取规避措施。

（5）进行产品规格设计评审和概要设计评审工作，检查客户需求在设计过程中得到满足的程度。

（6）通过计划决策评审来确认开发计划的可行性和是否需要继续该项目。

（7）跟踪评审过程中发现的问题点是否已解决或得到有效的控制。

这一阶段主要的质量控制点如下。

- 主导DFMEA，确定风险点与规避措施
- 跟进软件硬件和结构规格设计
- 技术评审2（规格设计）
- 规格设计资料受控
- 主导PFMEA，确定风险点和规避措施
- 跟进软件硬件和结构的概要设计
- 参与系统测试与验证计划
- 确认知识产权分析报告
- 技术评审3（概要设计）
- 概要设计资料受控
- 跟进计划决策评审问题点

制订开发计划阶段的主要质量控制点及具体工作说明如表4-3所示。

表4-3 制订开发计划阶段的主要质量控制点及具体工作

质量控制点	时机	执行人	流程描述	里程碑	度量与考核
主导DFMEA，确定风险点与规避措施	失效模式与效应分析库已初步建立	质量经理	**输入**：产品质量特性、失效模式与效应分析库 **做什么**：开展设计失效模式与效应分析 **如何做**： （1）对同类型的产品曾经出现的质量问题进行整理与汇总 （2）分析现有的设计与曾经出现的问题点之间的关系，确认现有设计可能出现的问题 （3）对可能出现的问题进行影响程度、发生概率、检出能力 **做到什么程度**：识别设计过程中的风险点，并制定预防措施来规避问题的发生 **输出**：DFMEA	DFMEA	**度量**：设计过程风险点 **考核**：预防措施执行

续表

质量控制点	时机	执行人	流程描述	里程碑	度量与考核
跟进软件硬件和结构规格设计	软件、硬件、结构规格设计已开始	PQA	输入：产品设计需求 做什么：对硬件、软件、结构的规格设计过程要素进行有效的监控 如何做：对产规格设计中的人员、机器、物料、工作方法、作业环境、时间、空间、测量、信息、流程、产品等要素进行巡回检查 做到什么程度：过程要素处于受控状态 输出：《过程要素检查表》	无	度量： 无 考核： 过程要素受控程度
技术评审2（规格设计）	规格设计已完成	PQA	输入：已通过初审的规格设计资料 做什么：对产品规格设计进行全方位的评审 如何做： （1）由PQA按项目WBS计划规定的时间，跟踪技术评审工作的完成状况和资料准备状况 （2）对PDT提出的技术评审申请进行确认，并选定技术评审专家，指定主审人 （3）组织评审专家对PDT提供的资料进行初步审核，并检查各评审专家提供的《评审资料问题点清单》，对其中的问题进行确认，并与PDT经理进行沟通，确定解决的办法 （4）按项目WBS规定的时间开展技术评审，作为技术评审会议的主持人和流程专家，对各个专家在评审过程中的表现进行评分，并对评审过程中的问题点进行记录、确认 （5）评审过程中经各领域评审专家确认的问题，由PDT经理指定专门的人员、规定时间和解决方案，由PQA持续跟进，直到问题解决 （6）对整个评审进行综合评分，并确定是否通过 （7）跟踪评审后设计资料的更新，并将更新后的资料发布给各评审专家再次审核，合格后通过文档发布流程，将更新后的文档和资料受控 （8）编写技术评审报告，综述整个技术评审过程中的问题点、经验、教训	TR2评审报告	度量： 技术评审清单符合性

续表

质量控制点	时机	执行人	流程描述	里程碑	度量与考核
技术评审2（规格设计）	规格设计已完成	PQA	（9）将技术评审过程中的问题点进行分析，找出原因，针对问题的原因制定纠正和预防措施，鉴定执行的效果，并将评审中的问题点列入《失效模式与效应分析库》 （10）持续优化技术评审检查清单 **做到什么程度**：按技术评审清单的条款进行逐项全面检查，及时发现问题，并在早期将问题有效解决 **输出**：《技术评审报告》《技术评审问题跟踪表》	TR2评审报告	**考核**： 技术评审得分 评审专家得分
规格设计资料受控	规格设计资料已通过技术评审，并已按评审发现的问题进行了更新	PDE	**输入**：通过文档发布流程后的规格设计资料 **做什么**：检查文件内容是否准确，格式是否与要求一致，是否有明显的错误，文档是否全面，有无遗漏 **如何做**： （1）对比已通过文档发布流程的文档和文档要求模板，确认是否与模板一致 （2）检查文档中的内容、数据是否存在明显的错误 （3）将受控的文档发布后，跟踪ECN和DCN的变更，及时更新文档资料 **做到什么程度**：文档和资料内容无明显错误、应当受控的文档全部得到有效管控 **输出**：无	无	**度量**： 文档的全面性与准确性 **考核**： 文档中出现的错误
主导PFMEA，确定风险点和规避措施	DFMEA完成，产品规格设计已完成	质量经理	**输入**：产品质量特性、失效模式与效应分析库 **做什么**：开展工艺过程失效模式与效应分析 **如何做**： （1）对同类型的产品曾经出现的工艺质量问题进行整理与汇总 （2）分析现有的工艺设计与曾经出现的问题点之间的关系，确认现有设计可能出现的问题 （3）对可能出现的问题进行影响程度、发生概率、检出能力 **做到什么程度**：识别工艺设计过程中的风险点，并制定预防措施来规避问题的发生 **输出**：PFMEA	PFMEA	**度量**： 设计过程风险点 **考核**： 预防措施执行

续表

质量控制点	时机	执行人	流程描述	里程碑	度量与考核
跟进软件硬件和结构的概要设计	规格设计已完成并通过了评审	PQA	输入：产品规格设计 做什么：对硬件、软件、结构的概要设计过程要素进行有效的监控 如何做：对产规格设计中的人员、机器、物料、工作方法、作业环境、时间、空间、测量、信息、流程、产品等要素进行巡回检查 做到什么程度：过程要素处于受控状态 输出：《过程要素检查表》	无	度量： 无 考核： 过程要素受控程度
参与系统测试与验证计划	实验设计完成，测试部开始进行系统测试与验证计划编制	DQE	输入：DOE 做什么：参与系统测试与验证工作 如何做：依据实验设计所确定的测试项目、方法与判定标准，对产品系统测试和验证的项目、方法和工作计划提供支持性的意见 做到什么程度：系统测试与验证计划完成，确定项目、方法、判定合格与否的标准 输出：《系统测试与验证计划》	系统测试与验证计划	度量：无 考核：无
确认知识产权分析报告	知识产权分析报告完成	认证工程师	输入：知识产权分析报告 做什么：确认知识产权分析报告，将知识产权保护设置成公司设计的约束条件 如何做： （1）依据知识产权分析报告中涉及的专利，设定为设计的约束条件，并向各设计人员通报 （2）检查约束条件在设计过程中执行的程度 做到什么程度：规避专利陷阱 输出：《设计约束条件》	设计约束条件	度量： 无 考核： 专利约束条件
技术评审3（概要设计）	概要设计完成	PQA	输入：已通过初审的概要设计资料 做什么：对产品概要设计进行全方位的评审 如何做： （1）由PQA按项目WBS计划规定的时间，跟踪技术评审工作的完成状况和资料准备状况 （2）对PDT提出的技术评审申请进行确认，并选定技术评审专家，指定主审人	TR3评审报告	度量： 技术评审清单符合性

续表

质量控制点	时机	执行人	流程描述	里程碑	度量与考核
技术评审3（概要设计）	概要设计完成	PQA	（3）组织评审专家对PDT提供的资料进行初步审核，并检查各评审专家提供的《评审资料问题点清单》，对其中的问题进行确认，并与PDT经理进行沟通，确定解决的办法 （4）按项目WBS规定的时间开展技术评审，作为技术评审会议的主持人和流程专家，对各个专家在评审过程中的表现进行评分，并对评审过程中的问题点进行记录、确认 （5）评审过程中经各领域评审专家确认的问题，由PDT经理指定专门的人员、规定时间和解决方案，由PQA持续跟进，直到问题解决 （6）对整个评审进行综合评分，并确定是否通过 （7）跟踪评审后设计资料的更新，并将更新后的资料发布给各评审专家再次审核，合格后通过文档发布流程，将更新后的文档和资料受控 （8）编写技术评审报告，综述整个技术评审过程中的问题点、经验、教训 （9）将技术评审过程中的问题点进行分析，找出原因，针对问题的原因制定纠正和预防措施，鉴定执行的效果，并将评审中的问题点列入《失效模式与效应分析库》 （10）持续优化技术评审检查清单 **做到什么程度**：按技术评审清单的条款进行逐项全面检查，及时发现问题，并在早期将问题有效解决 **输出**：《技术评审报告》《技术评审问题跟踪表》	TR3评审报告	**考核**： 技术评审得分 评审专家得分
概要设计资料受控	概要设计资料已通过技术评审，已按评审过程中的问题点进行了资料更新	PDE	**输入**：通过文档发布流程后的概要设计资料 **做什么**：检查文件内容是否准确，格式是否与要求一致，是否有明显的错误，文档是否全面，有无遗漏 **如何做**： （1）对比已通过文档发布流程的文档和文档要求模板，确认是否与模板一致	无	**度量**： 文档的全面性与准确性

续表

质量控制点	时机	执行人	流程描述	里程碑	度量与考核
概要设计资料受控	概要设计资料已通过技术评审，已按评审过程中的问题点进行了资料更新	PDE	（2）检查文档中的内容、数据是否存在明显的错误 （3）将受控的文档发布后，跟踪ECN和DCN的变更，及时更新文档资料 **做到什么程度**：文档和资料内容无明显错误、应当受控的文档全部得到有效管控 **输出**：无	无	**考核**： 文档中出现的错误
跟进计划决策评审问题点	计划决策评审已完成	PQA	**输入**：计划决策评审报告 **做什么**：跟踪计划决策评审中遗留问题得到解决，做出对应的更新质量目标及其他质量控制活动 **如何做**： （1）依据决策评审报告中问题点和解决的时间、人员安排，在规定的时间内检查执行的情况与效果 （2）分析遗留问题的影响，确定对后续质量控制风险点，记录并作为后续监控的重点检查项目 **做到什么程度**：问题得到解决，风险得到控制 **输出**：《决策评审问题跟踪报告》	计划决策评审问题跟踪报告	**度量**： 问题解决的时间 风险点影响程度 **考核**： 问题解决效率与准确性

四、执行产品开发阶段

执行产品开发阶段，主要的质量控制工作如下。

（1）通过变更流程来管控设计变更，所有涉及设计变更的部分（图纸、文档）需要做全面的更新，PDT团队所有成员需要得到准确的信息。

（2）对设计过程要素进行检查，确保详细设计、单元测试、原型机制作与测试、工程样机制作与测试过程中，各PDT成员结合客户需求在进行工作，并有对风险点采取规避措施。

（3）进行产品详细设计评审和工程样机评审工作，检查客户需求在设计过程中得到满足的程度。

（4）跟踪评审过程中发现的问题点是否已解决或得到有效的控制。

（5）主导制定标准检验作业指导书和产品QC工程师，设计好质量控制点并配置相应的资源，确保测量系统的检出能力满足客户的需求和公司的发展需要。

这一阶段主要的质量控制点如下。

- 设计资料变更控制
- 软件、硬件、结构、工艺详细设计过程监控
- 主导产品认证方案制定及前期准备工作
- 单元测试结果跟踪
- 参与测试用例和测试计划制定
- 技术评审4（详细设计）
- 详细设计资料受控
- 发布风险BOM
- 参与原型机测试并跟踪问题点
- 参与工程样机测试与分析
- 技术评审5（工程样机）
- 工程样机资料受控，发布EBOM
- DCN监控
- 主导SIP、QC工程图制定与培训

执行产品开发阶段主要质量控制点及具体工作说明如表4-4所示。

表4-4　执行产品开发阶段主要质量控制点及具体工作

质量控制点	时机	执行人	流程描述	里程碑	度量与考核
设计资料变更控制	设计资料已进入PLM系统，处于受控状态	PDE	**输入**：设计变更需求 **做什么**：全面评估设计变更所产生的影响，做出相应的调整 **如何做**： （1）设计变更已通过了PDT团队成员的会议讨论并有决策 （2）明确的变更范围与变更内容，清楚地传达到了PDT团队内所有的成员 **做到什么程度**：变更涉及的所有资料已全面更新 **输出**：更新后的设计资料变更	无	**度量**：无 **考核**：变更影响分析全面性
软件、硬件、结构、工艺详细设计过程监控	概要设计已完成并通过了技术评审	PQA	**输入**：产品概要设计，PFMEA **做什么**：对硬件、软件、结构、工艺的详细设计过程要素进行有效的监控 **如何做**：对产规格设计中的人员、机器、物料、工作方法、作业环境、时间、空间、测量、信息、流程、产品等要素进行巡回检查 **做到什么程度**：过程要素处于受控状态 **输出**：《过程要素检查表》	无	**度量**：无 **考核**：过程要素受控程度

续表

质量控制点	时机	执行人	流程描述	里程碑	度量与考核
主导产品认证方案制定及前期准备工作	产品认证策略与计划已得到批准	认证工程师	输入：产品认证策略与计划 做什么：制定产品认证方案并做好认证前的准备工作 如何做： （1）依据认证策略与计划的规定，对产品的认证工作进行分析，选择成本做最优的认证方式与方法 （2）与选择的认证公司进行沟通，并准备认证所需要的资料 做到什么程度：认证方案确定 输出：认证方案	认证方案	度量： 无 考核： 无
单元测试结果跟踪	单元测试已完成	DQE	输入：单元测试报告 做什么：对单元测试发现的问题点进行跟踪确认、分析，确认问题的根本原因 如何做： （1）依据单元测试过程中发现的问题点，与研发工程师共同确认问题的现象 （2）对问题点进行分析，找出问题的根本原因，并针对这些原因制定纠正和预防措施 （3）验证纠正和预防措施的有效性，对行之有效的措施列入失效模式与效应分析库中 做到什么程度：问题的根本原因已清晰，已有明确的解决方案 输出：单元测试问题点纠正和预防措施	无	度量： 单元测试报告 考核： 问题纠正和预防措施
参与测试用例和测试计划制定	详细设计已基本结束，测试部开始编制测试用例	DQE	输入：详细设计 做什么：参与测试用例和测试计划的制定 如何做： （1）与测试工程师一起来确定测试用例的选择和设计 （2）参照DOE中的因子与效应，优化测试项目、方法和判定标准 做到什么程度：可行的测试用例和测试计划 输出：测试用例和测试计划	测试用例和测试计划制定	度量： 无 考核： 无
技术评审4（详细设计）	详细设计已完成	PQA	输入：已通过初审的详细设计资料 做什么：对产品详细设计进行全方位的评审	TR4评审报告	度量： 技术评审清单符合性

续表

质量控制点	时机	执行人	流程描述	里程碑	度量与考核
技术评审4（详细设计）	详细设计已完成	PQA	**如何做**： （1）由PQA按项目WBS计划规定的时间，跟踪技术评审工作的完成状况和资料准备状况 （2）对PDT提出的技术评审申请进行确认，并选定技术评审专家，指定主审人 （3）组织评审专家对PDT提供的资料进行初步审核，并检查各评审专家提供的《评审资料问题点清单》，对其中的问题进行确认，并与PDT经理进行沟通，确定解决的办法 （4）按项目WBS规定的时间开展技术评审，作为技术评审会议的主持人和流程专家，对各个专家在评审过程中的表现进行评分，并对评审过程中的问题点进行记录、确认 （5）评审过程中经各领域评审专家确认的问题，由PDT经理指定专门的人员，规定时间和解决方案，由PQA持续跟进，直到问题解决 （6）对整个评审进行综合评分，并确定是否通过 （7）跟踪评审后设计资料的更新，并将更新后的资料发布给各评审专家再次审核，合格后通过文档发布流程，将更新后的文档和资料受控 （8）编写技术评审报告，综述整个技术评审过程中的问题点、经验、教训 （9）将技术评审过程中的问题点进行分析，找出原因，针对问题的原因制定纠正和预防措施，鉴定执行的效果，并将评审中的问题点列入《失效模式与效应分析库》 （10）持续优化技术评审检查清单 **做到什么程度**：按技术评审清单的条款进行逐项全面检查，及时发现问题，并在早期将问题有效解决 **输出**：《技术评审报告》《技术评审问题跟踪表》	TR4评审报告	**考核**： 技术评审得分 评审专家得分
详细设计资料受控	详细设计资料已通过了技术评审，并已按评审过程中发现的问题进行了更新	PDE	**输入**：通过文档发布流程后的详细设计资料 **做什么**：检查文件内容是否准确，格式是否与要求一致，是否有明显的错误，文档是否全面，有无遗漏 **如何做**： （1）对比已通过文档发布流程的文档和文档要求模板，确认是否与模板一致	无	**度量**： 文档的全面性与准确性

续表

质量控制点	时机	执行人	流程描述	里程碑	度量与考核
详细设计资料受控	详细设计资料已通过了技术评审，并已按评审过程中发现的问题进行了更新	PDE	（2）检查文档中的内容、数据是否存在明显的错误 （3）将受控的文档发布后，跟踪ECN和DCN的变更，及时更新文档资料 **做到什么程度**：文档和资料内容无明显错误、应当受控的文档全部得到有效管控 **输出**：无	无	**考核**： 文档中出现的错误
发布风险BOM	详细设计评审已通过，物料已基本确认	PDE	**输入**：物料清单 **做什么**：发布风险BOM **如何做**： （1）评估风险BOM的物料变更的可能性，对存在重大风险的物料清单提出意见和建议 （2）将风险BOM发布到PLM系统 **做到什么程度**：无重大变更风险 **输出**：风险BOM	风险BOM	**度量**： 风险BOM物料 **考核**： 重大风险
参与原型机测试并跟踪问题点	原型机制造已完成	DQE	**输入**：原型机 **做什么**：参与原型机测试并跟踪问题点 **如何做**： （1）与测试工程师一起来对原型机进行测试，记录测试过程中出现的问题 （2）针对问题的现象进行分析，确定根本的原因，并针对原因制定纠正和预防措施 （3）验证纠正和预防措施的执行效果，对行之有效的措施列入失效模式与效应分析库 （4）对测试计划与实验设计的项目、方法与判定标准进行优化 **做到什么程度**：原型机的质量问题得到有效解决 **输出**：原型机纠正和预防措施报告	无	**度量**： 原型机测试报告 **考核**： 原型机质量问题纠正和预防措施有效性

续表

质量控制点	时机	执行人	流程描述	里程碑	度量与考核
参与工程样机测试与分析	工程样机制造完成	DQE	输入：工程样机 做什么：参与工程样机测试并跟踪问题点 如何做： （1）与测试工程师一起来对工程样机进行测试，记录测试过程中出现的问题 （2）针对问题的现象进行分析，确定根本的原因，并针对原因制定纠正和预防措施 （3）验证纠正和预防措施的执行效果，对行之有效的措施列入失效模式与效应分析库 （4）对测试计划与实验设计的项目、方法与判定标准进行优化 做到什么程度：工程样机的质量问题得到有效解决 输出：工程样机纠正和预防措施报告	无	度量： 工程样机测试报告 考核： 工程样机质量问题纠正和预防措施有效性
技术评审5（工程样机）	工程样机已生产完成，工程样机测试已合格	PQA	输入：已通过初审的工程样机评审资料 做什么：对工程样机进行全方位的评审 如何做： （1）由PQA按项目WBS计划规定的时间，跟踪技术评审工作的完成状况和资料准备状况 （2）对PDT提出的技术评审申请进行确认，并选定技术评审专家，指定主审人 （3）组织评审专家对PDT提供的资料进行初步审核，并检查各评审专家提供的《评审资料问题点清单》，对其中的问题进行确认，并与PDT经理进行沟通，确定解决的办法 （4）按项目WBS规定的时间开展技术评审，作为技术评审会议的主持人和流程专家，对各个专家在评审过程中的表现进行评分，并对评审过程中的问题点进行记录、确认 （5）评审过程中经各领域评审专家确认的问题，由PDT经理指定专门的人员、规定时间和解决方案，由PQA持续跟进，直到问题解决 （6）对整个评审进行综合评分，并确定是否通过	TR5评审报告	度量： 技术评审清单符合性

续表

质量控制点	时机	执行人	流程描述	里程碑	度量与考核
技术评审5（工程样机）	工程样机已生产完成，工程样机测试已合格	PQA	（7）跟踪评审后设计资料的更新，并将更新后的资料发布给各评审专家再次审核，合格后通过文档发布流程，将更新后的文档和资料受控 （8）编写技术评审报告，综述整个技术评审过程中的问题点、经验、教训 （9）将技术评审过程中的问题点进行分析，找出原因，针对问题的原因制定纠正和预防措施，鉴定执行的效果，并将评审中的问题点列入失效模式与效应分析库 （10）持续优化技术评审检查清单 **做到什么程度**：按技术评审清单的条款进行逐项全面检查，及时发现问题，并在早期将问题有效解决 **输出**：《技术评审报告》《技术评审问题跟踪表》	TR5评审报告	**考核**： 技术评审得分 评审专家得分
工程样机资料受控，发布EBOM	工程样机资料已通过技术评审，并按评审过程中发现的问题点进行了更新	PDE	**输入**：通过文档发布流程后的工程样机资料、EBOM **做什么**：检查文件内容是否准确，格式是否与要求一致，是否有明显的错误，文档是否全面，有无遗漏 **如何做**： （1）对比已通过文档发布流程的文档和文档要求模板，确认是否与模板一致 （2）检查文档中的内容、数据是否存在明显的错误 （3）将受控的文档发布后，跟踪ECN和DCN的变更，及时更新文档资料 **做到什么程度**：文档和资料内容无明显错误、应当受控的文档全部得到有效管控 **输出**：无	无	**度量**： 文档的全面性与准确性 **考核**： 文档中出现的错误
DCN监控	EBOM发布	PDE	**输入**：设计变更需求 **做什么**：监控设计变更过程 **如何做**： （1）评估EBOM的物料变更的可能性，并对设计变更的风险进行全面的识别 （2）按DCN的要求变更BOM及其他相应的资料 **做到什么程度**：所有需要变更的资料已全部更新完成 **输出**：更新后的EBOM	无	**度量**： 变更范围与影响评估 **考核**： 设计变更的影响控制

续表

质量控制点	时机	执行人	流程描述	里程碑	度量与考核
主导SIP、QC工程图制定与培训	工程样机已制作完成	DQE	输入：工程样机 做什么：编制SIP、QC工程图 如何做： （1）依据产品的质量特性与客户需求，结合DOE确定的项目、方法与判定标准，编写SIP （2）依据测量系统的设计和产品制造过程的顺序，设置关键质量控制点，并确定关键质量控制点的资源配置与检测方法 （3）根据工程样机生产的过程和问题点，将需要重点关注的问题点列入SIP过程中 （4）将DFMEA、PFMEA中遗留的问题点列入SIP中重点管控 （5）SIP和QC工程图必须要通俗易懂，方便操作 做到什么程度：易用的SIP和QC工程图 输出：SIP、QC工程图	SIPQC工程图	度量： 重点关注的问题点 质量控制点 检验项目、方法与判定标准 考核： SIP和QC工程图通俗易懂

五、产品验证阶段

产品验证阶段，主要的质量工作如下。

（1）参与对SVT、BETA测试结果的分析、对策可行性评估，并对这些纠正和预防措施的执行效果进行鉴定。

（2）依据试产的实际情况，修订SIP、QC工程图，开展对后段质量检验、控制人员的培训与考试，确保后段质量人员掌握产品的关键质量特性和质量控制的要求。

（3）小批量试产过程要素的检查，找出问题点并参与原因分析，跟进纠正和预防措施执行的效果。

（4）对小批量试产测量系统的检出能力进行检查和分析，优化测量系统。

（5）开展转生产评审，对制造系统验证报告进行确认，跟踪评审过程中发现的问题点是否已解决或得到有效的控制。

（6）将EBOM转化成MBOM，开始进入EC管控状态。

（7）参与业务计划与风险评估，将质量风险反馈并在6个月内持续地跟进产品进入市场的反馈信息。

（8）对可获得性评审的问题点持续跟踪解决，参与项目的研发总结工作。

这一阶段主要的质量控制点如下。

- 主导外部认证
- 参与SVT并跟踪、分析结果
- 参与BETA测试并跟踪、分析结果
- 主导软件版本管理
- 后段质量人员培训
- 小批量试产过程监控
- 小批量测量系统验证与分析
- 跟踪制造系统验证结果
- 技术评审6（转生产）
- 转生产资料受控EBOM转化成MBOM
- EC管控
- 参与业务计划与风险评估
- 参与可获得性材料初审
- 跟踪问题整改与项目总结

产品验证阶段主要质量控制点及具体工作说明如表4-5所示。

表4-5 产品验证阶段主要质量控制点及具体工作

质量控制点	时机	执行人	流程描述	里程碑	度量与考核
主导外部认证	工程样机已完成，认证资料已准备妥当	认证工程师	输入：工程样机、认证资料 做什么：开展产品的外部认证 如何做： （1）将工程样机、认证资料准备好，填写《外部认证申请表》，并按认证方案规定的检测方法和机构来填写相应的内容 （2）将申请表、工程样机、认证资料快递到认证公司，并按合同的规定支付预付款 （3）跟踪认证过程中的问题点，并及时与认证机构与公司内部进行沟通，解决认证过程中出现的偏差，确保认证工作顺利完成 （4）对认证过程中出现的问题进行分析，确定根本原因，制定纠正和预防措施并验证其有效性，把行之有效的措施列入失效模式与效应分析库 （5）主导认证机构的年审工作，并对认证机构的调查表进行填写，回复认证机构审厂过程中发现的问题点	产品认证证书	度量： 认证过程中问题点

续表

质量控制点	时机	执行人	流程描述	里程碑	度量与考核
主导外部认证	工程样机已完成，认证资料已准备妥当	认证工程师	**做到什么程度**：以最低的成本获得满足产品目的地的强制性认证要求和市场准入标准要求 **输出**：认证证书	产品认证证书	**考核**： 认证证书的及时性 认证成本
参与SVT并跟踪、分析结果	SVT已完成	DQE	**输入**：SVT测试报告 **做什么**：跟踪SVT测试问题点 **如何做**： （1）与测试工程师、研发工程师一起来对SVT测试过程中的不合格现象进行检查，确认其发生概率和影响的程度以及可检出性 （2）针对问题的现象进行分析，确定根本的原因，并针对原因制定纠正和预防措施 （3）验证纠正和预防措施的执行效果，对行之有效的措施列入失效模式与效应分析库 （4）对测试计划与实验设计的项目、方法与判定标准进行优化 **做到什么程度**：工程样机的质量问题得到有效解决 **输出**：工程样机纠正和预防措施报告	无	**度量**： SVT测试报告 **考核**： SVT质量问题纠正和预防措施有效性
参与BETA测试并跟踪、分析结果	BETA测试已完成	DQE	**输入**：BETA测试报告 **做什么**：跟踪BETA测试问题点 **如何做**： （1）与客服工程师、研发工程师一起来对BETA测试过程中的问题进行确认，并对公司内部现有的样机进行测试，以确认其发生概率、影响程度以及可检出性 （2）针对问题的现象进行分析，确定根本的原因，并针对原因制定纠正和预防措施 （3）验证纠正和预防措施的执行效果，对行之有效的措施列入失效模式与效应分析库 （4）对测试计划与实验设计的项目、方法与判定标准进行优化 **做到什么程度**：BETA测试过程中质量问题得到有效解决 **输出**：BETA测试纠正和预防措施报告	无	**度量**： BETA测试报告 **考核**： BETA质量问题纠正和预防措施有效性

续表

质量控制点	时机	执行人	流程描述	里程碑	度量与考核
主导软件版本管理	软件已发布第一个正式的版本	PDE	输入：正式版本的软件 做什么：软件版本管理 如何做： （1）按软件发布流程的要求，将软件发布 （2）对软件申请版本号，并列入我家的管控范围 （3）当变更发生时，按DCN的方式进行变更 做到什么程度：使用的软件为最新版本 输出：受控的软件	无	度量： 无 考核： 无
后段质量人员培训	SIP、QC工程图已完成优化	DQE	输入：SIP、QC工程图、产品质量特性 做什么：开展对后段质量管理与检验人员的培训 如何做： （1）将SIP、QC工程图、产品质量特性，结合产品的图片，转化成为培训PPT （2）开展对后段质量人员的培训，并在培训过程中与实际操作相结合，确保培训的效果 （3）对培训后的人员进行考试与实际操作考核 做到什么程度：掌握产品质量控制的关键点，熟悉检验的方法与判定标准 输出：培训PPT	无	度量： 无 考核： 培训考试成绩 实际操作考核成绩
小批量试产过程监控	已完成工程样机评审，小批量物料已准备	PQA	输入：转生产评审报告 做什么：对小批量生产过程要素进行有效的监控 如何做：对小批量试产过程中的人员、机器、物料、工作方法、作业环境、时间、空间、测量、信息、流程、产品等要素进行巡回检查 做到什么程度：过程要素处于受控状态 输出：《过程要素检查表》	无	度量： 无 考核： 过程要素受控程度
小批量测量系统验证与分析	已完成工程样机评审，小批量物料已准备	DQE	输入：QC工程图、实验设计DOE 做什么：验证小批量生产过程中测量系统的检出能力	无	度量： 测试项目方法 判定标准 人员能力

续表

质量控制点	时机	执行人	流程描述	里程碑	度量与考核
小批量测量系统验证与分析	已完成工程样机评审，小批量物料已准备	DQE	如何做： （1）依据QC工程图和实验设计所定义的测量系统进行资源配置，并对小批量试产过程中测试项目、方法、判定标准、人员能力、设备的检出能力、质量控制点设置的适宜性进行全过程跟踪 （2）对小批量试产过程中的问题点进行分析，找出问题的根本原因，并针对性的采取措施来解决这些问题 （3）小批量测试的工作指导 （4）对测量系统中出现的问题列入失效模式与效应分析库，并对测量系统持续优化 做到什么程度：发现并解决测量系统在小批量试产过程中出现的问题 输出：测量系统纠正措施	无	设备的检出能力 质量控制点 考核： 测量系统的适宜性和检出能力
跟踪制造系统验证结果	小批量试产完成，试产问题点已总结	PQA	输入：制造系统验证总结报告 做什么：制造系统在小批量试产过程中质量问题跟踪与确认 如何做： （1）与工程部PE工程师、品质中心QE一起来对小批量试产过程中出现的质量问题的现象进行确认，并统计其不合格分布状态 （2）针对问题的现象进行分析，确定根本的原因，并针对原因制定纠正和预防措施 （3）验证纠正和预防措施的执行效果，对行之有效的措施列入失效模式与效应分析库 做到什么程度：小批量试产过程中的质量问题得到有效解决 输出：小批量试产过程中质量问题纠正和预防措施报告	无	度量： 制造系统验证总结报告 考核： 小批量试产过程中质量问题纠正和预防措施有效性
技术评审6（转生产）	SVT、BETA测试结果、小批量试产总结报告已完成	PQA	输入：已通过初审的转生产资料 做什么：对制造系统验证进行全方位的评审 如何做： （1）由PQA按项目WBS计划规定的时间，跟踪技术评审工作的完成状况和资料准备状况 （2）对PDT提出的技术评审申请进行确认，并选定技术评审专家，指定主审人	TR6评审报告	度量： 技术评审清单符合性

续表

质量控制点	时机	执行人	流程描述	里程碑	度量与考核
技术评审6（转生产）	SVT、BETA测试结果、小批量试产总结报告已完成	PQA	（3）组织评审专家对PDT提供的资料进行初步审核，并检查各评审专家提供的《评审资料问题点清单》，对其中的问题进行确认，并与PDT经理进行沟通，确定解决的办法 （4）按项目WBS规定的时间开展技术评审，作为技术评审会议的主持人和流程专家，对各个专家在评审过程中的表现进行评分，并对评审过程中的问题点进行记录、确认 （5）评审过程中经各领域评审专家确认的问题，由PDT经理指定专门的人员、规定时间和解决方案，由PQA持续跟进，直到问题解决 （6）对整个评审进行综合评分，并确定是否通过 （7）跟踪评审后设计资料的更新，并将更新后的资料发布给各评审专家再次审核，合格后通过文档发布流程，将更新后的文档和资料受控 （8）编写技术评审报告，综述整个技术评审过程中的问题点、经验、教训 （9）将技术评审过程中的问题点进行分析，找出原因，针对问题的原因制定纠正和预防措施，鉴定执行的效果，并将评审中的问题点列入失效模式与效应分析库 （10）持续优化技术评审检查清单 **做到什么程度**：按技术评审清单的条款进行逐项全面检查，及时发现问题，并在早期把问题有效解决 **输出**：《技术评审报告》《技术评审问题跟踪表》	TR6评审报告	**考核**： 技术评审得分 评审专家得分
转生产资料受控EBOM转化成MBOM	SVT、BETA测试结果、小批量试产总结报告已通过了转生产技术评审，并按要求已进行了更新	PDE	**输入**：通过文档发布流程后的转生产资料，BOM发布流程的EBOM **做什么**：检查文件内容是否准确，格式是否与要求一致，是否有明显的错误，文档是否全面，有无遗漏 **如何做**： （1）对比已通过文档发布流程的文档和文档要求模板，确认是否与模板一致 （2）检查文档中的内容、数据是否存在明显的错误	无	**度量**： 文档的全面性与准确性

续表

质量控制点	时机	执行人	流程描述	里程碑	度量与考核
转生产资料受控EBOM转化成MBOM	SVT、BETA测试结果、小批量试产总结报告已通过了转生产技术评审，并按要求已进行了更新	PDE	（3）将受控的文档发布后，跟踪ECN和DCN的变更，及时的更新文档资料 （4）将EBOM在PLM和SAP系统中转化成MBOM **做到什么程度**：文档和资料内容无明显错误、应当受控的文档全部得到有效管控 **输出**：无	无	**考核**： 文档中出现的错误
EC管控	MBOM发布后	PDE	**输入**：变更需求 **做什么**：监控工程变更 **如何做**： （1）评估工程变更的范围、影响与风险 （2）按ECN的要求变更BOM及其他相应的资料 **做到什么程度**：所有需要变更的资料已全部更新完成 **输出**：更新后的MBOM及其他变更的资料	无	**度量**： 变更范围与影响评估 **考核**： 设计变更的影响控制
参与业务计划与风险评估	产品已通过转生产评审，进入批量生产阶段	PQA	**输入**：产品业务计划 **做什么**：参与业务计划中市场销售风险评估 **如何做**：将产品开发过程中遗留的问题、未能够满足客户需求的问题、客户需求不明确或不全面的问题进行分析，确认其风险点，并提出质量控制的对策，以作为市场人员的参考意见 **做到什么程度**：质量风险全面说明，并确定解决的对策 **输出**：产品上市质量风险	无	**度量**： 产品上市质量风险 **考核**： 对策的有效性
参与可获得性材料初审	产品已通过转生产评审，进入批量生产阶段		**输入**：可获得性材料包 **做什么**：初步评审产品上市材料包的齐备性和准确性 **如何做**： （1）依据客户需求和项目的WBS计划，检查可获得性材料的齐备性 （2）按可获得性评审的清单进行初步的确认，并对发现的问题提出整改的意见和建议 **做到什么程度**：产品上市材料包的资料齐备、准确 **输出**：无	无	**度量**： 无 **考核**： 无

续表

质量控制点	时机	执行人	流程描述	里程碑	度量与考核
跟踪问题整改与项目总结	可获得性评审已完成	PQA	输入：可获得性决策评审报告 做什么：跟踪可获得性决策评审中遗留问题得到解决 如何做： （1）依据决策评审报告中问题点和解决的时间、人员安排，在规定的时间内检查执行的情况与效果 （2）分析遗留问题的影响，确定对后续质量控制风险点，记录并作为后续监控的重点检查项目 （3）参与项目开发过程总结，将项目开发过程中质量问题进行全面的整理、分析和总结，编写项目的质量经验总结，并将质量问题列入失效模式与效应分析库 做到什么程度：问题得到解决，风险得到控制 输出：《决策评审问题跟踪报告》《失效模式与效应分析库》	立项决策评审问题跟踪报告	度量： 问题解决的时间 风险点影响程度 考核： 问题解决效率与准确性

六、产品发布阶段

产品发布阶段，主要的质量控制工作如下。

（1）首次量产过程要素的检查，找出问题点并参与原因分析，跟进纠正和预防措施执行的效果。

（2）对首次量产过程中测量系统的检出能力进行检查和分析，优化测量系统。

（3）发布材料的准确性、配套性检查，及时将全面的产品数据发放到需求部门。

（4）对整个项目进行总结，将问题、原因分析的结果、对策等质量信息放入到产品失效模式与效应分析库中，以作为后续工作的指引。

这一阶段主要的质量控制点如下。

- 首次量产过程跟踪
- 首次量产测量系统与过程问题跟踪
- 批量试产总结
- 确认发布材料的准确性与齐备性
- 确认并发放产品发布材料

- 提出项目优化建议
- 整理产品数据
- 项目总结

产品发布阶段主要质量控制点及具体工作说明如表4-6所示。

表4-6 产品发布阶段主要质量控制点及具体工作

质量控制点	时机	执行人	流程描述	里程碑	度量与考核
首次量产过程跟踪	开始首次批量生产	PQA	**输入**：可获得性决策评审报告 **做什么**：对首次批量生产的过程要素进行有效的监控。 **如何做**：对首次批量生产过程中的人员、机器、物料、工作方法、作业环境、时间、空间、测量、信息、流程、产品等要素进行巡回检查 **做到什么程度**：过程要素处于受控状态 **输出**：《过程要素检查表》	无	**度量**： 无 **考核**： 过程要素受控程度
首次量产测量系统与过程问题跟踪	开始首次批量生产	DQE	**输入**：QC工程图、实验设计DOE **做什么**：验证小批量生产过程中测量系统的检出能力 **如何做**： （1）依据QC工程图和实验设计所定义的测量系统进行资源配置，并对小批量试产过程中测试项目、方法、判定标准、人员能力、设备的检出能力、质量控制点设置的适宜性进行全过程跟踪 （2）对小批量试产过程中的问题点进行分析，找出问题的根本原因，并针对性的采取措施来解决这些问题 （3）小批量测试的工作指导 （4）对测量系统中出现的问题列入失效模式与效应分析库，并对测量系统持续优化 **做到什么程度**：发现并解决测量系统在小批量试产过程中出现的问题 **输出**：测量系统纠正措施	无	**度量**： 测试项目方法 判定标准 人员能力 设备的检出能力 质量控制点 **考核**： 测量系统的适宜性和检出能力
批量试产总结	首次批量试产完成，测试结果已确认	PQA	**输入**：批量试产总结报告 **做什么**：制造系统在批量试产过程中质量问题跟踪与确认 **如何做**： （1）与工程部PE工程师、品质中心QE一起来对批量试产过程中出现的质量问题的现象进行确认，并统计其不合格分布状态	无	**度量**： 制造系统验证总结报告

续表

质量控制点	时机	执行人	流程描述	里程碑	度量与考核
批量试产总结	首次批量试产完成,测试结果已确认	PQA	（2）针对问题的现象进行分析,确定根本的原因,并针对原因制定纠正和预防措施 （3）验证纠正和预防措施的执行效果,对行之有效的措施列入失效模式与效应分析库 **做到什么程度**：批量试产过程中的质量问题得到有效解决 **输出**：批量试产质量问题纠正和预防措施报告	无	**考核**：批量试产过程中质量问题纠正和预防措施有效性
确认发布材料的准确性与齐备性	产品发布材料已准备	PQA	**输入**：产品发布材料 **做什么**：对发布材料的准确性与齐备性进行详细检查 **如何做**： （1）检查产品发布材料通读一遍,以确认是否有明显的错误 （2）检查产品发布材料是否齐备 （3）对不符合要求的发布材料要求市场代表进行修订或补齐 **做到什么程度**：发布材料无明显的错误,齐备 **输出**：发布材料检查结论	无	**度量**：无 **考核**：无
确认并发放产品发布材料	发布材料已通过批准	PDE	**输入**：已批准的产品发布材料 **做什么**：确认并发放产品发布材料 **如何做**： （1）检查产品发布材料是否满足模板的格式要求,通读文档,以确认是否有明显的错误 （2）检查产品发布材料是否齐备 （3）将确认合格的发布材料录入到PLM系统中,将这些材料转化成PDF文档,发放给需要使用这些文档单位 **做到什么程度**：产品发布材料准确、齐备 **输出**：PDF发布材料	PDF发布材料	**度量**：无 **考核**：发布材料准确性、齐备性
提出项目优化建议	项目已基本完成,通过了GA点	PQA	**输入**：IPD模板 **做什么**：对IPD模板不适宜的地方提出优化的建议 **如何做**： （1）对整个IPD项目实现过程中,质量控制方面的模板不适宜之处进行确认,分析是否需要改进和优化 （2）向流程中心的项目管理员提出确定需要改进的IPD流程模板,并跟踪优化的结果 **做到什么程度**：优化不适宜的IPD模板 **输出**：IPD模板优化建议	无	**度量**：无 **考核**：无

续表

质量控制点	时机	执行人	流程描述	里程碑	度量与考核
整理产品数据	项目已基本完成,通过了GA点	PDE	**输入**:项目产品数据 **做什么**:全面的整理项目所产生的产品数据 **如何做**:建立一个文件夹,整合整个项目过程中所有产生的文档,并对文档进行分类管理,以作为后续项目的借鉴 **做到什么程度**:产品数据全面整理 **输出**:整理后的产品数据	无	**度量**: 项目产品数据 **考核**: 无
项目总结	项目已全部完成,通过了GA点	PQA	**输入**:项目WBS、文档 **做什么**:总结整个PDT项目中出现的问题需要改进,有哪些优点值得发扬 **如何做**: (1)对整个项目实现过程中曾经出现的质量问题进行整理,并对其原因分析和纠正预防措施进行汇总 (2)分析所有的质量问题,总结成功的地方与失败的地方,确定哪些问题需要改进,哪些问题值得在后续工作中重点发扬 **做到什么程度**:经验教训得到总结和应用 **输出**:项目总结报告	项目总结报告	**度量**: 整个项目的问题点 **考核**: 项目总结的完整性与准确性

七、产品生命周期管理阶段

产品生命周期管理阶段,主要的质量控制关键点如下。

(1)新产品6个月内所有的退货、投诉的详细分析,找出客户投诉的根本问题所在,针对性地确定纠正和预防措施来解决这些问题。

(2)推行6σ项目,并持续地推动改进,持续地优化产品实现过程能力。

(3)持续地完善失效模式与效应分析库。

这一阶段主要的质量控制点如下。

- ·客退返修数据整理与不合格分析
- ·主导产品质量信息源建设
- ·选择改进项目并指导6σ项目
- ·推动责任部门改进
- ·主导完善产品失效模式与效应分析库

产品生命周期管理阶段主要质量控制点及具体工作说明如表4-7所示。

表4-7 产品生命周期管理阶段主要质量控制点及具体工作

质量控制点	时机	执行人	流程描述	里程碑	度量与考核
客退返修数据整理与不合格分析	新产品期间内所有的客户退货与投诉	返修分析工程师	输入：客户投诉与退货 做什么：将客户投诉与退货的不良品进行整理、检验、统计、分析 如何做： （1）对新产品期间内数据收集与处理，包括客户投诉与退货产品的数量、区域收集、客户投诉与退货的不良现象信息收集 （2）对数据进行统计分析，对比客户与公司内部的不良项目，进行差异分析和原因分析 （3）优化数据收集的系统和工具，分析数据收集系统和工具的可行性和适宜性，针对问题点，设计新的数据收集系统和工具 做到什么程度：清楚地了解客户投诉与退货的原因 输出：客户投诉与退货分析报告	新产品退货率达到公司目标	度量： 返修的质量问题 客退的数量 考核： 返修率
主导产品质量信息源建设	新产品实现过程中所有信息源已确定	质量经理	输入：信息源 做什么：对公司各个信息源的信息进行收集、整理、统计、分析与应用 如何做： （1）对数据收集的工具、表单进行设计，能够清楚地收集到相关岗位所需要的数据与信息 （2）规定数据的处理、传递、应用的人员、方法，并检查执行的情况 做到什么程度：清楚地掌握公司各个信息源所反馈的信息 输出：信息汇总报表	无	度量： 信息源的信息处置 考核： 信息准确性 信息应用效率
选择改进项目并指导6σ项目	持续改进工作	质量经理	输入：优先级产品或不合格项目 做什么：使用6σ的方式来解决问题 如何做： （1）在定义阶段，需要做如下的工作 ·确定优化解决的产品型号 ·评估解决问题产生的价值 ·组建6σ团队 ·识别关键质量特性 ·开展FMEA （2）在测量阶段，需要做如下的工作 ·影响因素观察 ·测量系统有效性验证 ·数据采集 （3）在分析阶段，需要做如下的工作 ·测量数据分析 ·过程能力分析	6σ项目完成	度量： 问题的定义 测量分析

续表

质量控制点	时机	执行人	流程描述	里程碑	度量与考核
选择改进项目并指导6σ项目	持续改进工作	质量经理	・影响分析 （4）在改进阶段，需要做以下的工作 ・纠正措施提出 ・纠正措施执行效果鉴定 ・预防措施提出 ・预防措施执行效果鉴定 ・对比改进前后的数据 （5）在控制阶段，需要做以下的工作 ・改进措施效果周期性确认 ・改进措施固化到流程，如修订流程文件、修订作业指导书、评审、发布更新后的文件、执行检查 （6）在项目总结阶段，需要做以下的工作 ・制定项目PPT ・汇报PPT **做到什么程度**：达成6σ项目的目标 **输出**：6σ项目汇报PPT	6σ项目完成	**考核**： 　6σ的价值
推动责任部门改进	6σ项目已完成	返修分析工程师	**输入**：6σ项目对策 **做什么**：依据6σ项目改进的措施，推动相关部门持续改进 **如何做**： （1）将6σ项目的改进措施制定成PPT，培训涉及质量改进的工程师、作业人员和质量控制人员 （2）对实际执行过程中的情况进行检查与考核 **做到什么程度**：执行力达到公司的要求 **输出**：执行力统计报表	纠正和预防措施执行	**度量**： 　纠正和预防措施执行状况与执行效果 **考核**： 　纠正和预防措施执行并取得效果的比例
主导完善产品失效模式与效应分析库	持续改进工作	返修分析工程师	**输入**：失效模式与效应分析 **做什么**：建立失效模式与效应分析库 **如何做**： （1）收集客户退货返修产品的不合格问题，并进行统计汇总与整理 （2）针对返修过程中关键的统计问题点，对不合格的原因进行分析，并制定相应的纠正和预防措施 （3）验证纠正和预防措施执行的效果，对行之有效的措施标准化 （4）将问题点、原因分析、有效的纠正和预防措施进行编号，列入失效模式与效应分析库 **做到什么程度**：已发生的问题全部都有原因分析、行之有效的纠正和预防措施，并将这些措施应用到实际的产品开发和质量控制过程 **输出**：《失效模式与效应分析库》	失效模式与效应分析库	**度量**： 　质量问题统计与分析 　纠正和预防措施 **考核**： 　失效模式与效应分析库的应用

第三节　产品研发质量度量管理

度量必须是一面镜子，真实反映项目客观情况，数据一旦造假就失去意义，所以度量指标尽量不用于考核。度量一般是简单易行的，要考虑度量成本，如果需要花费太大的工作量，则得不偿失。

一、有关度量的概述

（一）度量（Metrics）的基本概念

度量（Metrics）的基本概念如图4-6所示。

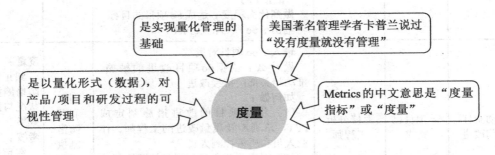

图4-6　度量（Metrics）的基本概念

（二）度量与过程（Process）管理相结合

度量必须与过程（Process）管理相结合，具体如图4-7所示。

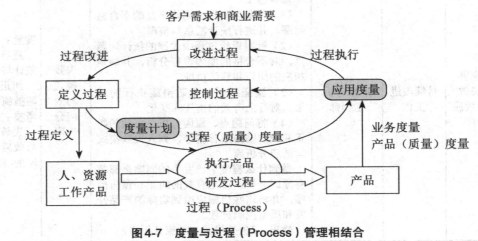

图4-7　度量与过程（Process）管理相结合

（三）度量管理流程

度量管理流程如图4-8所示。

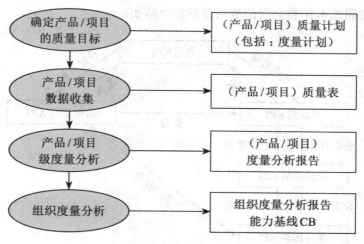

图4-8　度量管理流程

二、确定产品/项目度量目标

（一）产品质量度量的分类

产品质量度量分成规模、工作量、进度、稳定度、缺陷及客户满意度六个方面，如图4-9所示。

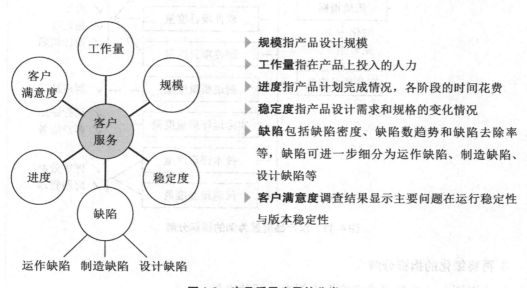

▶ **规模**指产品设计规模
▶ **工作量**指在产品上投入的人力
▶ **进度**指产品计划完成情况，各阶段的时间花费
▶ **稳定度**指产品设计需求和规格的变化情况
▶ **缺陷**包括缺陷密度、缺陷数趋势和缺陷去除率等，缺陷可进一步细分为运作缺陷、制造缺陷、设计缺陷等
▶ **客户满意度**调查结果显示主要问题在运行稳定性与版本稳定性

图4-9　产品质量度量的分类

（二）产品/项目的质量目标分解

1.公司的战略目标落实

首先我们按照图4-10将公司的战略目标加以落实。

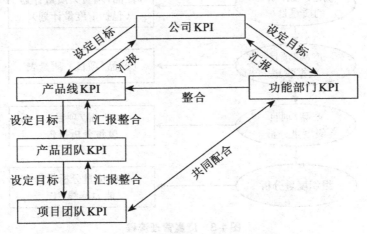

图4-10　公司的战略目标落实步骤图

2.将质量目标加以分解

接下来将某一指标的度量加以分解，以产品度量为例可以分解为图4-11所示。

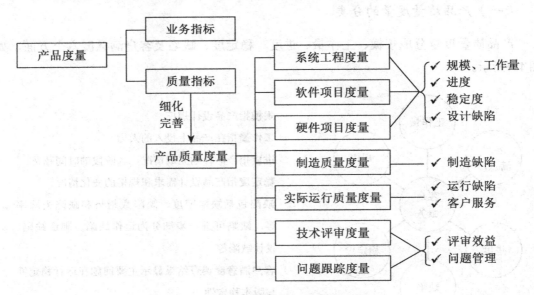

图4-11　以产品度量为例的指标分解

3.再将细化的指标分解

以下以图4-12中的"稳定度"为例来分解其度量。

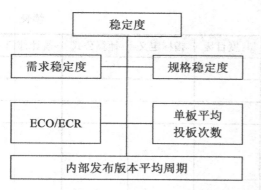

- 产品设计需求稳定性指数衡量产品设计需求稳定性
- 工程设计需求稳定性指数衡量可测性需求、可制造性需求、可靠性需求、可服务性需求等被产品采纳后的稳定性
- 设计规格稳定性指数=变更的设计规格数/初始设计规格数
- 单板平均投板次数衡量硬件开发过程稳定性
- 内部发布版本平均周期衡量内部版本控制情况
- ECO/ECR衡量工程文件变更情况

ECO：Engineering Change Order 工程变更指令
ECR：Engineering Change Request 工程变更申请

图4-12 "稳定度"指标分解

4. 完善、准确地定义度量指标的属性

接下来就是对各度量指标的属性进行定义，如表4-8所示。

表4-8 度量指标的属性定义

【指标名称】	新产品及时交货率
【指标定义】	新产品按项目计划或订单交货时间完成的比例
【指标用途】	KPI考核指标
【测量对象】	PDT
【设置目的】	确认新产品能否按项目计划按时投产（项目计划和风险管理效果的确认）以及确认新产品生产是否顺利（NPI效果的确认）
【统计部门】	供应链管理部
【统计方法】	统计当月新产品及时交货批次数和应交货批次数量
【计算公式】	新产品及时交货率=当月度新品准时交货批次数/当月度新品投入数
【计量单位】	%
【统计周期】	月度
【数据提交时间】	每月初提升上月数据

5. 结果：产品质量度量表

表4-9所示为某公司的产品质量度量表供参考。

表4-9 产品质量度量表

指标		年度目标	月度目标	指标定义	计算公式	统计部门
一、范围						
	规格更改率					
二、进度						

续表

指标	年度目标	月度目标	指标定义	计算公式	统计部门
项目周期、阶段周期及进度偏差					
项目进度偏差率					
三、质量					
客户反馈产品缺陷（重点产品故障率、网上遗留问题缺陷密度NPR、重大事故次数）					
网上问题及时解决率（FRT）					
网上逾期问题解决率（OFR）					
单板返还率（RR）					
阶段关键交付件发现缺陷密度					
内部问题累计解决率					
IPD流程符合度					
单板综合DPMO					
四、效率					
决策评审点准备度					
共用基础模块（CBB）					
生产率					
五、财务					
销售收入					
研发费用预算执行偏差率					

三、开发度量计划

EPG（Engineering Process Group，过程改进小组）根据公司的度量目标，确定组织的度量项并指定度量项的收集、分析、存储和报告的规程。每个项目在遵循公司的度量分析规程的前提下依据产品项目自身的特点来开发项目的度量计划，如表4-10所示。

表4-10 项目度量计划表

过程域	编写文件的工作量（人·日）	文档的规模（A4页）	处理的改进建议数量
组织过程定义（过程管理类：OPD）	22	64	1
组织过程改进（过程管理类：OPF）	20	62	2
组织培训（过程管理类：OT）	5	98	1
项目立项（项目管理类：PEM）	8	132	0

续表

过程域	编写文件的工作量（人·日）	文档的规模（A4页）	处理的改进建议数量
项目启动（项目管理类：PS）	7	87	2
项目结项（项目管理类：PCM）	12	69	3
项目规划（项目管理类：PP）	18	87	2
项目监督和控制（项目管理类：PMC）	13	78	2
供应商合同管理（项目管理类：SAM）	8	86	0
风险管理（项目管理类：RSKM）	7	90	1
变更控制与管理（项目管理类：CHM）	4	95	0
需求开发与管理（工程类：RDM）	11	93	1
系统设计（工程类：SD）	12	83	2
实现与测试（工程类：IMPT）	14	87	1
系统测试（工程类：ST）	15	83	1
客户验收（工程类：CV）	11	75	1
技术评审（工程类：TR）	8	74	1
缺陷管理（工程类：DM）	6	68	0
配置管理（支持类：CM）	15	98	1
过程和产品质量保证（支持类：PPQA）	9	75	1
度量和分析（支持类：MA）	22	58	1
决策分析和解决方案（支持类：DAR）	16	76	1
累计	263	1818	26

EPG按照企业的度量目标确定组织级的度量计划，组织级QA依据度量计划及组织度量的操作规程收集项目的结项数据并据此来得到组织级的相关能力数据。

收集到的数据存入配置管理系统，同时还将此数据以报告形式汇报给高层领导。

四、度量数据采集

度量也是质量控制的一项重要活动，由于软件开发是看不见摸不着的，要想客观反映开发过程的真实情况，必须采集度量数据。采集数据时要注意以下5点。

（1）采集数据要目的明确（平衡计分卡）。

（2）保护数据提供者的积极性。

（3）收集巨大数量的数据是没有意义的。

（4）数据收集的手段要集中。

（5）消除虚假数据的基础（绩效评价）。

五、度量分析和控制

数据获取后，质量工程师还需进行分析，发现数据异常后，需引导项目深入分析原因，并采取纠正措施。度量分析和控制如图4-13所示。

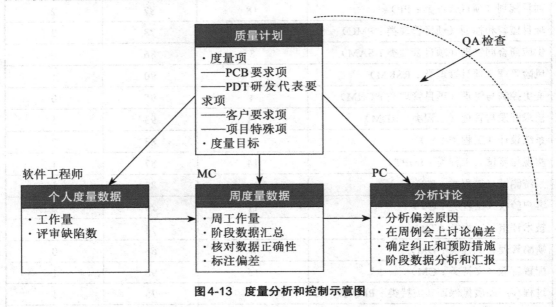

图4-13 度量分析和控制示意图

质量工程师应根据公司度量库的相关数据进行分析，找出公司项目在实施过程中的薄弱环节，并对项目中出现的薄弱环节加强监督、指导。

度量分析的结果要形成产品质量报告。产品质量报告主要对产品质量计划中定义的质量目标进行数据收集、跟踪监控、分析，以保证质量目标的达成。产品质量报告包括以下内容。

（1）产品信息图表页。
（2）质量问题和PQA工作报告。
（3）计划进度。
（4）规模和工作量。
（5）稳定度。

六、使用数据进行过程改进

根据度量数据的变化趋势分析组织过程能力执行的情况，判断到底是执行力的问题，还是过程本身需要改进。如过程本身需要改进，则采用因果分析法找出根本原因后制定具体改进措施，然后实施改进。如是执行力的问题，则需进一步加强培训及执行的监督。

【范本】

××系统质量保证总结报告

1 引言

1.1 编写目的

×××系统已经通过客户验收,为使项目利益相关人在项目结项时了解项目过程和产品质量检查的具体情况,特编写此报告。

1.2 范围

本文档主要包括项目过程与产品质量检查情况、项目NC报告情况、项目绩效总结、项目质量目标达标情况及项目质量工作总体总结等内容。

1.3 术语与缩写解释

缩写、术语	解释
PPQA	Product and Process Quality Assurance,过程和产品质量保证
NC报告	Non compliance,不符合项报告
项目绩效	项目的规模、工作量、生产率、缺陷等性能数据

1.4 参考资料

本文档引用的资料主要如下。

(1)××项目计划。

(2)项目度量数据。

(3)项目PPQA过程产生的质量数据记录。

(4)项目结项报告。

2 项目过程与产品质量检查情况

过程域	执行符合度/%	过程域	执行符合度/%
项目启动	99	实现与测试	100
项目立项	98	客户验收	90
项目结项	97	度量和分析	90
项目规划	90	技术评审	98
需求开发与管理	89	缺陷管理	100
系统测试	100	过程和产品质量保证	90
系统维护	80	配置管理	100
系统设计	100	决策分析和解决方案	100
风险管理	100	项目级培训	100

续表

过程域	执行符合度/%	过程域	执行符合度/%
项目监督与控制	95	总的符合度	96
变更控制与管理	100		

3 NC情况

3.1 NC汇总

序号	当前状态	发生过程域	严重程度	NC优先级	不一致性问题描述	问题发现日期
1	豁免	项目规划	一般	中	项目培训计划没有被审批	20××-9-5
2	关闭	系统设计	严重	高	概要设计没有涵盖需求规格说明书的所有需求	20××-10-13
3	关闭	需求开发与管理	严重	高	项目组成员没有按时提交项目周报	20××-12-14

3.2 NC项分布

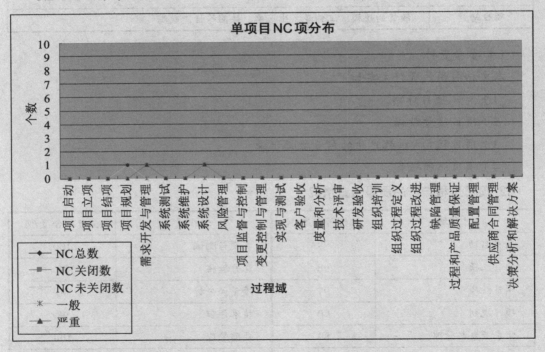

3.3 豁免的NC项

是否提供项目培训计划并被批准。

3.4 NC原因分析及纠正预防措施

重点不符合项主要发生在项目的规划阶段、需求阶段、设计等阶段。主要原因是在项目前期几个阶段各相关人员对公司实行CMMI3进行管理还是不太适应。在项目进行过程中，一方面，公司EPG及QA加强了对项目的OSSP培训和指导；另一方面，项目组对执行流程比较重视，因此项目后期阶段NC项逐步减少。

4 项目绩效总结

绩效参数	计划值	实际值	偏差	偏差原因（如果偏差超过质量目标）
需求稳定指数	95	95.65	1%	用户需求变更
代码总规模规模（LOC）	16639	17020	2%	
工作量（人·时）	2218	2307	4%	
成本（人民币：元）	210754	213115	1%	
项目开始日期	20××-9-3	20××-9-3	0天	N/A
项目结束日期	20××-1-7	20××-1-11	4个工作日	客户硬件推迟到位导致验收时间推迟4个工作日
最多时的团队人数	7	7	0	N/A
系统测试排除率	95	96	2%	
系统测试缺陷密度（缺陷数/KLOC）	5	4.7	-6%	
验收测试缺陷密度（缺陷数/KLOC）	0.3	0.28	0.02	由于缺陷预防和增量过程的使用，质量提高了
质量成本	39.6	43.49	10%	N/A
生产率	60	59	-2%	N/A
代码注释率	25	27.12	8%	N/A

5 项目质量目标达标情况

质量要素	计划值	实际值	偏差	是否达标	未达标的原因
进度偏差	10	2	-400%	√	
规模偏差	10	12	17%	×	需求变更
工作量偏差	20	22	9%	×	规模增加
成本偏差	10	2	-400%	√	
质量成本	35	34	-3%	√	
生产率	80	78	-3%	√	
系统测试缺陷密度	5	4.6	-9%	√	
系统测试缺陷清除率	95	96	1%		
验收测试缺陷密度	0.3	0.25	-20%	√	

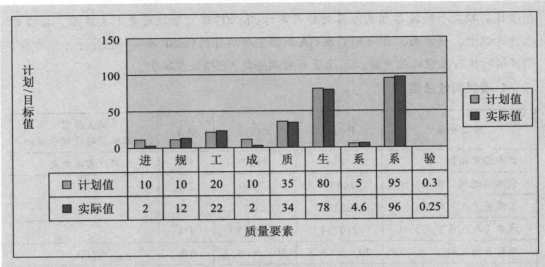

项目质量目标实现情况

从上图看出，项目质量目标除了规模偏差和工作量偏差因需求变更未到达外，其他的质量目标都得到实现。

6 项目总结分析

本项目通过导入CMMI流程，项目组深刻认识到，以前我们在开发过程中存在的一些思想误区，如只注重工程开发，不重视项目管理方面的问题。项目组通过本次按CMMI执行项目，真正领会到"要保证项目成功，我们应当更加关注过程管理，在项目开发过程中内建质量"。

本次项目基本达到了预期的质量目标，主要存在的不足是，在技术评审方面需要进一步加强，对产品测试工作需要进一步规范。为实现产品的高质量，还需要在以后的项目开发中做好缺陷预防工作。

第五章 研发质量组织保障——研发质量部

导言

为了确保研发质量，企业有必要设立研发质量部，其主要负责设计开发过程中的关键节点审查，如设计开发的策划、输入、输出、验证等关键质量点的确认，以及设计开发过程的质量管理，比如质量控制计划编制，参与项目开发小组开展DFMEA、PFMEA以及控制计划的编制。

第一节 研发质量部概述

一、研发质量部的核心价值

研发质量部的核心价值包括两个部分：实现适宜的质量、确保公司可持续发展。

（一）实现适宜的质量

1.何谓适宜的质量

适宜的质量是指以下三个方面。

（1）不同档次的产品质量满足相对应客户明确或隐含的需求。

（2）产品能够符合政府、法律法规、强制认证、市场准入制度的要求。

（3）满足公司发展的需要，产品质量能够为公司的战略实现提供有力的支撑。

2.适宜的质量实现的途径与目标

适宜的质量实现的途径与目标如图5-1所示。

价值	实现主途径	实现的途径	目标
适宜的质量	不同档次产品相对应的客户需求	客户不同的关注焦点满足性设计	返修率降低
		差异化的材质、规格设计	返修率降低
		差异化的产品质量判定标准	返修率降低
	产品符合政府、法律法规、强制认证、市场准入制度的要求	相关方的要求转化成产品开发的约束条件	不发生重大质量事改
		新产品内部制造可实现性	新产品最终成品合格率提升
	公司发展的需要	质量成本控制	新产品质量成本在合理的范围内
		资源、技术条件的限制	新产品最终成品合格率提升

图5-1 适宜的质量实现的途径与目标

（二）确保公司可持续发展

1. 何谓可持续发展

可持续发展是指以下两个方面。

（1）新产品销售盈利。

（2）产品前期质量控制系统健康的运行。

2. 可持续发展实现的途径与目标

可持续发展实现的途径与目标如图5-2所示。

价值	实现主途径	实现的途径	目标
可持续发展	新产品销售盈利	上市的产品不会出现影响正常使用的功能缺陷	新产品返修率降低
		一次性做好工作质量和产品质量	一次性的技术评审通过率提高和因设计问题变更次数降低
		全面收集客户明确和隐含的需求，将需求转化成设计规格并实现这些需求	低到可接受程度的返修率
	前期质量控制系统健康运行	建立并健全公司的标准系列	完备的工作执行标准和产品合格与否的判定标准
		质量政策与流程的执行力	良好纠正和预防措施执行率及执行效果
		涉及质量的相关人员质量意识和质量管理技能的提升	因设计问题导致变更次数降低
		建立和健全研发知识库，累积经验并应用到实际的产品开发过程中	因设计问题导致变更次数降低

图5-2 可持续发展实现的途径与目标

二、研发质量部在公司中的位置

（一）研发质量部在质量体系中的定位

研发质量部隶属于公司质量部，在质量体系中的定位如图5-3所示。

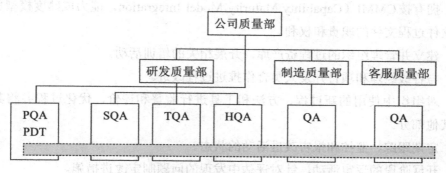

图5-3　研发质量部在质量体系中的定位

（二）研发质量部与研发组织体系的关系

研发质量部与研发组织体系的关系如图5-4所示。

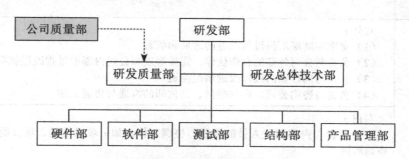

图5-4　研发质量部与研发组织体系的关系

三、研发质量部的构成

研发质量部的构成由图5-5所示。

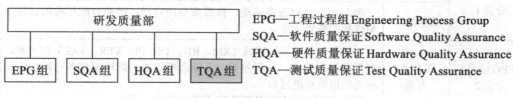

图5-5　研发质量部的构成

（一）EPG 组

1. EPG 组的职责

（1）争取公司项目管理委员会（MSG）的支持。

（2）识别过程问题，制订详细的软件过程改进计划。

（3）拥有按CMMI（Capability Maturity Model Integration，能力成熟度模型集成）要求定义软件过程文件的职责和权利。

（4）建立并管理组织的过程资产库，开展相关的培训活动。

（5）与各级经理和项目开发人员合作推进过程改进。

（6）对组织中使用的新过程、方法和工具进行监督和评价，优化过程并将其推广到组织的其他部分。

（7）定期跟踪、监控和报告改进活动的状态。

（8）开展阶段的评审活动，针对评估中发现的问题制定改进措施。

2. EPG 组的人员组成及职责

EPG 组的人员组成及职责如表5-1所示。

表5-1　EPG 组的人员组成及职责

岗位		职责
EPG组长		对外： （1）定期向高层汇报过程改进的进展和状态 （2）负责与公司外部的合作伙伴、媒体等发布公司内部的过程改进状况 （3）负责与同行业的过程改进情况沟通 （4）负责与咨询公司、咨询顾问、评估师的沟通与协调工作 对内： （1）负责与内部相关人员的沟通与协调工作，如：项目经理、项目组成员、内部咨询顾问 （2）负责过程改进计划的制订 （3）负责组织过程评估、体系建立与修订、试点运行、体系推广的工作 （4）负责组织级过程定义培训策划 （5）负责企业内部的定期审计工作 （6）负责定期收集最佳实践以充实组织的过程财富库
EPG成员分类1	专职成员	全程参与过程改进活动，按照成员的背景、经验分配相应的过程定义和维护的职责
	兼职成员	参与部分过程改进活动，按照成员的背景、经验分配相应的过程定义和维护的职责
EPG成员分类2	工程类专家	（1）负责工程类过程域（RM、RD、TS、PI、VER、VAL）的理解，梳理现有过程定义，分析差异，并结合组织的实际情况和各过程域定义工程类的组织标准过程 （2）组织相关人员对相关的过程定义进行评审

续表

岗位		职责
EPG成员分类2	工程类专家	（3）就已定义的标准过程对相关人员进行培训 （4）结合收集到的过程改进建议定期对相关的过程进行改进 （5）协助项目组导入新的工具和方法
	项目管理类专家	（1）负责项目管理类过程域（PP、PMC、IPM、SAM、RSKM）的理解，梳理现有过程定义，分析差异，并结合组织的实际情况和各过程域定义项目估算、策划、WBS分解、项目例会制度、里程碑评审等的组织标准过程和模板 （2）组织相关人员对相关的过程定义进行评审 （3）就已定义的标准过程对相关人员进行培训 （4）结合收集到的过程改进建议定期对相关的过程进行改进 （5）协助项目组导入新的工具和方法
	支持类专家	（1）负责项目支持类过程域（MA、CM、PPQA、DAR）的理解，梳理现有过程定义，分析差异，并结合组织的实际情况和各过程域定义组织标准过程和模板 （2）组织相关人员对相关的过程定义进行评审 （3）就已定义的标准过程对相关人员进行培训 （4）结合收集到的过程改进建议定期对相关的过程进行改进 （5）协助项目组导入新的工具和方法

支持类专家一般也都是组织级的QA、MA、CM人员，如表5-2所示。

表5-2 支持类专家

序号	名称	职责说明
1	组织级QA	（1）主要负责整个组织范围内的审计活动，包括对EPG、培训小组/人员、采购部门/人员、组织级配置管理人员和组织级度量和分析人员的活动以及活动所产生的工作产品进行审计 （2）负责对项目组的QA进行审计 （3）定期提交审计报告，并负责对审计发现的问题进行跟踪直到关闭 （4）培训项目组的QA人员，使其胜任相关的工作 （5）指导项目组级的QA人员的日常工作 （6）分析各项目组与QA有关的度量数据，识别过程改进点
2	组织级CM	（1）参与制定组织级配置管理规范 （2）为项目组建立初始的配置库 （3）向项目组成员提供配置管理方面的培训及技术支持 （4）配置管理工具的定制 （5）配置管理审计 （6）对外发布产品 （7）维护更新配置管理标准过程及模板 （8）备份配置库
3	组织级MA	（1）建立和维护组织级度量数据库 （2）在项目结项时或项目重大里程碑点时，对项目数据进行收集、整理和汇总，经评审后纳入到度量数据库中 （3）负责定期收集项目组的度量数据以充实组织的度量数据库 （4）对各项目组提交的度量数据进行横向分析，建立组织级的标杆数据

(二) SQA 组

SQA 组的主要职责如下。

(1) 参与流程规范的制定、实施和维护工作，根据需要开展流程培训工作。

(2) 作为研发团队核心成员参与软件产品开发过程，关注在研项目整体进展，参与项目进展审查和里程碑审查，定期发布质量报告。

(3) 辅导项目团队针对现有团队能力情况，结合客户需求，建立项目开发过程中质量目标。在组织内进行公司管控过程相关培训、推广和跟踪审计。

(4) 及时识别影响软件研发进度、质量、效率的因素，从项目过程中提取关键点的问题进行综合分析，给出质量改进的解决方案，并有效推动改进及落实。

(5) 提取项目过程中的典型问题进行分析，给出改进建议，监督纠正措施的落实。

(6) 协助完成项目间资源调配。

(三) HQA 组

HQA 组的具体职责如下。

1. 计划

针对具体项目制定 SQA (Software Quality Assurance, 软件质量保证) 计划，确保项目组正确执行过程。制定 SQA 计划应当注意如下几点。

(1) 有重点：依据企业目标以及项目情况确定审计的重点。

(2) 明确审计内容：明确审计哪些活动，哪些产品。

(3) 明确审计方式：确定怎样进行审计。

(4) 明确审计结果报告的规则：审计的结果报告给谁。

2. 审计/证实

(1) 依据 SQA 计划进行 SQA 审计工作，按照规则发布审计结果报告。

(2) 注意审计一定要有项目组人员陪同，不能搞突然袭击。双方要开诚布公，坦诚相对。

(3) 审计的内容：是否按照过程要求执行了相应活动，是否按照过程要求产生了相应产品。

3. 问题跟踪

对审计中发现的问题，要求项目组改进，并跟进直到解决。

(四) TQA 组

1. TQA 组的职责

(1) 根据公司业务需求、相关测试行业标准制定与完善公司测试规范、标准、方法和相关模板。

(2) 建设测试团队，研究测试技术，提升团队技术能力；完善测试工作相关的管理和考核体系。

(3) 测试公司开发类和升级类软件产品，并在测试生命周期的每个阶段提交对应的测试文档。

(4) 收集、分析测试数据，提出软件过程改进建议。

(5) 配合研发、配置管理、质量控制等部门或人员开展项目相关工作。

(6) 完成上级交办的其他工作。

2. TQA 组的岗位及职责

TQA 组的岗位及职责如表 5-3 所示。

表 5-3　TQA 组的岗位及职责

序号	岗位	说明
1	测试组组长	(1) 负责公司测试工作的组织、管理、实施等工作，确定软件测试标准、规范 (2) 根据公司业务发展目标，制订团队工作计划，按照测试计划保证测试工作的质量 (3) 制订测试计划和测试方案，跟踪和督促测试计划的实施，执行具体测试任务并确认测试结果、缺陷跟踪，完成测试报告以及测试结果分析 (4) 负责测试工具和测试手段的不断完善创新，引入新的测试框架和测试策略，最大限度地提高测试效率和质量 (5) 收集、统计和分析软件产品的测试报告，为公司相关领导提供软件质量的参考数据 (6) 负责对测试方案可能出现的问题进行分析和评估 (7) 编写测试总结，为软件开发成果提供总结性意见 (8) 组织测试人员培训工作和产品培训
2	性能测试工程师	(1) 依据需求文档及设计文档，编写性能测试用例 (2) 依据性能测试用例执行具体的测试任务，完成测试记录和相应文档编写 (3) 根据测试计划，搭建性能测试环境 (4) 反馈跟踪产品 BUG 及用例缺陷，与开发部门反复沟通测试情况，督促开发部门解决问题，修正测试中发现的缺陷，完善软件功能 (5) 协助测试组长编写测试报告并分析测试结果，掌握软件具有的能力、缺陷、局限等，对软件质量给出评价性的结论与意见 (6) 测试工具/系统的研究和应用
3	功能测试工程师	(1) 依据需求文档及设计文档，编写测试用例 (2) 依据测试用例执行具体的测试任务，完成测试记录和相应文档编写 (3) 根据测试计划，搭建测试环境 (4) 反馈跟踪产品 BUG 及用例缺陷，与开发部门反复沟通测试情况，督促开发部门解决问题，修正测试中发现的缺陷，完善软件功能 (5) 协助测试组长编写测试报告并分析测试结果，掌握软件具有的能力、缺陷、局限等，对软件质量给出评价性的结论与意见 (6) 测试工具/系统的研究和应用

第二节 研发质量部目标与职能

一、研发质量部工作流程

研发质量部工作流程如图5-6所示。

起点 — 客户及相关方需求
对收到的客户与相关方需求信息进行分析,结合公司或竞争对手同类产品被投诉、退货、重大质量事故等问题的原因,将客户及相关方明确和隐含的需求转化成公司质量控制的标准

过程 — 前期质量策划
(1) 建立产品涉及法律、法规、强制性认证要求、各国市场准入要求的信息库,设定产品开发的约束条件
(2) 基于产品包需求(IPD)的转化,在客户需求转化成设计需求过程中,使用"质量机能展开"QFD的工具,制定质量标准,将客户需求和设计需求转化成可测量的质量标准
(3) 整理公司信息源,规范信息管理的收集工具、传递途径、分析方法、处理机制,以各个信息源反馈的产品质量信息来开展FMEA"失效模式与效应分析",建立产品风险库,预防同类问题的再次发生
(4) 模拟客户使用产品的实际环境,对产品开展DOE"实验设计",建立因子与效应的对应关系,将产品开发设定为满足客户需求而必须达成的条件,并验证产品是否满足客户使用过程中的需求
(5) 对比公司内部发现的质量问题和客户投诉、退货的问题,找出差异的原因,优化公司的测量系统,开展"测量系统评价MSA",在测量系统开发中对误差、重复性和再现性进行研究,提升系统的检出能力
(6) 制定并执行技术评审TR,在产品开发各个节点进行检查,在早期发现和解决问题,并建立预防机制
(7) 建立标准化检验流程SIP和QC工程图,合理设置产品质量检验点,最大限度地提升检出能力,并开展对后段质量控制人员的培训与考核,确保新产品实现过程中的质量得到有效的控制

终点 — 新产品投入市场3个月
新产品投入市场后,在储存、运输、客户使用过程中出现的问题进行收集、整理和分析;对每一个客户退回的新产品进行分析,找出客户退货的真正原因,针对性地采取措施来解决,并将客户反馈的问题点列入产品风险库中,以预防后续产品开发出现同类问题

图5-6 研发质量部工作流程

二、研发质量部目标与绩效考核

(一)研发质量部目标

为了能够实现研发质量部的价值,需要设定以下的三个级别的目标,如表5-4所示。

表 5-4 研发质量部目标

序号	目标层级	目标
1	公司级目标	（1）返修率持续降低到一个可接受的程度（KPI） （2）完备的新产品工作执行标准和产品合格与否的判定标准（KPI）
2	系统级目标	（1）不发生重大质量事故 （2）新产品质量成本在合理的范围内 （3）新产品最终成品合格率
3	部门级目标	（1）因设计的问题而导致变更次数 （2）良好的纠正和预防措施执行率及执行效果 （3）一次性的技术评审通过率

（二）绩效考核

为实现研发质量部的价值，应制定研发质量部考核的 KPI 指标与主要指标如表 5-5 所示。

表 5-5 研发质量部考核的 KPI 指标与主要指标

KPI 指标	主要指标
（1）产品返修率≤2%/月（滚动统计，需要定义数据收集、分析和统计的方法，在上一年度的平均数据基础上来制定指标，约占60%） （2）新产品工作执行标准和产品合格与否的判定标准覆盖率≥80%/项目（以新产品集成开发过程中 IPD 应该产生的标准与实际已制定、通过评审并发布的标准覆盖之比来计算，要定义所需要的标准，约占40%）	（1）新产品发生重大质量事故≤1次/年（年度统计，明确定义和确定收集途径） （2）新产品质量成本≤10%（以新产品上市三个月的销售总额和质量成本的比值，这里的质量成本主要为预防成本、鉴定成本、故障成本） （3）新产品最终成品合格率≥95%（新产品正式投产三个月的平均值） （4）因设计的问题而导致变更总次数≤5次/项目（从TR5到产品上市三个月内的总变更数） （5）纠正和预防措施执行并已取得效果率≥90%/月（已执行的纠正和预防措施并取得效果的次数除以发出的纠正和预防措施总数） （6）一次性的技术评审通过率≥90%/项目（一次性通过评审的次数/该项目评审的总次数）

三、为实现目标而设定部门职能

（一）产品返修率

为达成产品返修率的目标，研发质量管理部必须具备如图 5-7 所示职能。

职能一	客户需求的全面了解，基于产品包需求，确定产品的质量要求，并检讨其适宜性
职能二	收集同行业、同类产品质量历史记录、客户投诉与退货的原因，建设产品风险数据库，对每个项目在开发设计时进行FMEA（Failure Modeand Effects Analysis，失效模式与影响分析）
职能三	建立TR（Technical Review，技术评审）评审机制和检查清单，组织TR，审核TR的输入，编制TR总结报告，跟进问题处理的结果
职能四	模拟客户的使用环境，结合公司产品质量特性，进行实验设计，确定因子与效应之间的关系，选择检测设备、项目和方法
职能五	测量系统分析、优化、检出能力验证
职能六	制订培训计划，准备培训资料，开展对后段质量人员关于新产品的培训
职能七	新产品首次量产过程要素点检及产品质量问题的跟进
职能八	对客户在使用过程中出现的问题和公司内部检测过程中发现的不良项目进行对比，找出差异点并进行分析，针对原因制定预防措施，优化公司测量系统
职能九	对应新产品客户实际使用的环境，结合公司产品的国家、行业标准，设定可靠性测试环境、方法，确认其可行性

图5-7 部门职能（1）

（二）新产品工作执行标准和产品合格与否的判定标准覆盖率

1. 指标说明

企业标准是公司质量运作的指导性文件，是公司工作质量和产品质量度量与判定的基准线。质量系统负责人要根据公司的运营状况和产品特性，主导组织相关部门和人员来制定、完善企业结构化、系统化的标准。

企业标准包括工作质量标准和产品质量标准两大部分，如图5-8所示。

工作质量标准主要是流程性的指导文件，并且要固化到实际日常工作中，主要回答：为什么做、由谁做、什么时间做、在哪里做、怎么做、做到什么程度、需要什么资源、会有什么输出。

产品质量标准主要是技术规范和检测规范，以作为产品规格设计、符合性判定的依据，需要明确规格参数、抽样方案、检测项目、检测方法、不符合项的等级、合格与否的判定标准。

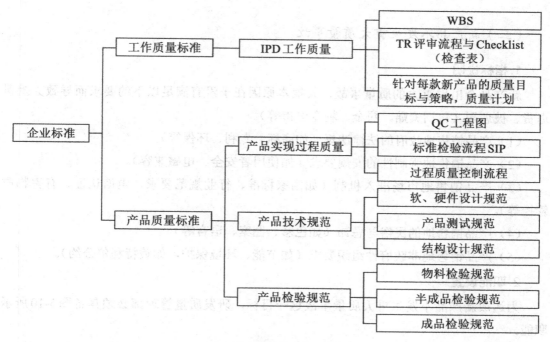

图 5-8 企业标准分解图

2. 职能设置

为达成工作执行标准与判定标准覆盖率这一目标，研发质量管理部必须具备图 5-9 所示职能。

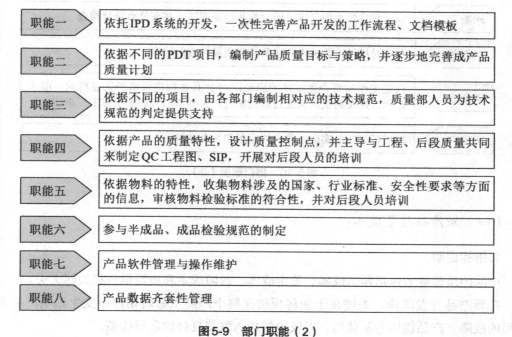

图 5-9 部门职能（2）

(三)新产品不发生重大质量事故

1.指标说明

新产品会出现重大的质量事故,其根本原因在于没有满足以下的要求而导致大批量退货、被惩罚(包括索赔、罚金、勒令退市等)。

(1)产品销售地政府的法律法规(如商标、专利、环保等)。

(2)产品销售地强制性的安规要求(如使用者安全、电磁兼容)。

(3)产品销售地市场准入机制(如国家标准、行业规范要求,电信认证、有害物质管控等)。

(4)产品销售地的民俗与忌讳(如色彩、图案、语言等)。

(5)产品销售地非政府性组织要求(如节能、环境保护,如蒙特利尔公约)。

2.职能设置

为达成新产品不发生重大质量事故这一目标,研发质量管理部必须具备图5-10所示职能。

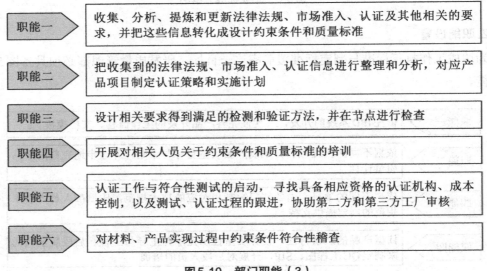

图5-10 部门职能(3)

(四)新产品质量成本

1.指标说明

产品的质量成本包括预防成本、鉴定成本、故障成本和质量信誉损失四大类。

在新产品开发阶段,关键在于如何预防在整个产品生命周期内不发生影响产品正常使用的故障,产品能够容易使用,以较少的投入取得良好的质量收益。

鉴定成本主要是测量系统建立与运行的费用（包括测试设施、设备、人力）、认证费用等，合理设置质量控制点和检测点的检出能力将是新产品前期质量鉴定成本的关键所在。

故障成本主要是新产品的故障，对于前期质量控制而言，关键在于早期发现和解决问题，并将发生故障的原因列入产品风险库以作为后续设计的借鉴。

质量信誉损失，这是一个统计难度较大、但对品牌产品影响最大的质量成本，对整个品牌的影响力、市场占有率、盈利率有着非常密切的关系。品牌的美誉度是一个长期的累积过程，是客户心目中形成的一种产品质量持续稳定的良好印象，是质量控制的最大追求。

2. 职能设置

为达成新产品质量成本控制这一目标，研发质量管理部必须具备图5-11所示职能。

职能一	建立资源配置计划，建立、完善产品风险库，建立并推行技术评审，开展数据管理和应用，并综合考虑投入与产出比，统计、分析和改进预防成本
职能二	结合公司的产品质量特性与客户的实际使用状况，设置质量控制点，定义检验的方法、设备和人力配置，持续优化测量系统
职能三	对产品强制性认证和市场准入认证工作综合考虑，优化产品认证成本
职能四	分析新产品开发过程中出现的质量问题而引发的故障成本，主导解决前期质量故障带入到批量生产，优化产品故障成本
职能五	建立客户需求分析与满足度验证机制，实现适宜的产品质量，提供更好的服务质量，减少客户对公司的不满意情况

图5-11　部门职能（4）

（五）新产品最终成品合格率

1. 指标说明

新产品最终成品合格率，将由研发质量部提供技术性的指导，并对成品质量问题的原因进行分析，找出问题的不合格现象及初步的原因、责任人，跟进问题的纠正和预防措施执行；新产品的检验、过程要素检查、不合格的控制等工作由质量中心来负责，在新产品的首次生产过程中需要紧密的配合，无缝衔接。

要提升最终成品合格率，质量管理系统需要对测量系统的要素、质量控制点的检出能力、产品检测项目的确定与选择、抽样方案的选择与确定、可靠性测试方法与条件的确定等方面进行全面的监控，找出关键的影响因素并对其进行分析，从而持续改进和优化。

2. 职能设置

为达成新产品成品合格率这一目标，研发质量管理部必须具备图5-12所示职能。

- **职能一**：收集客户使用过程中出现的问题点，对比内部检验过程中发现的不良项目，寻找差异点并进行原因分析，制定并执行纠正和预防措施
- **职能二**：依据产品特性，设置质量控制点并验证其检出能力，选择生产过程的检验项目和抽样方案并验证其可行性
- **职能三**：模拟客户实际使用的环境，结合公司产品的国家、行业标准，设定可靠性测试环境、方法，确认其可行性
- **职能四**：产品实现过程中对测量系统的要素进行管理、检查，对要素失效的现状原因和统计原因进行分析，采取纠正和预防措施
- **职能五**：设计相关要求得到满足的检测和验证方法，并在节点进行检查

图5-12 部门职能（5）

（六）因设计的问题而导致变更总次数

1. 指标说明

因质量问题而导致设计变更和工程变更的次数，是衡量设计质量的关键指标之一，在开发的过程中设计人员需要对自己的工作成果进行详细的检查，评审专家对PDT团队提交的资料进行全面的检查，PDE对受控前资料的符合性、准确性进行全面的审查，做到层层把关。

变更管理是数据管理的关键工作之一，在变更的过程中需要做到全面的评估，充分识别到某部位的变更而对其他部位造成的影响，在变更时需要做出对应的调整，杜绝"解决了一个问题却引出一系列问题"的现象出现。

2. 职能设置

为达成因设计质量问题而引起的变更次数这一目标，研发质量管理部必须具备图5-13所示职能。

- **职能一**：开展产品失效模式与效应分析，对产品质量风险进行全面识别，建立产品风险库，督促设计人员充分应用
- **职能二**：检查设计人员的自检情况，统计同类问题发生的概率，并跟进同类问题发生后纠正和预防措施的执行情况与执行效果
- **职能三**：产品零部件信息管理

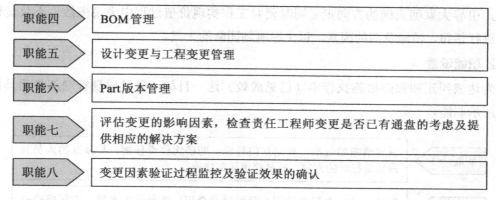

图5-13 部门职能（6）

（七）纠正和预防措施执行并已取得效果率

1. 指标说明

执行力是企业能够健康运行的根本保证，也是质量政策能够得到落实的关键所在，没有良好的执行力，公司的战略、先进的管理系统（如IPD、SAP、ISC等）都没有办法落地执行。

公司出现执行不力的问题，其根源在于以下五个原因：①员工不知道要做什么事；②员工不知道该怎么样做事；③做起来没有章程或按章程做事很别扭；④员工不知道做好了对自己有什么好处；⑤员工知道做不好对自己没有坏处。长此以往，员工的激情在麻木中消失，形成一种不良的文化氛围，把周围更多的员工同化，从而进入执行力的恶性循环。

建立企业的执行力，需要做以下工作。

（1）确立一个方向，以价值定义、目标导向来开展工作，将公司的战略分解成公司级的指标，将公司级的指标分解到各个系统，系统的指标分解到部门，部门的指标分解到岗位，并在分解的过程清晰地定义实现指标的途径，由各领域的负责人共同参与，共同讨论。

（2）各领域在清晰定义指标实现的途径后，需要组织本部门的人员共同参与来讨论如何通过岗位的工作职责来支撑实现已定义的途径，并要对全体涉及的成员进行培训和考核，让所有人清楚地知道自己"要做什么，该怎么样做"。

（3）各岗位人员在知道自己做什么以后，需要清晰地定义本岗位需要承担的责任，并向上级承诺责任担当，形成一对一的责任制度，责任人有权限去调动负责范围内所有资源去实现工作的结果与价值。

（4）作为上级，我们需要清晰定义指标实现途径，建立一对一的责任制度，设计和配置实现工作价值所需要的工具，对工作的节点进行检查和指导，及时地纠正偏差。

（5）需要对实现工作价值过程中表现出色的人员进行及时的激励，树立正面的标杆形象，引导大家朝正确的方向走；同时要对工作实现价值过程中表现懒散、不负责任的现象进行惩罚，消除负面的因素，以免影响到团队的士气。

2. 职能设置

为达成纠正和预防措施执行率（已见成效）这一目标，研发质量管理部必须具备图5-14所示职能。

职能一	制定清晰的标准，设定部门目标，明确岗位责任制，与涉及的人员共同讨论行动的方案，质量管理团队建设
职能二	制订人员能力提升计划，开展质量意识、质量管理水平、实际操作技能的培训与考核
职能三	清晰定义研发质量工作的价值，确立一对一的责任，开展各岗位的节点检查，及时纠正偏差，对工作的价值进行及时的激励
职能四	对设计过程中的质量问题、试产过程中出现的质量问题、新产品首次量产出现的问题、新产品客户使用过程中出现的问题进行统计和分析，找出根本原因，组织相关人员共同参与制定纠正和预防措施，检查执行的效果，并持续优化改进的措施
职能五	明确公司的质量信息源，制定信息收集、分析、传递、处理的途径，并对信息使用过程进行监控
职能六	与第二方、第三方客户进行沟通，完成客户对公司状况调查、现场审核，跟进客户发现的问题并改善状况
职能七	对取得良好效果的纠正和预防措施固化到流程文件中，并开展对所有相关人员的宣导，检查所有人员执行的状况
职能八	依据涉及质量的人员能力与需求，制订培训计划，准备培训资料，开展对相关人员质量意识、质量管理知识、实际操作技能的培训
职能九	依据产品的质量特性和产品开发过程中需要重点关注的问题点，对应每一款新产品来制定培训资料，对相涉及后段质量控制的人员进行产品质量特性、质量控制关键点、测量系统、检验操作指引等方面的培训

图5-14 部门职能（7）

（八）一次性的技术评审通过率

1. 指标说明

技术评审是IPD系统的核心工作之一，是前期质量控制最根本的手段，也是IPD系统能够落地的关键措施。

技术评审将会对客户的需求、需求转化成技术规格和质量标准、设计规格实现、产品实现进行全面的审核,识别产品前期开发过程中的问题点,从而在早期解决问题。

在各个评审节点的输入和输出,是产品数据管理的重点,需要及时地进行管控。

2. 职能设置

为达成一次性技术评审通过率这一目标,研发质量管理部必须具备图5-15所示职能。

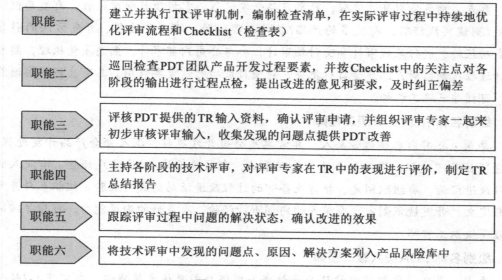

图5-15 部门职能(8)

【范本】▶▶▶

QA类技术任职资格标准

第一部分 级别定义

根据QA类的实际情况,将技术任职资格等级分为三至六级,如下图所示。

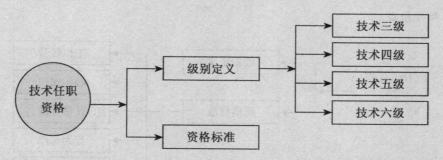

级别定义描述了各级人员的工作定义、工作内容、工作性质、主要职责及影响范围。

级别名称：QA类三级工程师

要点：熟悉公司开发流程，熟悉产品开发过程，了解项目管理过程，有一定模块开发/测试实践经验。独立进行开发流程、开发方法的引导，进行基线审计和交付物审计，了解质量原理，了解统计过程控制，对质量目标把关。

级别名称：QA类四级工程师

要点：熟悉公司开发流程，熟悉产品开发过程，掌握项目管理过程，有复杂模块开发/测试实践经验，有较多的产品/软件工程经验。有开发流程、开发方法的引导的成功经验，进行基线审计和交付物审计，参与公司内部审计。熟悉质量原理，熟悉统计过程控制，对产品质量目标把关，对项目成功起到重要作用。具有良好的沟通能力。可指导三级工程师。

级别名称：QA类五级工程师

要点：公司内本领域带头人。非常熟悉公司开发流程，深入领会产品开发过程，精通项目管理过程，深入领会质量管理系统，有系统设计/测试实践经验。有深入的过程改进经验，有组织制定、推行业务部的过程改进活动的成功经验；组织参与开发过程定义、开发规范制定，有深入的内部审计经验。有良好的沟通能力，可指导四级及以下级别工程师。

级别名称：QA类六级工程师

要点：在公司本领域内被认为是权威。根据公司总体发展战略，制定产品/软件过程改进发展战略，确保方向的正确性和可持续发展性；精通产品/软件工程和开发过程、项目管理过程、质量管理体系，有系统设计/测试实践经验。有较多过程改进经验，有组织制定、推行公司的过程改进活动的成功经验；组织公司的开发过程定义、开发规范制定。具有深入的内部审计经验，有良好的沟通能力。可指导五级及以下级别工程师。

第二部分 资格标准

QA类技术任职资格标准由工作经验、必备知识、技能标准、行为标准、工作绩效五个部分组成。

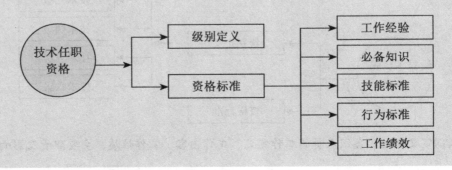

一、工作经验

资格等级	工作经验
三级	3年以上项目开发/QA相关工作经验；熟悉开发流程，有流程引导和培训的经验，有过程审计及交付物审计经验
四级	4年以上项目开发/QA类工作经验；熟悉公司开发流程，有复杂模块开发/测试实践经验。有较多系统/软件工程经验，有独立进行流程引导和培训的成功经验和内部审计经验
五级	5年以上项目开发/QA类工作经验；非常熟悉公司开发流程，有系统设计/测试实践经验。有较多过程改进经验，组织制定、推行过程改进活动的成功经验；有组织参与开发过程定义、开发规范制定的经验。是公司本领域的技术带头人
六级	6年以上项目开发/QA类工作经验；可根据公司总体发展战略，制定开发过程改进发展战略，有较多系统设计/测试实践经验。有较多过程改进，及组织制定、推行过程改进计划的成功经验；有组织开发过程定义、开发规范制定的经验。是公司本领域的权威

二、必备知识

（根据必备知识要求，确定上岗考试课程）

序号	必备知识	三级	四级	五级	六级
	开发流程基本知识	√			
	需求管理	√			
	系统工程	√			
	测试工程	√			
	单元测试过程	√			
	审计	√			
	项目计划	√			
	项目管理	√			
	产品技术工程概论	√			
	认证和标杆测试过程		√		
	统计过程控制		√		
	系统分析与设计		√		
	技术变更规程			√	
	组织过程定义			√	

三、技能标准

资格等级	技能项						
	QA类				技术管理类	专业公共技能类	
	基线审计和交付物审计	QA工具	过程审计	度量分析	系统工程	引导和培训	沟通能力
三级	3	3	2	2	2	2	3
四级			3	3	3	3	3
五级			4	4	4	4	4
六级			4		4		4

附：技能等级定义

技能等级	熟练程度	经验	备注
1	有限的运作（Perform）能力，仅仅有一般的、概念性的知识	非常有限	
2	在有协助的情况下的运作能力，实践过的知识	在有协助的情况下，在多种场合运作，在例行情况下独立运作过	
3	无需协助的运作能力，触类旁通的知识，可以成功完成大多数任务	重复的，成功的	
4	深入彻底的知识，可以带领和指导其他人有效运作	有效的，资深的	
5	可以给出专家级的意见，能领导其他人成功运作，被其他人当作磋商者和领袖。全面的知识和正确的评判能力，能够总结出有用的改进意见	全面的，广博的	

四、工作绩效

资格等级	工作绩效（季度/年度考核成绩）
三级	任职资格标准中的"工作绩效"直接参考"绩效考评结果"，主要起否决作用；对绩效考评结果较差的人员，其专业/技术任职资格要降级、降等，或取消申报资格
四级	
五级	
六级	

五、行为标准

1. QA类任职活动说明

活动小类	活动项	活动说明
01度量	度量	度量数据收集整理、分析、报告，参加度量管理会议
02过程开发	过程开发	制定开发流程规范
03工具开发	工具开发	标识、选择、开发、采购开发过程支持工具
04培训	培训	组织、进行培训（主要针对开发人员）
05质量协调	质量协调	对于产品、项目的质量协调活动，包括估计、计划、项目支持、项目会议等
06审计	审计	基线审计、交付物审计、内部审计的计划、执行、交流、报告等。不符合项的跟踪解决
07职业技能培养	职业技能培养	研究、论文演示、参加培训等
08部门支持	部门支持	对于业务部的支持、对于干部部、流程优化处等其他部门的支持工作
09其他	其他	其他QA工作

2. 附：任职KPA评价中各单元达标情况评分及评价判断依据

评分	含义	各单元评价判断标准
4分	完全达标	（1）形成了职业化的做事习惯，过程规范具有一贯性，并融入相应的流程、制度、规范或模板、案例 （2）工作难度很大，总是能提前或按时完成
3分	达标	（1）难度较大，但基本按时保质完成 （2）活动输出完全符合规定要求
2分	基本达标	（1）从工作的覆盖面、频率来看，平时基本都做了，未出差错 （2）虽做得不错，但与期望值有一定差距
1分	未达标	（1）过程规范性、时间分配存在较多需改进的地方 （2）进度要求等方面属于正常情况，但过程中有一些小的问题，影响不大
0分	完全不达标	（1）该KPA活动出现非创新领域的重大关键事件 （2）在职业道德、行为规范方面有重大违规事件

第六章 研发质量管理的手段和技术

导言

研发质量管理的手段和技术有许多，包括APQP质量先期策划、$APPELS、WBS计划编制方法、失效模式与效应分析D/PFMEA、客户需求与满意模型、质量机能展开QFD、测量系统分析MSA、IPD解决方案、EBOM转化成MBOM等，本章重点介绍APQP质量先期策划、失效模式与效应分析D/PFMEA、质量功能展开QFD。

第一节 APQP质量先期策划

企业开发新产品时，一般都需要进行产品质量策划，以确保产品从设计到出厂的整个过程都得到有效的管理和控制。APQP质量先期策划则是最好的工具。

一、APQP的定义

APQP（Advanced Product Quality Planning & Control Planning，质量先期策划）是用来确定和制定确保某产品使顾客满意所需步骤的一种结构化、系统化的方法。

APQP是一个重要的顾客导向过程COP（Continuous Optimi-zation Program，连续优化程序，系统→子系统→零部件），而不仅仅是一个事项，确保使产品满足顾客的需要和期望。其APQP核心流程如图6-1所示。

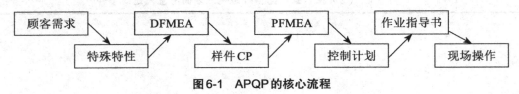

图6-1 APQP的核心流程

二、APQP基本原则

（一）多方论证小组

在产品项目的最早阶段，为促进产品质量先期策划和对其工作所涉及的每一个人的联系，以确保产品质量先期策划所要求的工作按时完成；企业必须针对每一个新产品质量先期策划工作建立多方论证小组。

多方论证小组的组建由技术部门主管负责，经管理者代表批准后，由管理者代表指派和任命多方论证小组组长（在产品质量先期策划循环中，多方论证小组组长可由小组成员轮流担任），多方论证小组组长一般由技术部门主管担任。多方论证小组可包括工程、制造、物料、采购、质量、销售、市场服务、分承包方和顾客方面的代表。

（二）确定范围

在产品项目的最早阶段，对多方论证小组而言，重要的是识别顾客需求、期望和要求，多方论证小组必须召开会议，会议内容如下。

(1) 选出项目小组负责人负责监督策划过程（有时，在策划循环中小组负责人轮流担任可能更为有利）。

(2) 确定每一代表方的角色和职责。

(3) 确定顾客（内部和外部）。

(4) 确定顾客的要求。

(5) 确定小组职能及小组成员，哪些个人或供应商应被列入到小组，哪些可以不需要。

(6) 理解顾客的期望，如设计、试验次数等。

(7) 对所提出来的设计、性能要求和制造过程评定其可行性。

(8) 确定成本、进度和必须考虑的限制条件。

(9) 确定所需的来自顾客的帮助。

(10) 确定文件化过程或方法。

（三）小组间的沟通

产品质量策划小组应建立和其他顾客与供方小组的沟通渠道，这可以包括与其他小组举行定期会议。小组与小组的联系程度取决于需要解决的问题的数量。

（四）培训

产品质量计划的成功依赖于有效的培训计划，它传授所有满足顾客需要和期望的要求及开发技能（如质量功能展开QFD、试验设计DOE等）。

在未正式实施和执行新产品质量先期策划工作之前,为确保产品质量先期策划工作的顺利进行,凡被列为多方论证小组的成员均必须接受培训(培训的内容包括:APQP/CP、FMEA、PPAP、MSA、SPC、了解顾客的需求、全部满足顾客需求和期望的开发技能等),其培训的方式可由企业视其实际的工作需要决定内部培训或外部培训;但均需保存其培训的记录,以便日后追溯。产品设计和开发人员必须熟悉和掌握以下适用的工具和技能要求。

(1)几何尺寸和公差(GD&T)。
(2)质量功能展开(QFD)。
(3)制造设计(DFM)/装配设计(DFA)。
(4)价值工程(VE)。
(5)试验设计(DOE)。
(6)失效模式及后果分析(DFMEA/PFMEA等)。
(7)有限元分析(FEA)。
(8)实体造型。
(9)仿真技术。
(10)计算机辅助设计(CAD)/计算机辅助工程(CAE)。
(11)可靠性工程计划。

(五)顾客和供方的参与

主要顾客可与其供方共同进行质量策划。但供方有义务建立横向职能小组来管理产品质量策划过程。供方应同样要求其分承包方。

(六)同步工程

同步工程是多方论证小组为一共同目的而进行努力的程序,同步进行产品和制造过程设计和开发工作,它将替代逐级转换的工程技术实施过程的各个阶段,以保证可制造性、装配性并缩短开发周期,降低开发成本。同步工程的目的是尽早促进优质产品的引入,使高质量产品早日实现生产。产品质量策划小组要确保其他领域/小组的计划和执行活动支持共同目标。

同步工程(Simultaneous Engineering,也称同步技术或并行工程)的概念和定义:一种为确保可制造性并节省时间,通过使用多方论证小组,同步地设计产品和该产品制造过程的方法。

同步工程的支持性技术举例如下。
(1)网络技术和数据交换等相关技术。
(2)DFX技术。

(3) CAX 技术。

(4) 质量功能展开（QFD）。

此外，同步工程还大量用到田口方法、FMEA 分析和统计过程控制（SPC）等技术。

（七）控制计划

控制计划是 APQP 工作中重要的输出，控制计划是控制零件和过程系统的书面描述，单独的控制计划包括如图 6-2 所示三个独立的阶段。

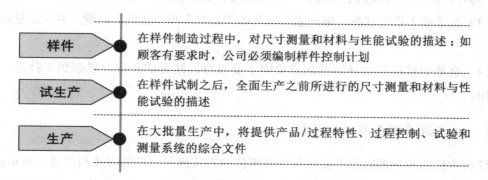

图 6-2　控制计划包括三个独立的阶段

控制计划是质量策划过程的一个重要阶段，是对控制零件和过程的体系的全面策划；一个单一的控制计划可以适用于以相同过程、相同原料生产出来的一组和一个系列的产品。

控制计划是一份动态文件，它在整个产品生命周期中得到保持和使用，并随着测量系统和控制方法的评价和改进对其进行修订，以确保按顾客的要求制造出优质的产品。

当发生图 6-3 所示情况时，多方认证小组必须重新评审和更新控制计划。

图 6-3　必须重新评审和更新控制计划的情况

（八）问题的解决

在策划过程中，小组将遇到些产品设计和/或加工过程的问题，这些问题可用表示规定职责和时间进度的矩阵表形成文件。在困难的情况下，建议使用多方论证的解决方法。在适当的情况下，解决问题的常用分析技术方法有：因果图、关键路径法、防错、试验设计（DOE）、制造性和装配设计、设计验证计划和报告、过程流程图、质量功能展开（QFD）、系统失效模式及后果分析（SFMEA）。

（九）产品质量的进度计划

产品质量策划小组在完成组织活动后的第一项工作是制定产品开发进度计划。在选择需做计划并绘制成图的进度要素时，应考虑产品的类型、复杂性和顾客的期望。

（1）所有的小组成员都应在每一事项、措施和进度上取得一致意见。

（2）一个组织良好的进度图应列出任务、安排和/或其他事项（适当时可用关键路径法）。同时，图中还对策划小组提供了跟踪进展和制定会议日程的统一格式。

（3）为了便于报告状况，每一事项应具备"起始"和"完成"日期，并记录进展的实际点。

（4）有效的状况报告使监控焦点集中于要求特别注意的项目，以起到支持项目监测的作用。

（十）与进度图表有关的计划

任何项目的成功都有赖于及时和物有所值的方式满足顾客的需要和期望。表6-1所示的产品质量策划进度图表和前面已描述的产品质量策划循环，要求策划小组尽其全力预防缺陷。缺陷预防由产品和制造工程同步进行的同步工程来推进。策划小组应准备修改产品质量计划以满足顾客的期望。产品质量策划小组有责任确保其进度符合或提前于顾客进度计划。

表 6-1 APQP 进度图

任务	时间进度											
	1月	2月	3月	4月	5月	6月	7月	8月	9月	10月	11月	12月
计划与定义												
产品设计与开发												
过程设计与开发												
产品与过程确认												
反馈、评定和纠正措施												

三、APQP 的五个阶段

APQP的过程包括由"顾客的呼声"开始至"交付和服务"共经历开展49项策划活动，分5个阶段，每个阶段依次由输入转化为输出，具体活动内容如图6-4所示。

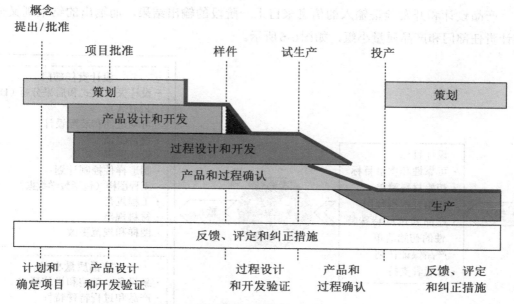

图6-4 产品质量先期策划各阶段内容

(一)第一阶段:计划和确定项目

产品质量策划过程的第一阶段就是要确保对顾客的需要和期望有一个明确的了解。确定了顾客的需要和期望,才能计划和规定质量项目。所有的工作都应考虑到顾客,以提供比竞争者更好的产品和服务。

计划和确定项目的输入与输出如图6-5所示。

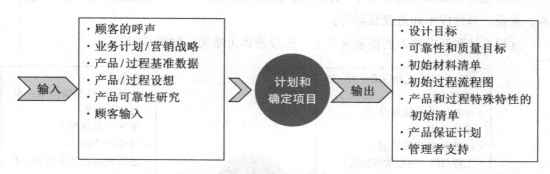

图6-5 计划和确定项目的输入与输出

(二)第二阶段:产品设计和开发验证

本阶段就是要将策划过程中确定的设计特征和特性发展到接近最终形式的要素。一个可行的设计应能满足生产量、工期和工程要求的能力,并满足质量、可靠性、投资成本、重量、单件成本和进度目标等。

产品设计和开发验证输入的信息来自上一阶段的输出结果，而输出的结果则又分为设计责任部门和产品质量小组，如图6-6所示。

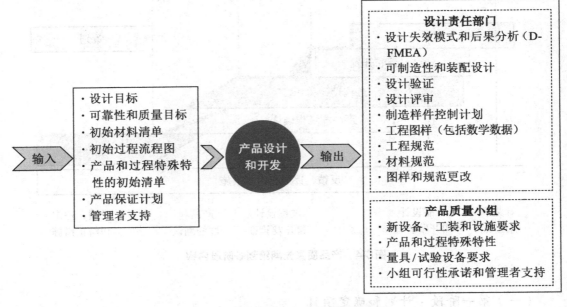

图6-6　产品设计和开发的输入和输出

（三）第三阶段：过程设计和开发验证

本阶段就是要将策划过程中确定的设计特征和特性发展到接近最终形式的要素。一个可行的设计应能满足生产量、工期和工程要求的能力，并满足质量、可靠性、投资成本、重量、单件成本和进度目标等。

过程设计和开发输入的信息来自上一阶段的输出结果，如图6-7所示。

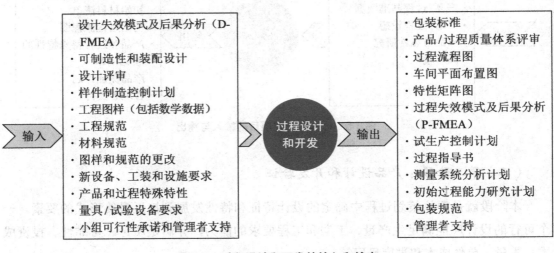

图6-7　过程设计和开发的输入和输出

（四）第四阶段：产品和过程确认

产品和过程确认是指通过试生产运行评价来对制造过程进行确认的主要特点。在试生产运行中，应确认是否遵循控制计划和过程流程图，产品是否满足顾客的要求，还应注意正式生产运行之前有关关注问题的调查和解决。

产品和过程确认阶段输入和输出如图6-8所示。

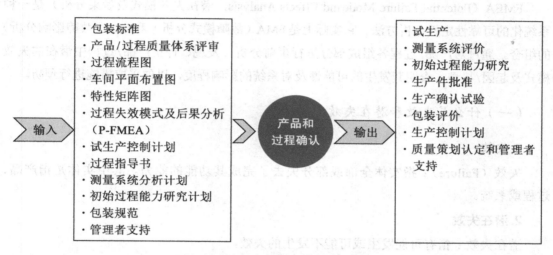

图6-8　产品和过程确认的输入和输出

（五）第五阶段：反馈、评定和纠正措施

质量策划并不随过程确认和就绪而终止。正式生产后利用管制计划及SPC方法评估产品品质（特别是管制特性）有效地满足客户的要求。

在制造阶段，当显示出所有的特殊和普通变差原因时，要评价其输出结果。反馈、评定和纠正措施阶段的输入与输出如图6-9所示。

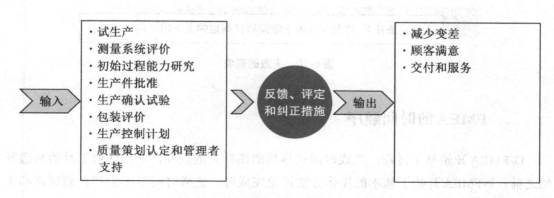

图6-9　反馈、评定和纠正的输入、输出

第二节 失效模式与效应分析D/PFMEA

一、什么是FMEA

FMEA（Potential Failure Modeand Effects Analysis，潜在失效模式及后果分析）是一种系统化的可靠性定性分析方法。它实际上是FMA（故障模式分析）和FEA（故障影响分析）的组合。通过对产品/过程各组成部分进行事前分析，发现、评价产品/过程中潜在的失效模式及起因/机理，查明其发生的可能性及对系统的影响程度，以便采取措施进行预防。

（一）什么是失效和潜在失效

1.失效

失效（Failure）：指实体全部或部分失去了完成其功能的能力。其中实体是指产品、过程或系统。

2.潜在失效

潜在失效：指有可能发生或可能不发生的失效。

（二）失效的现象

失效的现象如图6-10所示。

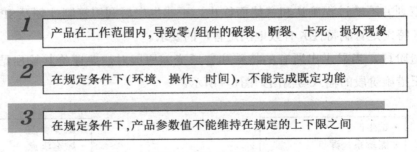

图6-10 失效的现象

二、FMEA的时间顺序

D-FMEA开始早于过程，完成时间在早期的图样完成期间，但在任何工具的制造开始之前。P-FMEA开始于基本的操作方法讨论完成时，完成时间早于生产计划制订和生产批准之前。FMEA的时间顺序如图6-11所示。

图6-11 FMEA的时间顺序

三、D-FMEA的应用

D-FMEA是由负责设计的工程师/小组主要采用的一种分析技术，用以最大限度地保证各种潜在的失效模式及其相关的起因/机理已得到充分的考虑和说明。

（一）D-FMEA 目的

（1）设计的分析技术，分析和说明潜在失效模式及其原因和机理。
（2）有助于对设计要求、设计方案进行分析评价。
（3）有助于对制造、装配要求的初始设计确定。
（4）确保潜在失效模式及其影响（对系统/整车运行）在设计和开发过程中得到考虑，并揭示设计缺陷。
（5）为设计试验、开发项目的策划提供更多的信息。
（6）确定潜在失效模式对其影响，并按其对"顾客"影响分级，分析可能的所有原因，确定对这些因素的控制，量化严重度、频度和不易探测度。
（7）进行排序，建议措施，进而建立改进设计和开发试验的优先控制系统，以降低失效的风险，确定潜在的产品特殊性。
（8）为建议和跟踪降低风险的措施提供了公开的讨论形式。
（9）为将来分析现场情况、评价设计的变更和开发更先进的设计提供参考。

（二）建立设计 D-FMEA 的前提条件

D-FMEA应当开始于信息的建立以理解被分析的系统、子系统或零部件，并定义它们的功能要求和特性。为了确定D-FMEA的范围，小组应当考虑下面适用于零部件、子系统或系统 D-FMEA 的问题。

（1）产品与什么过程、配合件或系统接口？
（2）产品的功能和特性是否会影响到其他零部件或系统？
（3）产品实施预期功能是否需要来自其他零部件或系统的输入？
（4）产品的功能是否能够预防/探测与其连接的零部件或系统的潜在失效模式？

（三）D-FMEA 开展的时机

（1）新的零部件。

（2）更改的零部件。

（3）应用/环境有变化的零部件。

（4）在开发各阶段中，当设计有变化或得到其他信息时，应及时、不断地修改，在产品图样、规范发放前结束。

（5）改进设计或对设计重新评估。

在 D-FMEA 中，不应把克服潜在设计缺陷的方法，寄托于过程控制。相反，应当充分考虑制造过程本身的限制因素。

（四）D-FMEA 的输入输出要求

1. D-FMEA 的输入

（1）输入的项目。D-FMEA 的输入由第一阶段输出转入第二阶段输入。

① 设计目标。

② 可靠性和质量目标。

③ 性能目标。

④ 材料初始清单。

⑤ 特殊产品和过程特性的初始清单。

⑥ 管理支持跨功能小组在开展 D-FMEA 时，应参考以下文件和资料。

——保修信息。

——顾客抱怨、退货资料。

——纠正和预防措施。

——类似产品的 D-FMEA。

（2）在输入时项目管理职责。项目管理者应确保以下操作。

① 负责设计的跨功能小组进行了 D-FMEA。

② D-FMEA 符合顾客批准的方法。

（3）输入时应考虑的因素。在进行 D-FMEA 的过程中考虑了以下多种因素。

① 重大质量问题研讨。

② 市场使用件召回情况。

③ 用户工厂的意见。

④ 同类产品的 FMEA。

⑤ TGW、保修资料等。

2. D-FMEA 的输出

（1）潜在设计失效模式。

（2）潜在关键设计要求。

（3）设计问题：曾经受到制造和装配作业挑战的设计问题。

（4）新设计要求：尚无制造或组装作业的经验。

（5）设计验证计划和报告（DVP&R）。

（6）改进设计，或更改原有设计。

（五）在开展 D-FMEA 时的工具

在开展设计FMEA时，应采用各种问题解决方法和调查工具包括：框图和零件功能单等。

1. 框（边界）图

产品框图显示的是产品零部件之间的物理、逻辑关系，有不同的方式和格式来创建框图。

框图显示了在设计范围内零部件与子系统的相互作用。这个相互作用包括：信息、能量、力等的流向。框图的目的在于理解对系统的要求或输入、基于输入或所实施的功能产生的活动，以及交付物或输出。

图6-12是由代表产品的主要零部件的框和连线组成，这些线反映产品零部件间如何关联或连接。

框图/环境极限条件

系统名称：闪光灯
车型年：××年新产品
D-FMEA 识别号：
工作环境极限条件
温度：＿＿＿＿＿ 耐腐蚀性：＿＿＿＿＿ 振动：＿＿＿＿＿
冲击：＿＿＿＿＿ 外部物质：＿＿＿＿＿ 湿度：＿＿＿＿＿
可燃性：（靠近热源的部件是什么？）
其他：
字母：零件　　　　━━━━：附着的/相连的　　　----------：界面，不相连
数字：连接方法　　□：不属于此FMEA

下述示例是一个关系框图，D-FMEA 小组也可用其他形式的框图阐明他们分析中考虑的项目。

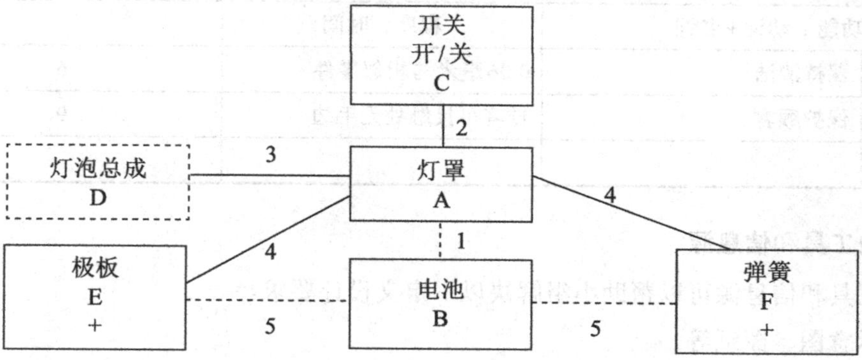

部件：
A.灯罩；　　B.电池（2节直流电池）；
C.开/关，开关；　D.灯泡总成；
E.极板；　　F.弹簧。

连接方法：
1.不连接(滑动配合)；　2.铆接；
3.螺纹连接；　　4.卡扣连接；
5.压紧装接。

图6-12　框（边界）图示例

2. 零件功能清单 D-FMEA

过程的另一个步骤就是编辑设计的功能要求和接口要求，它包括以下分类。

（1）一般：此类考虑的是产品目的和产品的整体设计目的。

（2）安全性。

（3）政府法规。

（4）可靠性（功能寿命）。

（5）装载和工作循环。

（6）安静操作：噪声、振动、刺耳声（NVH）。

（7）液体保持。

（8）人体工程学。

（9）外观。

（10）包装和发运服务。

（11）可装配性的设计。

（12）可制造性的设计。

将零件的功能以零件功能单的形式列出来，如表6-2所示。

表 6-2 零件功能单

零件编号：　　　　　　零件名称：

零件功能： 设想哪些是零件要起的作用？ 哪些零件不是必需的？ 列出所有作用，并与限制因素相区别。 确定当零件的某个功能不工作时的影响并初步给出严重度数值。		
列出所有功能	规范	严重度
功能：动词+名词	程度、时间	
1　保持清洁	0.06毫米与相邻零件	6
2　保护顾客	顾客可接触处无毛边	9
3		

3. 其他工具和信息源

其他工具和信息源可以帮助小组解决以下定义设计要求。

（1）示意图、图纸等。

（2）材料清单（BOM）。

（3）关联矩阵图法。

（4）接口矩阵。

（5）质量功能展开（KDF）。

(6) 质量与可靠性历史。

这些工具的使用，是受到工程经验和历史数据的支持，它们可以帮助综合定义要求和功能。

（六）运用 D-FMEA 表

D-FMEA 表如表 6-3 所示。

表 6-3 潜在失效模式及后果分析表（D-FMEA 表）

a 项目名称			d 设计责任			f 编制人			
b 车型年/类型			e 关键日期			g 编制日期		i 编号	
c 核心小组						h 修订日期		j 页码	

k 功能要求	l 潜在失效模式	m 潜在失效影响	n 严重度	o 级别	p 潜在失效原因/机理	q 频度	r 现行设计控制	s 探测度	t 风险顺序数	u 建议措施	v 责任及目标完成日期	w 采取的措施	x 措施结果			
													S	O	D	RPN

1. D-FMEA 表头（a～j）

D-FMEA 表头（a～j）的项目及填写要求见表 6-4。

表 6-4 D-FMEA（a～j）的栏目及填写要求

栏目	填写要求
a 项目名称	根据过程所属的系统、子系统或零部件进行分类，包括名称和编号
b 车型年/类型	汽车的年型和车型等（非汽车零件时用产品替代）
c 核心小组	D-FMEA 小组名称、部门和电话
d 设计责任	整车厂商（OEM）、部门和责任小组
e 关键日期	D-FMEA 完成日期
f 编制人	FMEA 编制人的姓名、电话及所属公司
g 编制日期	原始 FMEA 编制日期
h 修订日期	FMEA 的修改日期
i 编号	用于追溯 FMEA 的内部编号
j 页码	FMEA 文件的本页码和总页码

2. 栏目k：功能要求

可自左至右或自上而下地完成FMEA。

（1）填入被分析项目名称、功能和编号，零件有哪些作用？

（2）利用工程图纸上标明的名称。

（3）分列每个功能。

（4）用可以量测的术语描述功能：如储存液体（升），支撑护罩（磅）等。

（5）参考"零件功能单"。在进行设计FMEA之前，归纳这些信息。

（6）当一个零件必须在附加条件下才能起功能作用时，列出这种附加条件。

3. 栏目l：潜在失效模式

潜在失效模式是指由于设计，系统、子系统或零部件可能发生的不能满足功能要求或设计意图的状况。

（1）是对某一设计特性可能发生的不符合性的描述，该描述是有形的、技术性的并尽可能是可度量的。

（2）对特定运行环境条件下（如热、冷、干燥、灰尘等），以及特定的使用条件下（如超过平均里程、不平路、频繁启动停止行驶）发生的潜在失效模式也应考虑。

（3）可能是高级系统、子系统的潜在失效模式的起因，也可能是低级系统、零部件潜在失效模式的后果。

（4）在确定失效模式时，试问：这个设计如何能失效？即使不考虑工程图纸的要求，顾客会提出什么样的异议？

（5）失效，要以设计特性为基础，进行分析研究。

（6）建立新产品的失效模式清单，是一种创造性和预防性的工作，审查各种可能发生的情况。

（7）可从现存产品和类似设计的质量记录中，获得实际的失效模式。

（8）可从失效模式清单中选出，加以统一描述。

（9）与功能相关的普通失效模式包括过早工作、在预定时间内不能工作、在预定时间内不能停止工作、间歇性工作和功能减弱。

（10）与硬件相关的普通失效模式包括断裂、弯曲、腐蚀、松动、黏结、裂纹、短路和泄漏。

（11）与外观相关的普通失效模式包括外观不良、功能损失、顾客不满意、减弱、影响美观、不能上锁、不能紧固、不可显示、异色、配合不平顺和雨水进入汽车等。

4. 栏目m：潜在失效影响

失效影响是指失效模式对总成、系统、整车、顾客或政府规定等造成的后果。

查阅历史和类似的FMEA报告、保修资料、抱怨报告、使用情况报告、市场收回及其他文件，确定历史上失效模式的影响并充分考虑潜在影响。

（1）如果零件故障，会发生什么后果？

（2）零件本身的作业、功能和状态？

（3）总成的作业、功能和状态？

（4）系统的作业、功能和状态？

（5）整车的作业、功能和状态？

（6）顾客将看到、感到或经历什么？

（7）对政府法规的符合性？

如果潜在失效模式对产品、整车或政府规定、符合性有负面影响，必须进行恰当的声明。实际操作时应以下列顺序描述栏目1所确认的每个失效模式的影响。

（1）潜在影响是指失效模式对顾客的影响。

（2）顾客泛指下步作业、后续作业、组装厂和最终用户。

（3）当顾客是后续作业时，这种影响应以过程表现加以说明（如黏着于模具、损坏夹具、装配不上，危害操作者等）。

（4）当顾客是最终用户时，应以产品或系统的表现描述这种影响（如外观不良、噪声太大、系统不工作等）。

（5）建立通常的潜在影响清单有助于跨功能小组的思考（脑力激荡法）过程。

5. 栏目n：严重度

严重度是潜在失效模式对顾客影响的严重程度评价，如表6-5所示。

（1）严重度仅针对"影响"。

（2）通常，只有设计变更才能改变严重度。

（3）严重度建立了失效模式与风险等级之间的联系。

（4）严重度分为1~10级，对一个失效模式，可对影响最大的进行打分。

（5）对那些超出小组成员经验和知识的评级（如当顾客是组装厂或最终用户时），应向D-FMEA人员、设计工程师和顾客咨询。

（6）当对象为内部顾客时，小组应听取下游作业人员的意见。

表 6-5　D-FMEA 的严重度分级表

后果	评定准则：后果的严重度	严重度
无警告的严重危害	这是一种非常严重的失效形式，它是在没有任何失效预兆的情况下影响行车安全或违反了政府有关法规	10
有警告的严重危害	这是一种非常严重的失效形式，是在具有失效预兆的前提下发生的，并影响到行车安全或违反了政府的有关法规	9
很高	车辆（或系统）不能运行，丧失基本功能	8
高	车辆（或系统）能运行，但性能下降，顾客不满意	7

续表

后果	评定准则：后果的严重度	严重度
中等	车辆（或系统）能运行，但舒适性或方便性部件不能工作，顾客感觉不舒服	6
低	车辆（或系统）能运行，但舒适性或方便性项目性能下降，顾客感觉有些不舒服	5
很低	配合、外观或尖响、咔嗒响等项目不符合要求，大多数顾客发现有缺陷（大于75%）	4
轻微	配合、外观或尖响、咔嗒响等项目不符合要求，有一半顾客发现有缺陷（50%）	3
很轻微	配合、外观或尖响、咔嗒响等项目不符合要求，但很少有顾客发现有缺陷（小于25%）	2
无	无影响	1

6.栏目o：级别

级别用于区分产品特性的重要程度，与严重度打分相关（如安全性/关键、重要、一般）。

7.栏目p：潜在失效原因/机理

失效原因是指设计薄弱或设计缺陷。D-FMEA小组应基于两个假定考虑失效原因。

假定一：失效模式由设计缺陷造成，零件的制造和装配在工程规范之内。

假定二：失效模式由制造或装配的缺陷所引起，但这种制造和装配错误是由设计缺陷造成的，即设计缺陷可造成组装过程的错误。

根据上述假定，可分为以下两种情况确定原因。

（1）假定零件的制造和装配在工程规范内。审查过去的测试报告、保修资料、抱怨报告、记录、使用情况报告和其他文件，审查同类FMEA报告，列出已知失效模式原因的因子，周密考虑（脑力激荡法）每个失效模式的潜在原因。

试问：

——什么原因造成了零件的这种故障？

——在什么情况下零件的功能失常？

——怎样或为什么才能造成零件背离工程规范的要求？

——什么原因导致零件不能实现它预期的功能？

找出第一级原因。第一级原因是指造成失效的直接原因，直接导致失效模式出现。在因果图上，第一级原因应用第一分支表示。

严重度或风险顺序数（RPN）高的失效模式，必须重视确定其根本原因。

发现根本原因能使改进设计工作具有针对性。只有当改进设计工作能够根除根本原因出现的频率时，才最为有效。例如：一个针对第一级原因——材料裂纹（由材料太薄这一根本原因引起的影响）的设计改进（增加硬度），显然没有针对直接原因——材料太薄的改进（增加厚度）更有效。

有些失效模式是由两个或两个以上的原因同时作用而引起的，那么，这些原因应当列在一起。

假定零件的设计使制造或装配过程的变差不能接受。

① 审查以往通过制造或装配错误而引发失效模式的设计缺陷。例如：
——材料处理的规定使那些处于上公差值内的材料在机加工时不能满足规范要求。
——采用不对称设计，防止装反。

② 充分考虑（脑力风暴）潜在的设计缺陷，试问以下问题：
——零件的方向和直线度设计对零件的功能十分重要？
——零件在装配时还出现颠倒吗？
——零件的工程规范和公差是否与制造/装配相适应（DFM/DFA）？

8.栏目q：频度

频度是指失效原因/机理预计发生频度，分1～10级，预防措施可降低发生频度。

（1）当频度数等于1时，设计失效模式不可能发生：设计可以包容期望的制造/组装变差，常规控制方式可以保证产品按设计意图生产。

（2）当频度数等于10时，失效模式几乎一定发生。

以前的设计或同类设计有很多失效的历史记录，失效频度分级如表6-6所示。

表6-6 失效频度分级表

发生可能性	频度数	可能失效率	Cpk
几乎不可能	1	<0.01/千辆/项	≥1.67
非常轻	2	0.1/千辆/项	≥1.5
很轻	3	0.5/千辆/项	≥1.33
轻	4	1/千辆/项	≥1.17
低	5	2/千辆/项	≥1.00
中	6	5/千辆/项	≥0.83
中高	7	10/千辆/项	≥0.67
高	8	20/千辆/项	≥0.51
很高	9	50/千辆/项	≥0.33
几乎不可避免	10	≥100/千辆/项	<0.33

9.栏目r：现行设计控制

现行设计控制是指开展D-FMEA时已经用于相同或相似设计中的控制方法，包括：设计确认/验证或其他活动。如路试、设计评审、故障/安全计算分析、台架/实验室测试、可行性评估、样件试验、车辆测试。

（1）设计控制的要求。设计控制需要同时考虑失效模式的原因和失效模式本身。

采取设计纠正措施以根除原因，或降低出现频率。这些潜在的设计缺陷，需要在设计过程中加以测试。如果忽略了潜在原因，带有设计缺陷的产品有可能进入生产，检查忽略原因的一个方法是探测由此产生的失效模式。

（2）确定设计控制方法。

① 列出所有可用于探测栏目 p 中列出的第一级原因时曾经用过的设计评估技术。审查历史测试报告等。

② 确定并列出所有可用于栏目 l 中列出的失效模式的技术。具体操作时要从严重度最高的失效模式开始。

设计控制可以包括：如设计评审、分析研究、计算机模拟程序、设计确认、道路试验、失效/安全、数学研究、台架/实验室试验、可靠性/耐久性试验、样件试验、破坏性试验、材料试验、车队试验、采用的设计标准等，那些已经或正在被同样或类似设计所应用的控制。

③ 充分考虑（脑力激荡法）其他可能技术，试问以下问题：

——用什么方式才能发现这一失效模式的原因？

——怎样才能发现这个原因已经出现？

——用什么方式才能发现这一失效模式？

——怎样才能发现这一失效模式已经出现？

④ 从那些严重度和频度数高的失效模式/原因着手确定设计控制。当确定不易探测度时，只考虑那些在工程规范发放前已经采用的控制技术。

⑤ 对那些用于探测失效模式的技术用"D"（Detect）标明，而对那些用于探测和预防失效模式原因的技术则用"P"（Prevent）标明。

⑥ 零件制造或装配过程中所做的工程规范的检验和测试不能作为技术评估技术，这些检验和测试应用于零件发布给生产之后。

⑦ 设计分析技术（发现原因）。

——模型/模拟（如有限因素分析法）。

——公差积累（如几何尺寸公差）。

——材料配合性（如膨胀系数、腐蚀性）。

——设计评审。

⑧ 设计确认技术。

——样件测试。

——产品/过程确认测试（PPAP）。

——"产品寿命"确认测试。

⑨ 当认为潜在原因（已知）存在时，分两种情况，如表6-7所示。

表6-7 当认为潜在原因（已知）存在时的处理

序号	情况	原因或措施
1	原因已发现时	要做进一步的分析，以确定何种设计改进。很多情况下这种设计改进将针对产品特性。通常，不良的产品特性设计是失效模式的根本原因
2	原因尚未发现时	设计可能没有缺陷	为了进一步确认，需要通过试验设计（DOE）以确定零件特性的目标值与零件功能灵敏度之间的变差
		设计评估技术能力足够	当一个原因出现的频度很低时，小样本不易出现，在这种情况下，仅需加大测试样本容量
		设计评估技术能力不够	对这一点，有两种解决方案：其一，改进现行技术使之具备能力；其二，开发/采用新的技术，以发现原因

当存在未知原因时，评估技术只能着眼于发现失效模式，希望通过发现失效模式来发现这一未知原因，同样有两种可能途径。

⑩ 失效模式已发现。若是已知原因导致失效模式，那么可以通过改变设计根除原因或降低频度。如果原因未知，则需做进一步的分析以找出原因，并采取纠正措施。

⑪ 失效模式尚未发现。为了增加发现失效模式的可能性，必须采取以下措施：

——确保所采用的设计评估技术能够发现失效模式。

——增加样本容量。

——采用/开发新的技术。

10. 栏目s：探测度

（1）列出与潜在设计评估技术相对应的、在零件开发生产前失效模式的不易探测度数。

（2）确定现行设计控制能否发现相关原因。如果能够，那么频度会受到影响。

（3）现行的验证和确认技术必须改进以降低不易探测度。

（4）建议评估判定标准：小组应当协议并采用一种一致的评判标准和评级体系（如表6-8所示），在对个别产品分析时可予以调整。

表6-8 AIAG不易探测度分级指南

探测性	不易探测度数
很高：现行控制几乎肯定能探测出	1～2
高：现行控制可探测出的可能性很高	3～4
中等：现行控制大概能探测到	5～6
小：现行控制很难探测到	7～8
很小：现行控制大概探测不到	9
现行控制绝对探测不到	10

续表

效果	不易探测度	标准
几乎可以肯定	1	在每一适用的分类终局有最高的有效性
非常高	2	具有非常高的有效性
高	3	具有高的有效性
较高	4	具有较高的有效性
中等	5	具有中等的有效性
低	6	具有低的有效性
较弱	7	具有非常低的有效性
很弱	8	在每一适用的分类中有效性最低
微弱	9	未证实、不可靠或有效性未知
几乎不可能	10	无设计评价技术或无计划

探测性	评价准则：由设计控制可探测的可能性	不易探测度数
不可能	设计控制将不能和/或不可能找出失效模式，或根本没有设计控制	10
极少	设计控制只有极少的机会能找出失效模式	8~9
很少	设计控制只有很少的机会能找出失效模式	7
少	设计控制有较少的机会能找出失效模式	6
中等	设计控制有中等机会能找出失效模式	4~5
较多	设计控制有较多的机会能找出失效模式	3
很多	设计控制有很多的机会能找出失效模式	2
几乎肯定	设计控制几乎肯定能够找出失效模式	1

在零件交付生产之前，设计控制能够探测出失效模式概率的评估。

11. 栏目t：风险顺序数（RPN）

RPN的计算方法是：

$$RPN = SEV（严重度）\times OCC（频度）\times DET（不可探测度）$$

（1）RPN用于对失效模式排序。

（2）优先对高RPN项采取纠正措施，以降低RPN数值。

（3）当风险顺序数大于或等于64时，必须采取纠正措施。同时不管RPN数值的大小，当失效模式的严重度数高时，就应特别引起重视。

12. 栏目u：建议措施

对RPN和SEV高分值的，应考虑要采取措施，通过改进设计改善严重度，建议措施的目的在于降低频度、严重度或不可探测性，如表6-9所示。

表 6-9 建议措施

降低	可考虑的措施	可达到的目的
严重度	改变设计	根除或降低失效模式的严重度
频度	改变设计或改进工程规范	预防原因或降低频度
不可探测性	增加或改进设计评估技术	改进发现原因或失效模式的能力

（1）哪些情况需考虑纠正措施。一般而言，在下列情况下，考虑纠正措施。

① RPN 数值太高（不管是对小组达成的共识，还是对顾客的强制要求而言）。

② 失效模式的严重度大于 8。

③ 频度太高（由小组认可，或为顾客强制规定）。

④ 如对某个具体原因没有建议措施，请在栏内加注说明。

（2）确定措施。提出建议措施是一个创造性过程。小组人员应当不加约束地考虑各种建设性措施。一般来说，一个建议措施应当针对一个失效原因。

① 在措施不确定时，应当通过试验设计对小组人员提出的各种措施做系统性试验。

② 应对每一个失效模式做研究，并针对原因提出建议性措施，以降低 RPN 数值。

③ 任何措施都应当验证，以确定正确性和有效性。

13. 栏目 v：责任及目标完成日期

此栏填写措施的责任部门和个人、完成日期。

14. 栏目 w：采取的措施

在此栏要简述措施和生效日期。

15. 栏目 x：措施结果

重新计算纠正措施执行后的风险顺序数，并进行评估（如严重度、频度和不易探测度）。

第三节　质量功能展开 QFD

一、什么是 QFD

QFD（Quality Function Deployment，质量功能展开）是一个如何把消费者的需求愿望转变成对产品或服务的现实需求的、详细的系统工具，同时对系统的设计、部分的设计、程序的设计和控制动力的设计进行更加详细的分析。

二、QFD 的四个阶段

QFD 最早被日本提出的时候有 27 个阶段,被美国引进后简化为 4 个阶段,如图 6-13 所示。

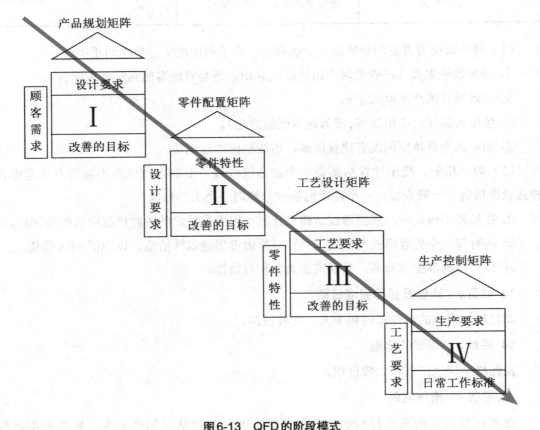

图 6-13 QFD 的阶段模式

(一)产品规划阶段

通过产品规划矩阵(质量屋),将顾客需求转化为质量特性(产品特征或工程措施),并根据顾客竞争性评估(从顾客的角度对市场上同类产品进行的评估,通过市场调查得到)和技术竞争性评估(从技术的角度对市场上同类产品的评估,通过试验或其他途径得到)结果确定各个质量特性(产品特征或过程措施)的目标值。

(二)零件配置阶段

利用前一阶段定义的质量特性(产品特征或工程措施),从多个设计方案中选择一个最佳的方案,并通过零件配置矩阵将其转化为关键的零件特征。

（三）工艺设计阶段

通过工艺设计矩阵，确保为实现关键的质量特性（产品特征）和零件特征所必须保证的关键工艺参数。

（四）生产控制阶段

通过生产控制矩阵将关键的零件特征和工艺参数转换为具体的生产（质量）控制方法或标准。

三、质量功能展开（QFD）的工具——质量屋

质量功能展开是采用一定的规范化方法将顾客所需特性转化为一系列工程特性。所用的基本工具是"质量屋"。质量屋也称质量表，是一种形象直观的二元矩阵展开图表。这些矩阵和图表很像一系列房屋，故称其为质量屋。

（一）质量屋的构成

通常的质量屋如图6-14所示，其由以下几个广义矩阵部分组成。

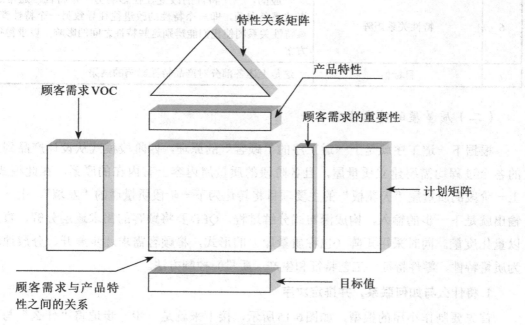

图6-14 质量屋图示

质量屋（HOQ）是驱动整个QFD（质量功能展开）过程的核心，它是一个大型的矩阵，由7个不同的部分组成，见表6-10。

表 6-10 质量屋（HOQ）的七个组成部分

序号	组成部分	说明
1	顾客需求（Customer Requirements）	即VOC，通常它们可用亲密度图和树图表示。不同的产品有不同的顾客需求。例如，对于汽车来说，顾客需求可能是车门容易开启；对于银行来说，顾客需求可能是取款不用排队等。QFD就是用来部署（Deploy）VOC的，而不是用来收集VOC的。收集VOC则是另一个相对独立的过程
2	产品特性（Product Features）	它们也可以用亲密度图和树图表示。产品特性是我们用以满足顾客需求的手段，产品特性也因产品不同而有差异。如对于车门，产品特性可能是关门所需的力量；对于割草机，产品特性可能是转动轴所需的推力，产品特性必须用标准化的表述。QFD中是利用顾客需求来产生产品特性的
3	顾客需求的重要性（Importance of Customer Requirements）	我们不仅需要知道顾客需求些什么，还要知道这些需求对于顾客的重要程度
4	计划矩阵（Planning Matrix）	该矩阵包含一个对主要竞争对手产品的竞争性分析。矩阵中包括3列，分别代表对于现有产品所需的改进（改进率）、改进后可能增加的销售量（销售点）以及每个顾客需求的得分
5	顾客需求与产品特性之间的关系	这是矩阵的本体（中间部分），表示产品特性对各个顾客需求的贡献和影响程度
6	特性关系矩阵	一般的，一个特性的改变往往影响另一个特性。通常这种影响是负向的，即一个特性的改进往往导致另一个特性变坏。该特性关系图使我们能辨别这些特性之间的影响，以求得折中方案
7	目标值	这是上述各部分对产品特性影响的结果

（二）质量屋的建立步骤

根据下一道工序就是上一道工序的"顾客"的原理，四阶段模式从设计产品到生产的各个过程均需要建立质量屋，且各阶段的质量屋内容上有内在的联系。在此模式中，上一阶段的质量屋"天花板"的主要项目将转化为下一阶段质量屋的"左墙"，上一步的输出就是下一步的输入，构成瀑布式分解过程。QFD要将顾客的需求逐层分解，直至可以量化度量。同时采用矩阵（也称质量屋）的形式，将顾客需求逐步展开、分层地转换为质量特性、零件特征、工艺特征和生产（质量）控制方法。

1.将什么与如何联系，并排定次序

首先要制作小屋的模型，如图6-15所示，接下来就是一步一步地将"什么"与"如何"相联系排定先后次序。

每间小屋中有两种类型的因素：关键因素、信息因素。通过将这些关键因素和信息因素找出来、排序，并确定相互关系，最后就建成了质量屋。

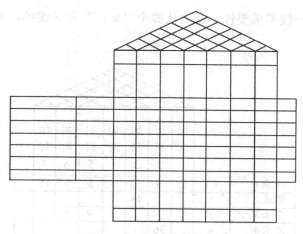

图6-15 QFD的基础是小屋

（1）关键因素。

① 关键因素——"什么"，即客户要求什么，将客户的需求用关键质量因素纵轴Y来表示。将客户的需求找出并罗列出来。

② 关键因素——对客户的重要性。"什么"对客户有多重要？将之找出来，并按重要程度对其需求进行排序。

③ 关键因素——"如何"，如何满足客户的"具体需求"，也就是将产品的需求转化为行动，将之用横轴X表示。

④ 关键因素——关系"什么"与"如何"之间相关性的强度如何？要确定下来，并按图6-16所示强度标示的方式标示在中间框内对应的格内。

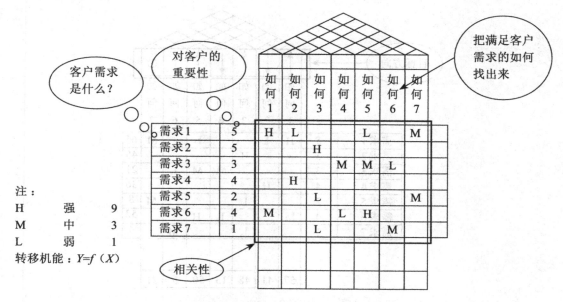

图6-16 确定如何与什么之间的关系

⑤ 关键因素——技术重要性。要确认哪个"如何"是关键的，重点应置于何处，如图6-17所示。

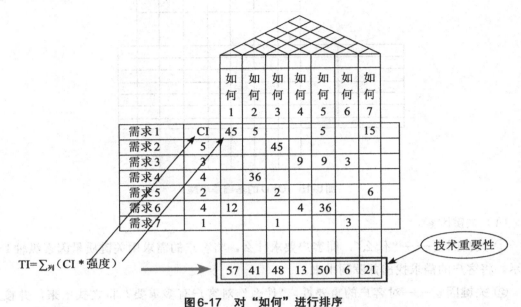

图6-17 对"如何"进行排序

⑥ 关键因素——完整性是否捕捉到所有"如何"？某一"如何"是否影响"什么"？

（2）信息因素。

① 信息的目标方向。有关"如何"的信息：↑越多越好，↓越少越好，○具体的量，如图6-18所示。

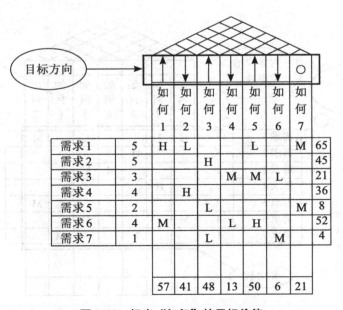

图6-18 标出"如何"的目标价值

② 信息量将"如何"的目标价值标注单位，并进行统一比较。

③ 信息关系矩阵。各个"如何"之间的作用关系，用图6-19来表示。

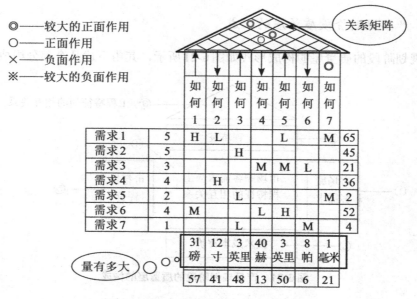

图6-19 标示各个"如何"之间的关系

2.将质量功能展开

接下来就按质量功能展开的步骤在各个阶段开展。值得注意的是，一个层面上的"如何"成为另一个层面上的"什么"，如图6-20所示。

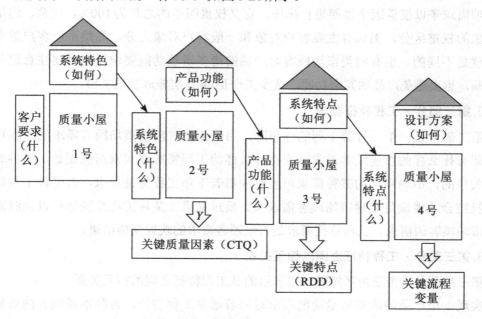

图6-20 按质量功能展开的步骤

四、产品规划阶段的质量屋

(一) 产品规划阶段质量屋的组成

产品规划阶段的质量屋的构成形式如图6-21所示,其由下述几个部分组成。

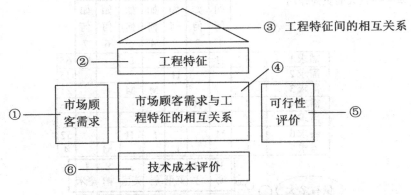

图6-21 产品规划阶段的质量屋的构成

1. 第一部分:市场顾客对产品的各种需求(Whats项)

是一个若干行一列的列矩阵,反映市场顾客需求。市场顾客的需求是各种各样的,此项矩阵的建立应尽量充分、准确和合理。

就顾客的要求而言,也有主次、轻重之分,QFD方法中对此的处理是:对市场顾客的各项需求予以权重因子以便进行排序,定义权重因子的总和为100%。注意,这里有顾客对象的权重区分,例如有主要客户对象和一般客户对象之分,显然不同客户需求的重要程度是不同的。也有同类市场顾客对产品的诸多质量功能要求排序时要注意避免重大的疏漏,也要避免产品的冗余功能。这步工作是QFD实施成功的关键。

2. 第二部分:工程特征要求

第二部分是一个一行若干列的行矩阵,用来描述对应于市场顾客需求的工程特征要求,即有什么样的市场顾客需求就应有什么样的工程特征要求来对应保证。这种对应是多相关性的,市场顾客的某种需求可能对应着若干项工程特征要求,若干种工程特征要求有机结合才能满足某种市场顾客需求项。反过来讲,某种工程特征也可以同时满足若干项市场顾客的需求。工程特征要求是市场顾客需求的映射变换结果。

3. 第三部分:工程特征之间的相互关系

第三部分是一个三角形矩阵,它表示的是工程特征之间的相互关系。

实现一个产品的诸多质量功能需求对应着诸多工程特征,各种市场顾客的质量功能需求之间有着相互关联影响,从而各种工程特征之间也有着相互关联影响,某一种工程特征的改变会影响到其他工程特征跟着变化。

为简化问题，在QFD技术中以三种形式来定性地描述工程特征之间的相关影响关系，即正相关（向相同方向变化）、不相关和负相关（向相反方向变化）。对相关程度还可以进一步地细分为强相关、一般相关和弱相关几种关系，并以标度值来表达相关程度。据此可以对工程特征进行分析研究，发现各种工程特征之间可能存在的矛盾，由此重新进行设计，避免矛盾的产生。

4. 第四部分：各个工程特征项与各个市场顾客需求项的相互关系

第四部分是一个关系矩阵，该矩阵的行数与第一部分相同，列数与第二部分相同。表示各个工程特征项与各个市场顾客需求项的相互关系。

各个项之间的错综复杂关系可以定量地给以分值来表示。

（1）强相关给9分，可理解成了满足某种市场顾客需求必须具备某种工程特征要求。

（2）一般相关给3分，可理解成了满足某种市场顾客需求可以采用不同的工程特征与之对应。

（3）弱相关给1分，表示两项之间的关联关系很弱。利用关系矩阵可以明确工程特征与市场顾客需求间的对应关系。

5. 第五部分：可行性评价

第五部分是一个产品可行性评价矩阵，又称为市场评估矩阵，其行数与市场顾客需求矩阵相同，列数可以是一列，其中的内容表示要开发的产品针对各项市场顾客需求的竞争能力估值。同时引入若干个市场上同类产品作为竞争对象进行比较，以判断产品的市场竞争力，由此在产品开发初期找出不足之处以进行调整改进。

6. 第六部分：技术成本评价

第六部分是产品规划阶段的技术和成本评估矩阵，其行列数与工程特征矩阵相对应，其中要建立的内容是各项工程特征的技术和成本评价数据，同时也建立若干个同类产品的相对应的数据信息进行分析对比，找出不足之处，提出改进措施。

（二）构造产品规划矩阵的主要步骤

1. 顾客需求与产品技术需求的转换

在将顾客转换成产品技术需求时，要注意所选的技术特性要具有针对性、可测量性和全局性。

2. 关系矩阵的确定

技术需求和顾客需求之间的关系程度是不同的，即某项技术需求对顾客需求的影响程度是不一样的，要将技术需求和顾客需求之间的关系密切程度用量化指标表示出来。

3. 关系矩阵的评审

检查关系的每一行和每一列,看是否有空行或空列存在。如果某一行无关系符号或只有"弱"的关系,则表示已有的技术需求没有足够地满足顾客的需求,应补充新的技术需求。如果某一列无关系符号或只有"弱"的关系,则意味着其对应的技术需求是多余的,应予以剔除。一般填充率应大于25%~40%。

4. 顾客竞争评估

顾客竞争评估是从顾客的角度对公司的产品和竞争者的产品对满足他们需求方面的评估。一般将顾客对某类产品的满意程度用量化指标表示,分为5个等级,分别用数字1~5表示。5表示满意程度最高,1表示最不满意,以便确定本公司产品的销售重点。

5. 技术竞争评估

技术竞争评估是QFD产品规划矩阵的重要部分,它包括技术需求目标值的确定、技术竞争的评估和技术需求重要度的计算。

(1) 技术竞争评估。由于各技术需求采用的测量单位不同,为了便于评估,要将它们转换成统一的规范,一般也用数字1~5表示技术竞争评估的级别,分别表示其他公司和本公司产品在市场中竞争能力的大小。5表示最好,1表示最差。

(2) 技术需求目标值的确定。产品技术指标一般可分两类:一是越大越好,如传动效率、承载能力和使用寿命等,就要对它们规定下限值;二是越小越好,如外形尺寸、速度变化范围和噪声等,要对这些指标规定上限值。

(3) 技术需求的重要度计算。技术需求重要度的计算采用下式计算。

$$重要程度的绝对值 \quad T_{aj} = \sum r_{ij} \cdot I_i$$
$$重要程度的相对值 \quad T_j = (T_{aj} \div \sum T_{aj}) \times 100\%$$

式中,i 表示顾客需求的编号;j 表示技术需求的编号;

r_{ij} 是关系矩阵值;I_i 是顾客需求的权重。

(4) 技术需求之间的关系确定(屋顶)。各技术需求之间的关系用符号"○和×"表示,分别表示技术需求之间的正相关和负相关。例如"外形尺寸"和"承载能力"是负相关的,意味着增大承载能力则可能增加外形尺寸。

又如"可靠性"和"使用寿命"是正相关的,意味着可靠性的提高也同时延长了使用寿命。

6. 下一级展开的技术需求的选择

开发QFD矩阵主要是为了促使企业同顾客进行接触,了解他们的需求,同时帮助企业在有限的资源约束下确定零件规划阶段的技术需求以使顾客的满意度最大。一般来说,不必选择太多的技术需求项进入下一阶段的展开。选择进入下一阶段展开的技术需求时,原则上是根据以上所计算的技术需求的重要程度进行,选择一些重要程度大的技术需求进入下一阶段的展开。

五、零部件设计阶段的质量屋

(一)零部件设计阶段的质量屋的构成

工程特征需求的实现是由综合设计来保证的,在QFD方法中还要建立体现综合设计内容的零部件设计阶段的质量屋。

该阶段质量屋的构成形式与产品规划阶段的质量屋是类同的,如图6-22所示。

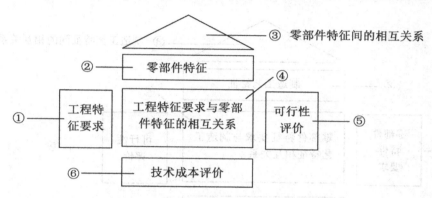

图6-22 零部件设计阶段的质量屋的构成

(1)第一部分:质量方面的输入项(Whats项)是产品的工程特征要求列阵。
(2)第二部分:实现工程特征要求的对策是若干项零部件特征(Hows项)。
(3)第三部分:各种零部件特征间的相互关系。
(4)第四部分:在工程特征要求矩阵和零部件特征矩阵之间存在的关系。
(5)第五部分:可行性评价矩阵,表示零部件特征对应于工程特征要求的可行性评价。
(6)第六部分:技术成本评价矩阵,针对各项零部件特征进行技术和成本分析。

(二)零部件设计阶段的质量屋建立与分析的目的

通过零部件设计阶段的质量屋的建立和分析,可以找出实现工程特征要求的难点和薄弱环节,重新进行有关零部件特征的方案设计。零部件设计阶段的质量屋的最终输出是能保证实现工程特征要求的零部件特征要求。

(三)零部件设计阶段的质量屋建立的主要步骤与注意事项

零部件规划矩阵的开发过程同产品规划矩阵基本相同。值得注意的是:由于QFD的分解过程同产品设计的相关过程是并行交叉进行的,关键零件特性只有在产品设计方案确定之后才能确定。因此,在进行零部件规划之前先应选择能满足顾客需求的产品最佳设计方案。

六、工艺规划阶段的质量屋

（一）工艺规划阶段的质量屋的构成

产品的零部件特征要求明确后，可以据此进行零部件的详细设计。为实现零部件特征要求，则要进行工艺规划设计，在QFD方法进程中对应的是工艺规划阶段质量屋的建立，该阶段的质量屋的内容如图6-23所示。

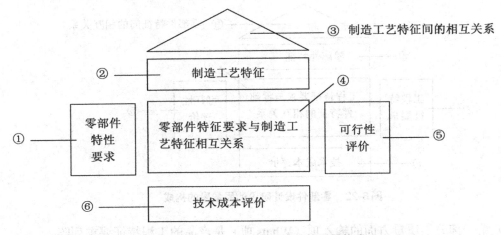

图6-23 工艺规划阶段的质量构成

（1）第一部分：零部件特征要求（质量屋的Whats项）。
（2）第二部分：制造工艺特征要求（Hows项）。
（3）第三部分：制造工艺特征之间的相互关系。
（4）第四部分：零部件特征要求和制造工艺之间的相互关系。
（5）第五部分：可行性评价矩阵，表示制造工艺特征对应于零部件特征要求的可行性评价。
（6）第六部分：技术成本评价矩阵，针对制造工艺特征进行技术和成本分析。

（二）建立工艺规划阶段的质量屋的步骤

工艺规划矩阵的开发步骤同零部件规划矩阵也是基本类似，从零部件规划矩阵是选择的关键零部件特征被配置到工艺规划矩阵中，成为工艺规划矩阵的输入。
（1）它们是关键工艺过程中的一些工艺特性。
（2）它们是直接针对工艺规划矩阵的关键零部件特征而设置的。
但在实际应用时，当企业在进行工艺规划时，它们可能希望对整个工艺进行研究，而不局限于上述范围。

七、生产计划阶段的质量屋

工艺规划阶段质量屋的输出是制造工艺特征要求。为满足这些要求，要有生产计划安排以形成明确的生产要求。对应地建立QFD的生产计划阶段的质量屋，其形式如图6-24所示。

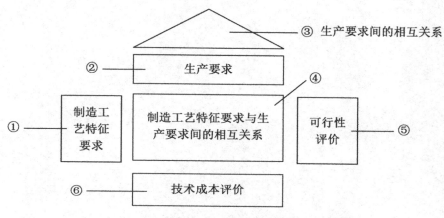

图6-24 生产计划阶段的质量屋的构成

（1）第一部分：制造工艺特征要求（质量屋的Whats项）。

（2）第二部分：生产要求（Hows项）。

（3）第三部分：生产要求间的相互关系。

（4）第四部分：制造工艺特征要求与生产要求间的相互关系。

（5）第五部分：可行性评价矩阵，表示生产要求对应于制造工艺件特征要求的可行性评价。

（6）第六部分：技术成本评价矩阵，针对生产要求进行技术和成本分析。

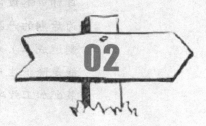

第二部分
研发成本控制

产品的生命周期包含了产品成长期、成熟期、衰退期三个阶段,这三个阶段的成本控制管理重点是不同的,即设计成本、生产成本、销售服务成本。实际上,产品研发和设计是企业生产、销售的源头所在,产品的目标成本设计成功后就已经固定,作为后期的产品生产等制造工序(实际制造成本)来说,其最大的可控度只能是降低生产过程中的损耗以及提高装配加工效率(降低制造费用)。

第七章
项目研发成本管理概述

导言

很多产品在设计阶段就注定其未来制造成本会高过市场价格。只要提到成本控制，很多人便产生加强生产的现场管理、降低物耗、提高生产效率的联想，人们往往忽略了一个问题：成本在广义上包含了设计（研发）成本、制造成本、销售成本三大部分，也就是说，很多人在成本控制方面往往只关注制造成本、销售成本等方面的控制。如果我们将目光更向前一点，以研发过程的成本控制作为整个项目成本控制的起点，这才是产品控制成本的关键。

第一节 开发（设计）过程中的三大误区

一、过于关注产品性能，忽略了产品的经济性（成本）

设计工程师有一个通病：他们容易单纯为了产品的性能而设计产品。也许是由于职业上的习惯，设计师经常容易将其所负责的产品项目作为一件艺术品或者科技品来进行开发，这就容易陷入对产品的性能、外观追求尽善尽美，却忽略了许多部件在生产过程中的成本，没有充分考虑到产品在市场上的价格性能比和受欢迎的程度。

实际上，在市场上功能最齐全、性能最好的产品往往并不一定就是最畅销的产品，因为它必然也会受到价格及顾客认知水平等因素的制约。

二、关注表面成本，忽略隐含（沉没）成本

有一个企业曾经推出一款新品，该新品总共用了12枚螺钉进行外壳固定，而同行的竞争对手仅仅用了3枚螺钉就达到了相同的外壳固定的目的。

当然,单从单位产品多9枚螺钉的价值来说,最多也只不过是几角钱的差异,但是一旦进行批量生产后就会发现,由于多了这9枚螺钉而相应增加的采购成本、材料成本、仓储成本、装配(人工)成本、装运成本和资金成本等相关的成本支出便相当巨大,虽然仅仅是单位产品比竞争对手多了9枚螺钉,但是其所带来的隐含(沉没)成本将是巨大的,而这自然会造成利润降低,产品不具备市场竞争力。

三、急于新品开发,忽略了原产品替代功能的再设计

一些产品之所以成本高,往往是由于设计得不合理,在没有作业成本引导的产品设计中,设计师们往往忽略了许多部件及产品的多样性和复杂的生产过程的成本。而这往往可以通过对产品的再设计来达到进一步削减成本的目的,但是许多企业的研发部门在开发完一款新品后,往往都会急于将精力投入到其他正在开发的新品上,以求加快新品的推出速度,而忽略了旧产品的改进。

第二节 研发(设计)过程成本控制原则

在研发(设计)过程中对成本的控制要遵循以下三个原则。

一、以目标成本作为衡量的原则

目标成本一直是我们关注的中心,通过目标成本的计算有利于我们在研发设计中关注同一个目标:将符合目标功能、目标品质和目标价格的产品投放到特定的市场。因此,在产品及工艺的设计过程中,当设计方案的取舍会对产品成本产生巨大的影响时,我们就采用目标成本作为衡量标准。

在目标成本计算的问题上,没有任何协商的可能。如果没有达到目标成本的产品是不会也不应该被投入生产的。目标成本最终反映了顾客的需求,以及资金供给者对投资合理收益的期望。

因此,客观上存在的设计开发压力,迫使设计开发人员必须去寻求和使用有助于他们达到目标成本的方法。

二、剔除不能带来市场价格却增加产品成本的功能

我们认为顾客购买产品,最关心的是"性能价格比",也就是产品功能与顾客认可价格的比值。

任何给定的产品都会有多种功能，而每一种功能的增加都会使产品的价格产生一个增量，当然也会给成本方面带来一定的增量。虽然企业可以自由地选择所提供的功能，但是市场和顾客会选择价格能够反映功能的产品。因此，如果顾客认为设计人员所设计的产品功能毫无价值，或者认为此功能的价值低于价格所体现的价值，则这种设计成本的增加就是没有价值或者说是不经济的，顾客不会为他们认为毫无价值或者与产品价格不匹配的功能支付任何款项。

因此，研发人员在产品的设计过程中，要把握的一个非常重要的原则就是：剔除那些不能带来市场价格但又增加产品成本的功能，因为顾客不认可这些功能。

三、从全方位来考虑成本的下降与控制

作为一个新产品的开发，研发部门应该组织相关部门人员进行参与，将采购、生产、工艺等相关部门纳入项目开发设计小组，这样有利于各部门集中精力从全局的角度去考虑成本的控制。

正如前面所提到的问题，研发设计人员往往容易发生过于重视表面成本而忽略了隐含成本的误区。但有了采购人员、工艺人员、生产人员的参与，可以基本上杜绝为了降低某项成本而引发的其他相关成本的增加现象的存在。因为在这种内部环境下，不允许个别部门强调某项功能的固定，而是必须从全局出发来考虑成本的控制问题。

第三节 设计阶段降低成本的四大措施

一般情况，根据企业的基本经验上看，在设计开发阶段通常采取下述步骤对成本进行分析和控制。

一、价值工程分析

价值工程分析的目的是分析是否有可以提高产品价值的替代方案。我们定义产品价值是产品的功能与成本的比值，也就是性能价格比，俗称性价比。因此有两种方法可提高产品的性价比。

第一，维持产品的功能不变，降低成本。

第二，维持产品成本不变，增加功能。

价值工程的分析从总体上观察成本的构成，包括原材料制造过程、劳动力类型、使用的装备以及外购与自产零部件之间的平衡。

价值工程按照图7-1所列两种实现方式,来预先设定目标成本。

通过确认改善的产品设计(即使是新产品也应通过不同的方式适应其功能要求),在不牺牲功能的前提下,削减产品部件和制造成本。通过关注产品的功能,设计人员会经常考虑其他产品执行同样功能的零部件,提高零部件的标准化程度,有助于提高产品质量,同时降低产品成本

通过削减产品不必要的功能或复杂程度来降低成本

图7-1 两种实现方式

二、工程再造

在产品设计之外,还有一个因素对于产品成本和质量有决定性作用,这就是工序设计。工程再造就是对已经设计完成或已经存在的加工过程进行再设计,从而直接消除无附加值的作业,同时提高装配过程中有附加值作业的效率,降低制造成本。

对新产品来说,如果能在进入量产阶段对该产品的初次设计进行重新审视,往往会发现,在初次设计过程中,存在一些比较昂贵的复杂部件以及独特或者比较繁杂的生产过程,然而它们很少增加产品的绩效和功能,可以被删除或修改。

因此,重视产品及其替代功能的再设计,不但具有很大的空间,而且经常不会被顾客发现,如果设计成功,公司也不必进行重新定价或设计制造其他替代产品。

三、研发成本分析

企业应加强新产品研发成本分析,以寻求成本与性能的最佳结合点。

(一)加强性能成本比的分析

性能成本比是指目标性能跟目标成本之间的比值,我们通过该指标的分析可以看出,新开发出来的产品是否符合原先设定的目标成本、目标功能和目标性能等相关目标。如果实际的成本性能比高于目标的成本性能比,在设计成本与目标成本一致的前提下,说明新产品设计的性能高于目标性能,当然,研发人员还可以通过将新产品的性能调整到与目标性能相符来达到降低和削减成本的目的。

(二)考虑扩展成本

在开发设计某项新品时,除了应该考虑材料成本外,还应考虑该材料的应用是否会

导致其他方面的成本增加。如所用材料是否易于采购，便于仓储、装配和装运。事实上，研发（设计）人员在设计某项新产品时，如欠缺全面的考虑，往往不得不在整改过程中临时增加某些物料或增加装配难度来解决它所存在的某些缺陷。而这些临时增加的物料不仅会增加材料成本，还会增加生产过程中的装配复杂度，因而间接影响到批量生产的效率，而且这也容易造成相关材料、辅料等物耗的大幅上升等，而这些沉没成本往往远大于其表面成本。

四、减少设计交付生产前需被修改的次数

设计交付生产（正常量产）前需被修改的次数，是核算一个新产品开发成本投入的一个指标。许多时候新产品往往要费很长时间才能批量投入市场，其最大原因是产品不能一次性达到设计要求，通常需要被重新设计并重新测试好几次。

假定某公司估计每个设计错误的成本是2000元，如果在新产品开发设计到生产前，每个新产品平均需要被修改的次数为6次，每年引进开发10个新项目，则其错误成本为12万元。

由这个简单的算术就可以看出，在交付产品至正常量产的过程中，每一点错误（每一次修改）都势必给公司带来一定的损失（物料、人工、效率的浪费等）。而为减少错误而重新设计产品的时间延误将会使产品较晚进入市场，错失良机而可能损失销售额甚至失去市场。因此，研发设计人员的开发设计，在不影响成本、性能的情况下，应尽量提高一次性设计的成功率。

第八章
研发成本控制核心思想——波特战略和价值工程

• 导言 •

在成本管理上,许多企业存在着一些误区和困境,要真正地降低研发成本,首先要从观念上找到突破口,而波特战略和价值工程则是解决之道,是研发成本控制的核心思想。

第一节 成本管理的误区与困境

一、成本管理认识的误区

企业在激烈的市场竞争中,逐渐认识到了成本是企业生存和发展的关键,绝大多数企业已经纷纷行动起来,开展各种形式的成本管理(如图8-1所示),然而却进入了以下一些误区。

(1)只看到绝对成本,忽视了相对成本。

(2)只看到了显性的产品物料成本,忽视了隐性的效率损失。

(3)成本管理就是物料降价和裁员减薪,忽视了全流程端到端成本管理的潜力。

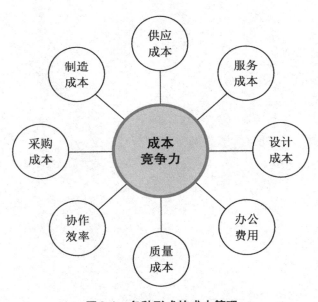

图8-1 各种形式的成本管理

（4）成本管理就是建立目标、分解目标、执行计划，忽视了全流程的损益分析和成本决策环节。

二、解决之道：总成本领先

总成本领先战略又称低成本战略，其战略思想是企业通过各种努力来降低成本，使企业的总成本水平低于竞争对手，从而获得持久的竞争优势。奉行成本领先战略的企业一般会通过低成本、低价格手段与对手展开竞争。

（一）总成本领先追求的目标

总成本领先追求的目标如下。

（1）追求全局最优，而非局部最优；追求相对竞争力，而非绝对成本——在核心价值点上，持续积累核心能力，如图8-2所示。

总拥有成本				
设备成本	部署成本	运营成本	维护成本	机会成本
设备硬件成本 设备软件成本 配套设备成本	设备安装成本 土建成本 设备运输成本	站点租用 设备能耗 推广成本	配件成本 维修成本 人力成本 服务成本	营收损失 商业机会 客户流失
30%	CAPEX		OPEX	70%

图8-2 总拥有成本

CAPEX（Capital Expenditure，资本性支出），一般是指资金或固定资产、无形资产、递延资产的投入。

OPEX（Operating Expense，运营成本），一般是指企业的管理支出、办公室支出、员工工资支出和广告支出等日常开支。

（2）追求端到端和全流程的成本改进——基于全流程端到端的业务场景分析，寻找改进目标。

其关键是每个领域都向业界最佳看齐，不断寻找自身差距，部门之间相互寻找差距，通过团队协作，持续不断地改进提高，如图8-3所示。

（3）重视全流程和端到端的损益分析——全流程损益分析，是成本决策的基础，如图8-4所示。

（4）成本节约下来的都是纯利润——不因钱少而不为，一切存在浪费的环节，都是改进对象。

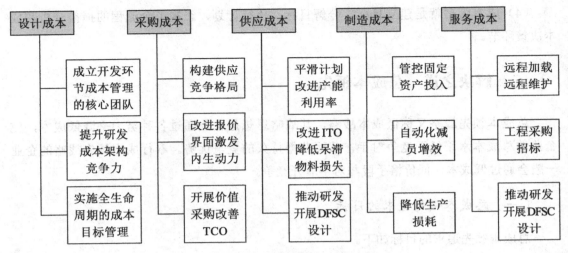

图8-3 端到端和全流程的成本改进

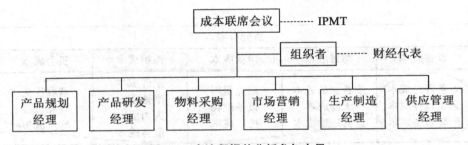

图8-4 全流程损益分析参与人员

（二）总成本领先带来的好处

（1）获得高于行业的平均利润用于扩大自身竞争力。
（2）可以有效防御竞争对手的进攻。
（3）客户的议价空间大，有利于扩大市场份额。
（4）强有力的影响供应商。
（5）对于潜在进入者足以对其构成进入壁垒。

第二节 波特的总成本领先战略

战略问题是企业管理中一个重要的层面，也是美国哈佛商学院迈克尔·波特（Michael E.Porter）教授理论的核心成分。成本优势和价值链是波特理论中两个十分重要的基点，由此形成了其特殊的基于战略考虑的成本观念。

一、波特的三大战略

迈克尔·波特认为，在与五种竞争力量的抗争中，蕴涵着三类成功型战略思想（见图8-5），这三种思路是：总成本领先战略、差异化战略、专一化战略。波特认为，这些战略类型的目标是使企业的经营在产业竞争中技高一等：在一些产业中，这意味着企业可取得较高的收益；而在另外一些产业中，一种战略

图8-5 波特的三大战略

的成功可能只是企业在绝对意义上能获取些微收益的必要条件。有时企业追逐的基本目标可能不止一个，但波特认为这种情况实现的可能性是很小的。因为企业贯彻任何一种战略，通常都需要全力以赴，并且要有一个支持这一战略的组织安排。如果企业的基本目标不止一个，则这些方面的资源将被分散。

（一）总成本领先战略

总成本领先要求企业必须建立高效的生产设施，在经验的基础上全力以赴地降低成本，加大对成本及管理费用的控制，并尽可能地节约在研发、服务、促销、广告等方面的费用支出。为了达到上述目标，企业管理层必须对成本管理给予足够的重视。尽管产品质量、服务等因素也是企业参与竞争的重要手段，但贯穿本战略的核心是确保总成本低于竞争对手，"总成本低于竞争对手"意味着当别的公司在竞争中失去利润时本公司依然可以获利。

赢得总成本最低的有利地位通常要求企业具备较高的相对市场份额或其他优势，比如，企业与原材料供应商建立了牢靠的关系，产品的设计必须便于制造、生产，企业保持相对较宽的产品线从而可以分散固定成本，大批量生产、供货（服务于大量顾客群）等。

总成本领先将使企业获得很强的竞争力，一旦企业赢得了这样的地位（总成本领先的地位），其所获得的较高的边际利润又可以使其重新对企业的设备、设施进行投资以进一步巩固自己在成本上的领先优势——这种再投资往往也是保持低成本状态的先决条件。

例如：微波炉行业市场占有率排名第一的格兰仕便是采用这一竞争战略的典型企业之一。

（二）差异化战略

差异化战略是将产品或企业提供的服务实现差异化，建立起本企业在行业中独有的

一些东西。实现差异化战略可以有多种方式，如设计名牌形象、拥有独特的技术、具有独特的性能、提供特别的顾客服务、拥有专门的业务网络等。最理想的情况是，公司在几个方面具有"差异化"的特征。

一旦差异化战略获得成功，它将成为企业在一个行业中获得较高利润水平的积极战略，因为它能建立起"防御阵地"来对付五种竞争力量，虽然这种防御的形式与总成本领先有所不同。但是，波特认为，推行"差异化战略"有时会与争取更大的市场份额这一目标相矛盾，推行"差异化战略"的企业应该对这一战略的排他性有一定的思想准备。企业对"差异化战略"目标与"市场占有率"目标往往不能兼顾，建立差异化战略的努力往往需要付出高昂的成本代价，有时，即便该行业的所有顾客都了解本公司的独特优势，也并不意味着所有顾客都愿意或有能力支付公司要求的高价。

例如，世界工程机械巨头卡特彼勒（Caterpillar）不仅以其业务网络和优良的零配件供应服务著称于世，而且以优质耐用的产品质量享有盛誉。

（三）专一化战略

专一化战略要求企业主攻某个特定的顾客群、某条产品线的一小段或某一区域性市场。"总成本领先战略"与"差异化战略"都是为了在全行业范围内实现企业的目标，而"专一化战略"却是围绕某个特定的顾客群（细分市场）来提供服务的，该战略指导下的每项活动都应围绕这一目标群体来展开。采用这一战略的前提是：公司业务的专一化能以较高的效率、更好的效果为某一狭窄的战略对象（细分市场）服务，从而获得为众多顾客服务的竞争者所不具备的优势。

例如，"劳斯莱斯"是专门定位于"贵族"阶层的轿车品牌，该公司以超豪华的设计、精湛的工艺、独特的享受面对一个极其狭窄的"缝隙市场"提供产品和服务，是一个采用"专一化战略"的典型。

二、波特的成本优势观念

（一）成本优势为一切竞争战略的基础

在波特的观念中，"成本优势是一切竞争战略的基础，不论采取何种战略，都离不开成本控制的能力。一个企业的成本优势，是由其价值链的构成及质量决定的。构造成本优势，需要从价值链的视角，进行全面成本管理。"自20世纪中期以来，战略管理就一直是企业，尤其是大型跨国公司关注的重点。所谓战略管理，是指着眼于对企业发展有长期性、根本性影响的问题进行决策和制定政策，以便在市场中取得竞争优势，确保目标的有效实现。战略管理思想对成本控制的影响主要体现在战略成本管理方面。战略成本管理是指从战略的高度来考虑成本问题。具体而言，当企业生产与竞争者同质的产品时，成本必须要低于竞争对手，使顾客能以较低的代价，取得同样功能的产品或享受到同等品质的服务。

在波特的理论中，成本始终是一个备受瞩目的议题，原因则在于成本优势在竞争战略中的基础性地位。企业要保持竞争优势，必须首先获得优势的成本地位。按照波特的观点，企业的成本地位源于其价值活动的成本行为。成本行为取决于影响成本的一些结构性因素，称为"成本驱动因素"。若干个成本驱动因素可以结合起来决定一种既定活动的成本。

在企业的三种基本竞争战略中，处于第一位的是总成本领先战略（Overall Cost Leadership）。该战略"在20世纪70年代由于经验曲线概念的流行而得到日益普遍的应用，那就是通过采用一系列针对成本战略的具体政策在产业中赢得总成本领先。"成本领先要求积极地建立起达到有效规模的生产设施，在经验基础上全力以赴降低成本，抓紧成本与管理费用的控制，以及最大限度地减少研究开发、服务、推销、广告等方面的成本费用。为了达到这些目标，必须在管理方面对成本控制给予高度重视。贯穿于整个战略中的主题是使成本低于竞争对手。显见的是，波特对这一战略的讨论，强调各个方面具体成本费用项目的控制，他的观念，与19世纪末期一些先进的成本控制观念（如钢铁大王卡内基的成本控制）并无根本区别。

迈克尔·波特在《竞争优势》一书中对成本优势进行了深刻的讨论。按照波特的观点，尽管"管理者们认识到了成本的重要性，许多战略计划都把建立'成本领先'或'成本削减'作为目标。然而，成本行为却很少被人充分理解。"因此，《竞争优势》中着重对成本行为进行分析，提出了成本驱动因素理论，并将成本分析与价值链相联系，使得关于成本优势问题的讨论有了全新的意义。作者所提出的企业获取成本优势的两种主要方法：控制成本驱动因素和重构价值链，也与早期有关总成本领先战略的讨论中所提出的方法有了本质上的不同。

（二）两个新的成本概念

与以上观念相适应，形成了两个新的成本概念：战略成本和价值链成本，也形成了与之相关的管理控制思想和方法体系。

1. 战略成本

战略成本是从总体战略角度来观察的成本。战略成本管理包括两个层面的内容。

（1）从成本角度分析、选择和优化企业战略。

（2）对成本实施控制的战略。

前者是战略中的成本侧面，后者是在前者基础上为了提高成本管理的有效性而对成本管理制度、方法和措施等所进行的谋划。

成本领先战略的核心是企业通过一切可能的方式和手段，降低企业的成本，成为市场竞争参与者中成本最低者,并以低成本为竞争手段获取竞争优势。

成本领先战略实质上是以成本战略作为企业的基本竞争战略。如何利用成本战略为企业赢得成本优势和竞争优势,是企业战略管理的重要内容,也是战略成本管理的最重要的组成部分。

与战略成本管理相关的一个重要问题是成本控制战略的实施。成本控制战略以成本管理过程为轴心,强调成本控制措施的构造与选择。其重点在于构造一个基础宽泛、具有长效性的降低成本的措施体系,以期在此基础上,通过一系列成本管理方法的应用,为企业创造成本优势提供保障。

2. 价值链成本

价值链成本是一种以作业为基础的系统化成本观念。波特在《竞争优势》中将价值链概括为特定产业中企业各种活动的组合,包括设计、供应、生产、营销、交货以及对产品起辅助作用的各种价值活动。价值链成本的核心意义,是以价值链分析为基础,将成本费用分配到构成价值链的各个环节中所包含的各种作业上去,从而获得基于价值链基础的总体上的成本控制效应。市场上的竞争优势最终来自以相等的成本提供较高的顾客价值,或以较低的成本提供相同的顾客价值。价值链成本分析确定了在企业价值链的各有关部分中,顾客价值可以在哪个环节提高,或者成本可以在哪个环节降低。从而使传统的成本分析得到了有效的延伸。

三、战略成本管理的三大工具

战略成本管理一般包括三个方面:价值链分析、战略定位分析、成本动因分析;每一方面都包含十分丰富的内容。

(一)价值链分析

价值链分析是一种战略性的分析工具,通过价值链分析可以从多方面揭示有关企业竞争力的成本信息,这些成本信息对于企业指定战略以消除成本劣势和创造成本优势有着非常重要的作用。不同的战略定位产生不同的企业战略,就需要不同的成本分析观和成本管理方法。

在企业价值链分析和战略定位分析的基础上,企业能够确定其应采取的成本管理战略,但是为了进一步明确成本管理的重点,还需要进行成本动因分析,找出成本动因的驱动因素,以便对症下药,保证成本管理战略的有效性,更好地实现战略成本管理目标。

"价值链"是战略成本分析的主要分析工具:确定设计、生产、营销、发货以及产品或服务的支持过程中的各项独立的活动、功能和业务流程(迈克尔·波特,1885)。

价值链分析法将基本的原材料到最终用户之间的价值链分解成与战略相关的活动,

以便理解成本的性质和差异产生的原因,是确定竞争对手成本的工具,也是SCM制定本公司竞争策略的基础。

价值链的范畴可以划分为企业内部价值链、纵向价值链和横向价值链。这三类价值链既相互独立,又相互联系、相互作用,构成一个有机整体,成为进行战略成本管理的有效分析方法。

1. 内部价值链分析

这是企业进行价值链分析的起点。企业内部可分解为许多单元价值链,商品在企业内部价值链上的转移完成了价值的逐步积累与转移。每个单元链上都要消耗成本并产生价值,而且它们有着广泛的联系,如生产作业和内部后勤的联系、质量控制与售后服务的联系、基本生产与维修活动的联系等。深入分析这些联系可减少那些不增加价值的作业,并通过协调和最优化两种策略的融洽配合,提高运作效率、降低成本,同时也为纵向和横向价值链分析奠定基础。

2. 纵向价值链分析

它反映了企业与供应商、销售商之间的相互依存关系,这为企业增强其竞争优势提供了机会。企业通过分析上游企业的产品或服务特点及其与本企业价值链的其他连接点,往往可以十分显著地影响自身成本,甚至使企业与其上下游共同降低成本,提高这些相关企业的整体竞争优势。例如,施乐公司通过向供应商提供其生产进度表,使供应商能将生产所需的元器件及时运过来,同时降低了双方的库存成本。在对各类联系进行了分析的基础上,企业可求出各作业活动的成本、收入及资产报酬率等,从而看出哪一活动较具竞争力、哪一活动价值较低,由此再决定往其上游或下游并购的策略或将自身价值链中一些价值较低的作业活动出售或实行外包,逐步调整企业在行业价值链中的位置及其范围,从而实现价值链的重构,从根本上改变成本地位,提高企业竞争力。

3. 横向价值链分析

这是企业确定竞争对手成本的基本工具,也是公司进行战略定位的基础。

比如通过对企业自身各经营环节的成本测算,不同成本额的公司可采用不同的竞争方式,面对成本较高但实力雄厚的竞争对手,可采用低成本策略,扬长避短,争取成本优势,使得规模小、资金实力相对较弱的小公司在主干公司的压力下能够求得生存与发展;而相对于成本较低的竞争对手,可运用差异性战略,注重提高质量,以优质服务吸引顾客,而非盲目地进行价格战,使自身在面临价格低廉的小公司挑战时,仍能立于不败之地,保持自己的竞争优势。

(二)战略定位分析

战略定位分析(Strategic Positioning Analysis)指企业在正确的战略定位(战略选择)

的前提下，根据企业战略的要求，采取与之相应的成本管理方式方法，为企业战略的实施服务，以实现企业的战略目标和促进企业的竞争优势。战略定位分析的基本内容是基本竞争战略的定位分析。

所谓基本竞争战略，就是指无论在任何行业、任何企业一般都能采用的竞争战略。如迈克尔·波特提出三种基本竞争战略：总成本领先战略、差别化战略和专一化战略。

（三）成本动因分析

成本动因（Cost Driver）就是引起成本产生的原因，成本动因分析的核心在于合理的确定成本动因，并以之为基础分配各种费用，直接体现产品的实际成本。成本动因是成本的驱动因素，有两方面的含义：一是质的概念，即受什么方面因素的驱动；二是量的概念，即某产品成本占用多少作业，作业导致资源的消耗，消耗被记录为成本。

价值链分析、战略定位分析和成本动因分析三大要素分析构成了战略成本管理中主要的三种分析方法，也可以称为三种战略成本管理的工具。

第三节　运用价值工程降低研发成本

通用电气公司的工程师麦尔斯（Miles）发现：人们使用某种材料的目的在于材料所具有的功能。因此可以考虑用功能相同但价格低廉的代用品取代原来昂贵的材料。之后，美国国防部和政府部门开展价值工程活动，取得了显著成效。价值工程力求以最低的寿命周期费用，可靠地实现产品或作业的必要功能，借以提高其价值，着重于功能研究的、有组织的活动。

一、什么是价值工程

（一）价值工程的定义

价值工程，是指以产品功能分析为核心，力求用最低的产品生命周期成本实现产品的必备功能，从而提高价值的一种有组织、有计划的创造性活动和科学管理方法。

价值工程中所说的"价值"有其特定的含义，与哲学、政治经济学、经济学等学科关于价值的概念有所不同。价值工程中的"价值"就是一种"评价事物有益程度的尺度"。价值高说明该事物的有益程度高、效益大、好处多；价值低则说明有益程度低、效益差、好处少。例如，人们在购买商品时，总是希望"物美而价廉"，即花费最少的代价换取最多、最好的商品。

（二）价值工程的发展

1947年由美国通用电气设计工程师麦尔斯在研究和选择原材料代用品时提出的。1947年他发表了《价值分析》一书，标志这门学科的正式诞生。在保证产品功能前提下降低成本的技术经济分析方法。

价值工程通常用于企业的两个领域：一是新产品研制领域；二是产品制造领域或作业过程中。

20世纪50年代日本和德国学习和引进了这一方法。1965年前后，日本开始广泛应用。中国于1979年引进，现已在机械、电气、化工、纺织、建材、冶金等多种行业中应用。

（三）价值工程的特点

在产品形成的各个阶段都可以运用价值工程来提高产品的价值。但在不同的阶段进行价值工程活动，其经济效果的提高幅度却是大不相同的。

对于大型、复杂的产品，应用价值工程的重点是在产品的研究设计阶段。一旦图纸已经设计完成并投产，产品的价值就基本决定了，这时再进行价值工程分析就会变得更加复杂，不仅原来的许多工作成果要付诸东流，而且改变生产工艺、设备工具等可能会造成很大的浪费，使价值工程活动的经济效果大大下降。

因此，价值工程活动更侧重于产品的研制与设计阶段，以寻求技术突破，取得最佳的综合效果。价值工程具有如下几个特点。

（1）从产品的功能和成本的关系上考虑问题。
（2）从价值工程对于产品成本的控制范围来说，其考虑的是产品寿命周期成本。
（3）从价值工程对产品成本的节约深度来看，其能够使产品成本得到最大幅度地降低。
（4）从对产品分析的时间看，价值工程是在事先进行的。

二、价值、特性/功能和成本的关系

（一）价值公式

价值工程中价值、特性/功能和成本的关系如下公式所示：

$$价值(V) = \frac{产品功能(F)}{全寿命周期成本(C)}$$

价值（V）包括外部价值和内部价值。影响V的因素有：特性/功能、价格（成本）、包装、购物环境、生命周期成本、品牌、可用性、售后服务等。

外部价值：对客户的价值和对市场的价值，以期实现良好的投资收益，包括：使产品（产品可靠性、易用性、节能减排等）更有竞争力，同时有更好的投入产出比；对现有客户的价值。降低客户的OPEX（运营成本）或CAPEX（资本性投资）；对潜在客户的价值。能够带来更多的市场机会（包括服务产品，其他产品的机会），甚至可以改变市场竞争格局。

内部价值：组织内部能力提升，包括但不限于：开发能力提升，员工能力提升，资源使用效率提升，消除开发中的浪费，内部降成本。

内部价值是能够给公司带来的价值，满足客户需求是一方面，另一方面则是要赚钱！

成本（C）是指产品从设计制造到交付使用，直到报废为止的全过程的生产费用和使用费用之和，即$C=C_生+C_使$。

最终要解决客户的问题（F），F确定了项目的范围和质量要求，F的管理就是范围管理、质量管理，在华为公司，价值管理和范围管理也是建议同时进行的。可以理解为有重点的范围管理，重点就是产品给客户带来的价值。

以上价值公式可以演变为图8-6所示公式。

$$V=\frac{F}{C}=\underset{客户}{\frac{F}{P}}\times\underset{供应商}{\frac{P}{C}}$$

P：客户的"成本"；C：供应商的"成本"

图8-6 价值公式的延展

$V=F/C$，可以推导出：$C=F/V$，V和F确定了，C自然就确定了，由此也可知C是滞后的。

外部价值和内部价值（V），价格是价值公式中的纽带，客户感知到的是F/P，厂家需要的是P/C（某种程度上可以说，满足客户需求是达成此目的的"手段"，从盈利的角度讲只要客户愿意购买C越小越好！但是，如何才能让客户购买呢？答案是厂家必须满足客户的需求，这样上面的两个比例才能成立。

（二）提高客户价值的方法

提高客户价值的方法如图8-7所示。

（1）功能不变，降低价格：降价促销。

（2）价格不变，提高功能：如汽车配置不断丰富，不断提高服务质量（售前、售中和售后的服务），广义的成本也会提高。

（3）功能提高，价格降低：如IC行业，制造成本占比较高，大规模制造带来成本降低。

（4）功能大大提高，价格适当提高：高档化。

（5）价格大大降低，功能适当降低：零部件替代，用塑料件代替金属件。

$$V = \frac{F}{P \text{ or } C}$$

(1) $F \rightarrow$，$C \downarrow$ $\Longrightarrow$ $V \uparrow$ 节约型
(2) $F \uparrow$，$C \rightarrow$ $\Longrightarrow$ $V \uparrow$ 改进型
(3) $F \uparrow$，$C \downarrow$ $\Longrightarrow$ $V \uparrow$ 双向型
(4) $C \uparrow$，$F \uparrow \uparrow$ $\Longrightarrow$ $V \uparrow$ 投资型
(5) $F \downarrow$，$C \downarrow \downarrow$ $\Longrightarrow$ $V \uparrow$ 牺牲型

图8-7 提高客户价值的方法

三、价值工程的工作步骤

价值工程是在产品设计过程中，从产品的功能出发重新审核设计图纸，对产品做设计改进，把与用户需求的功能无关的零部件消除掉，更改具有过剩功能的材质和零部件，设计出价值更高的产品，大幅度地降低成本。企业实施价值工程时一般有如图8-8所示的几个步骤。

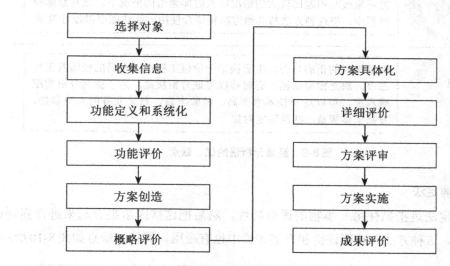

图8-8 价值工程的工作步骤

四、价值工程的对象

（一）价值工程活动对象的特征

价值工程的对象选择过程就是收缩研究范围的过程，明确分析研究的目标即主攻方向。选择价值工程活动对象时，应优先考虑具有以下特征的产品。

(1) 产量大、在企业中占有主要地位的产品和部件。
(2) 市场竞争激烈、技术经济指标较差的产品。
(3) 结构复杂、设计落后、工艺落后的产品。
(4) 质量低劣、成本过高的产品。
(5) 体积大、重量大、用料多的部件。
(6) 用料贵重、耗用稀缺资源多的部件。

（二）选择价值工程活动对象的方法

选择价值工程对象的方法有很多种，不同方法适用于不同的价值对象，因此企业应根据条件选用适当方法，以取得较好效果。这里介绍几种较重要的方法。

1. 经验分析法

经验分析法是指根据价值工程对象选择应考虑的各种因素，凭借人员经验集体研究确定选择对象的一种方法，其优、缺点如图8-9所示。

依据分析人员的经验做出选择，简便、易行、有效，特别是在被研究对象彼此相差比较大的情况以及时间紧迫的情况下。在对象选择过程中，将这种方法与其他方法相结合使用，往往能取得较好效果

对象选择的正确与否，主要决定于价值工程活动人员的经验及工作态度，缺乏定量依据，有时难以保证分析质量。为了提高分析的准确程度，可以选择技术水平高、经验丰富、熟悉业务的人员参加，发挥集体智慧，共同确定对象

图8-9　经验分析法的优、缺点

2. 强制确定法

强制确定法是指抓住每一事物的评价特性，然后把这些因素组合起来进行强制评价的一种方法。这种方法在功能评价和方案评价中也有应用，其优、缺点如图8-10所示。

强制确定法兼顾功能与成本，具体做法是先求出分析对象的成本系数、功能系数，得出价值系数，揭示出分析对象的功能与花费的成本是否相符，不相符、价值低的被选为价值工程的研究对象

价值系数是个比值，不能考虑到成本和功能比重大、更能提高价值的对象。因此，有时不能有效选出对提高价值影响更大的对象

图8-10　强制确定法的优、缺点

3. A、B、C 分析法

A、B、C 分析法的基本原理为"关键的少数和次要的多数",抓住关键的少数可以解决问题的大部分。在价值工程中,把占成本的 70%～80% 而占零部件总数 10%～20% 的零部件划分为 A 类部件;把占总成本的 10%～20% 而占总零部件总数的 70%～80% 划分为 C 类部件,其余为 B 类部件。其中,A 类部件是价值工程的主要研究对象。这种分析方法也可从产品成本利润率、利润比重角度分析,其中利润额占总利润比重最低,而且成本利润率也最低的,应当考虑作为价值工程的研究对象。A、B、C 分析法的优、缺点如图 8-11 所示。

将成本比重大的零部件或工序作为研究对象,有利于集中精力重点突破,取得较大效果,同时简便易行,所以被企业广泛采用

在实际工作中,有时由于成本分配不合理,可能造成成本比重不大但用户认为功能重要的对象漏选或排序推后,而这种情况应列为价值工程研究对象的重点

图 8-11 A、B、C 分析法优、缺点

4. 功能重要性分析法

功能重要性分析法是指采用分析评分法将产品的零部件、工序等进行功能评价,给出其功能重要性系统,按重要性系数大小进行排序,优先选择功能重要的作为价值工程的研究对象的一种方法,其优、缺点如图 8-12 所示。

功能重要性分析法着重从用户需求出发,从功能角度选择研究对象。对于用户认为功能重要的部件及工序,即使现实功能不足,也能保证被选为研究对象

功能重要性分析法是从功能的角度突出重点对象,对于那些功能并不重要,但成本分配较高的对象,往往得不到重视

图 8-12 功能重要性分析法的优、缺点

五、功能分析

功能分析是价值工程的核心。功能分析是从研究对象的功能出发,通过对价值工程对象(产品或作业)的深入分析,掌握产品提供的功能和用户对产品功能的需要,即回答"它是干什么的"这个问题。功能分析包括功能定义、功能整理和功能评价三个环节。

（一）功能定义

功能定义环节是从对价值工程对象（产品或作业）的物质结构研究，转化为对其功能系统研究的开始。功能定义最基本的目的就是明确产品或作业及其构成要素的功能。

进行功能定义要遵照以下要求。

(1) 要进行简洁、准确的表达。

(2) 功能定义的名词部分尽可能定量化。

(3) 动词部分的表达要适当、抽象。

（二）功能整理

功能整理就是对定义出的产品及其零部件的功能，从系统的思想出发，明确功能之间的逻辑关系，排列出功能系统图。功能整理的目的在于通过对功能的定性分析，明确必要功能和不必要功能，并为功能价值的定量评价做好准备。

功能整理的方法如下。

(1) 从产品的最终目的开始。

(2) 从产品的具体结构，即从最终手段开始。

（三）功能评价

功能评价就是对功能领域的价值进行定量评价，从中选择价值低的功能领域作为改善对象，以期通过方案创造，改进功能的实现方法，提高其价值。

若进行功能评价，必须求出：功能评价值 F、功能的现实成本 C、功能的价值 V。功能评价的方法如下。

(1) 最低成本法。

(2) 目标利润确定法。

(3) 功能重要度系数法。

六、研发方案的详细评价

研发方案的详细评价是指对方案从技术、经济、社会效果等方面进行深入细致的分析，从而最终确定出价值最高的方案，其具体说明如表 8-1 所示。

表 8-1 研发方案的详细评价

序号	类别	具体说明
1	技术评价	研发方案的技术评价主要是根据用户对产品功能的要求，对反映产品性能的各项指标逐一进行分析评定。技术评价的内容包括方案的各种特性参数、可靠性、适用性、安全性、可保养性、外观及系统的协调性等

续表

序号	类别	具体说明
2	经济评价	研发方案的经济评价的内容包括研发方案的成本及经济效益
3	社会评价	研发方案的社会评价主要是考虑方案的实施将给社会带来的影响，包括是否符合国家有关的法律政策？是否会对环境造成污染？是否影响国家和社会的协调发展？是否有利于巩固国防？对人们的心理、意识形态等有何影响？与国家和地区的发展规划是否一致等
4	综合评价	研发方案的综合评价可以用优缺点列举法等定性的方法，也可以用加权评分法、连加评分法等定量的方法进行

09
第九章
LCC全生命周期成本管理

导言

产品全生命周期意指产品从"孕育"到"消亡"的全过程,这一过程包括:产品研究和初始设计、产品开发、生产、销售、顾客使用及废置。

产品全生命周期的管理理念核心在于:单件产品的研制和生产成本(采购费用)不足以说明产品总费用的高低,决策人员不应把采购费和使用维护费分割开来考虑,而必须把这几者结合起来,作为产品的全寿命周期费用进行总体考量。其作用则是对产品购置和使用等费用的综合评估,有利于提升产品性能、RAMS(可靠性、可用性、维修性和安全性)等要求,同时降低后期的使用成本。

第一节 产品生命周期管理概述

产品生命周期管理是指对产品从创建到使用,到最终报废等全生命周期的产品数据信息进行管理的理念。产品的生命周期包括培育期、成长期、成熟期、衰退期和结束期五个阶段。产品生命周期管理主要是通过培育期的研发成本最小化和成长期至结束期的企业利润最大化来达到降低成本和增加利润的精益化管理目标。

一、产品设计开发步骤

从企业的角度来看,研发活动会集中在前面几个周期,大致上可以划分为产品概念的产生、产品市场性调查、产品设计与开发以及产品宣布上市这四个阶段。对于部分产业而言,例如工具机业,产品的设计与开发阶段可能同时包含了材料的采购、产品制造等作业活动。这四个阶段又包含了以下作业步骤,具体如图9-1所示。

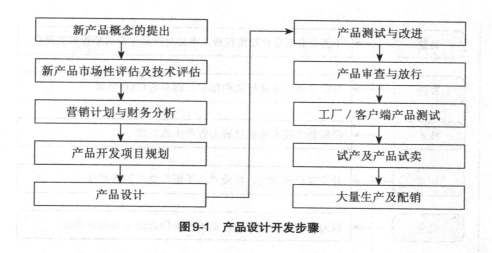

图9-1 产品设计开发步骤

二、产品生命周期管理实施阶段

有些企业的信息化基础比较薄弱，但随着竞争的加剧，其逐渐意识到自主研发能力的重要性。企业必须对自身的业务流程，尤其是研发的业务流程，而不仅仅是管理流程进行认真的梳理和再造，这是成功实施产品生命周期管理的最根本前提。企业对产品生命管理的需求与应用一般有四个阶段，具体如图9-2所示。

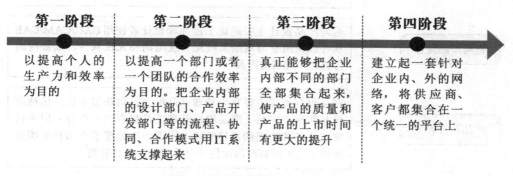

图9-2 产品生命管理的四个阶段

三、产品生命周期管理的需求

企业组织和实施产品生命周期管理战略的总体框架是围绕着几个主要的需求来构造的，具体如图9-3所示。

四、产品生命周期管理的组成

产品生命周期管理系统的组成大致分为以下几个应用部分，具体如图9-4所示。

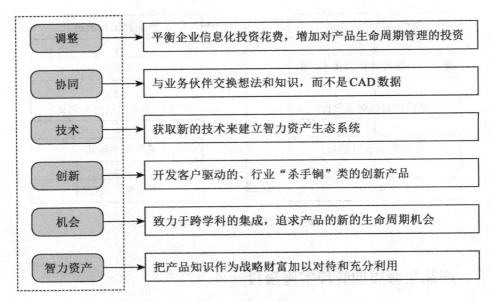

图9-3　产品生命周期管理的需求

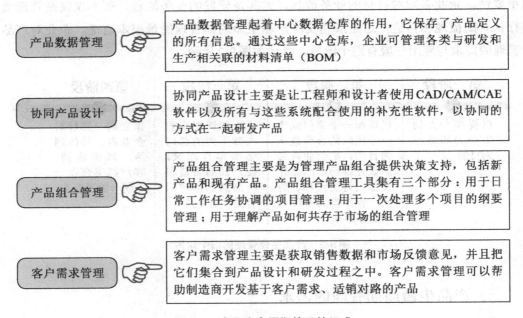

图9-4　产品生命周期管理的组成

五、产品生命周期管理的范围

对于产品生命周期管理的范围，可以从业务的角度和从运营的角度两个方面来看，具体如图9-5所示。

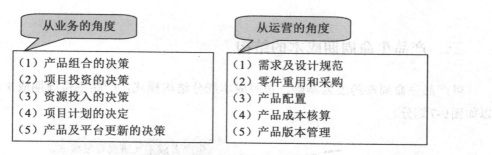

图9-5 产品生命周期管理的范围

第二节 LCC全生命周期成本法

一、生命周期成本法基本概念

LCC（Life Cycle Cost，全生命周期成本），也被称为全寿命周期费用，是指产品在有效使用期间所发生的与该产品有关的所有成本，它包括产品设计成本、制造成本、采购成本、使用成本、维修保养成本、废弃处置成本等，如图9-6所示。

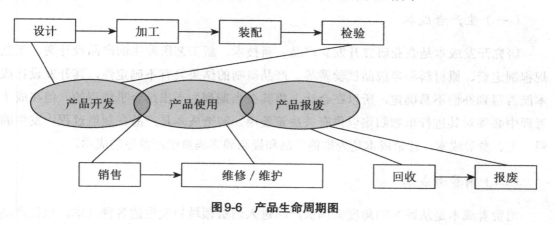

图9-6 产品生命周期图

二、生命周期成本法的起源与发展

LCC技术自20世纪80年代初期引入我国。1987年11月中国设备管理协会成立了设备生命周期费用理论方法的研究和应用。尽管我国的生命周期费用方法的应用和研究起步很晚，但取得的成效显著。生命周期费用方法在不少军用和民用单位应用并取得了一批成果。在民用企业、高校、研究院所中，也有不少单位正在积极研究和应用LCC方法用于设备选型、维修决策、更新改造、维修费用控制等方面。

三、产品生命周期成本的结构

以产品生命周期跨度为基础,按照成本细分结构模式,产品生命周期成本的结构可以如图9-7划分。

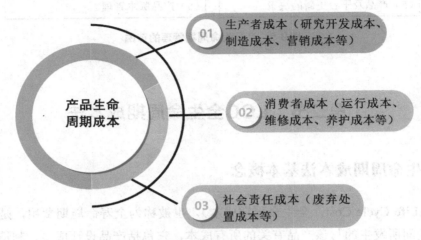

图9-7 产品生命周期成本的构成

(一)生产者成本

研究开发成本是企业研究开发新产品、新技术、新工艺所发生的产品设计费、工艺规程制定费、原材料和半成品试验费等。产品研制的结果具有不确定性,其开发设计成本能否得到补偿不易确定,所以在会计上将其在当期列为支出是合乎情理的,但在成本管理中必须对其进行单独归集以供有关决策使用。制造成本是产品在制造过程中发生的料、工、费等成本。营销成本是为推销产品和提高顾客满意度而发生的成本。

(二)消费者成本

消费者成本是从顾客的角度来确认产品进入消费领域后发生的各种成本,包括产品的运行成本、维修成本和养护成本等。

(三)社会责任成本

社会责任成本是立足于产品生命周期终结时的成本。企业必须对产品生命周期终结时的废弃处置成本进行确认和分配,以保证产品在使用期满后得到适当的处置。例如,德国要求在其境内销售产品的公司回收其包装物。这种做法把处置产品和元件的成本转移到生产商身上,扩大了成本计量的会计主体范围和会计期间,对于实现整体的竞争优势具有重要意义。

四、产品成本的降低关键在研发阶段

（一）生命周期成本的构成要素

生命周期成本的构成要素如图9-8所示。

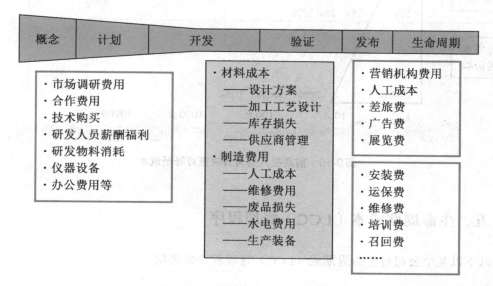

图9-8　生命周期成本的构成要素

（二）从产品生命周期角度看产品成本

我们从产品生命周期角度看产品成本，会发现80%的成本费用在规划、开发阶段就已经决定了，如图9-9所示。

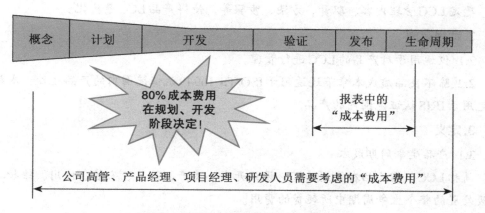

图9-9　从产品生命周期角度看产品成本

在产品开发的前期投入，可大大降低生命周期成本，如图9-10所示。

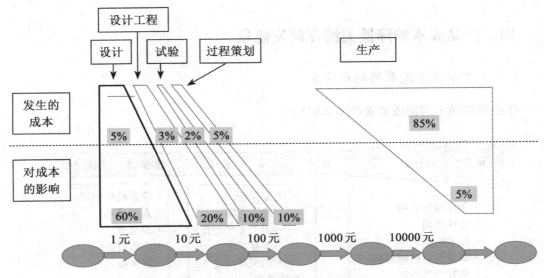

图9-10 前期投入的良好决策可降低成本

五、生命周期成本（LCC）管理程序

以下以某个公司对生命周期成（LCC）管理程序来说明。

【范本】▸▸

某企业生命周期成本（LCC）管理程序

1. 目的

确定LCC管理内容、职责、方法、步骤等，使得产品LCC最优化。

2. 适用范围

2.1 仅适用于对产品的LCC进行管理。

2.2 除不良品质成本章节还适用于ISO/TS 16949认证范围内的产品之外，本程序仅适用于IRIS认证范围内的产品。

3. 定义

3.1 产品生命周期成本

简称LCC，指产品在策划论证、设计开发、生产、销售、安装、使用、维护、到报废处置的整个生命周期中所耗费的费用。

3.2 不良品质成本

简称COPQ，指因产品不良产生的并由本公司承担的成本，包括内部损失成本和外部损失成本，不包括在品质成本统计中所提到的鉴定成本、预防成本、外部品质成本等，也不考虑现行会计制度之外的其他隐性损失，如品牌损失、名誉损失等。

4.职责和权限

4.1 NPD（产品项目策划）：可能是项目经理（负责人），建立项目编号。

4.2 PM（Product Manager，产品经理）：可能是项目经理，建立项目编号。

4.3 LCC组长

（1）确定分析目的和范围。

（2）成立LCC小组。

（3）组织LCC估计、分析、应用、监控和更新等活动。

4.4 QA：负责COPQ统计、分析、跟踪改善和报告等活动。

5.工作流程

5.1 LCC流程图

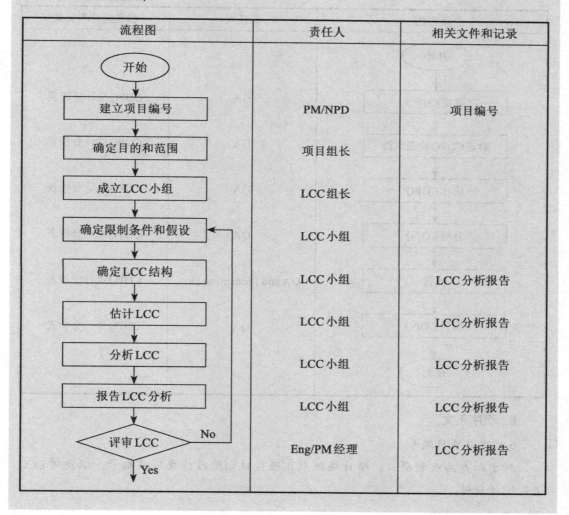

续表

流程图	责任人	相关文件和记录
应用LCC分析	NPDFE	LCC分析报告
监控LCC	LCC小组	LCC分析报告
更新LCC	LCC小组	LCC分析报告
结束		

5.2 COPQ流程图

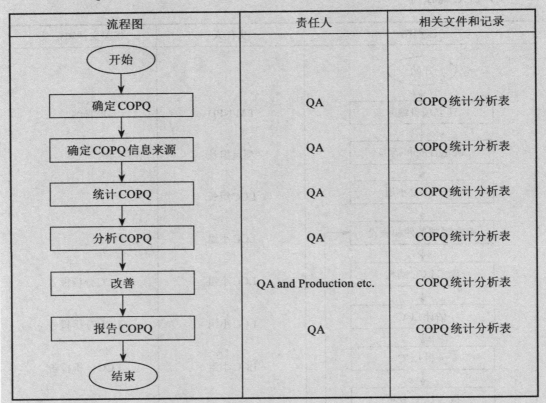

流程图	责任人	相关文件和记录
开始		
确定COPQ	QA	COPQ统计分析表
确定COPQ信息来源	QA	COPQ统计分析表
统计COPQ	QA	COPQ统计分析表
分析COPQ	QA	COPQ统计分析表
改善	QA and Production etc.	COPQ统计分析表
报告COPQ	QA	COPQ统计分析表
结束		

6. 程序正文

6.1 建立项目编号

对于新产品或新项目，项目经理应在项目规划阶段建立项目编号，以便对LCC进行统计分析。

（1）对于新开发产品，项目经理可能是产品经理，也可能是NPD。
（2）对于应用于新项目的现有产品，其项目经理是NPD。
（3）详细依照《新产品开发程序》（略）执行。

6.2 分析时机
（1）对于新产品或新项目，在策划论证阶段分析。
（2）对于单个生命周期阶段的LCC分析，则在对该阶段方案（如使用方案或者维护方案等）进行论证时。

6.3 分析目的和范围
6.3.1 LCC分析主要有以下三个目的。
（1）评估产品LCC总量。
（2）确定LCC的主要成分。
（3）评估各种设计、生产、使用、维护、报废处置等方案。

6.3.2 出于以上目的，LCC的分析范围主要有以下两种情况。
（1）一般情况下，分析范围是产品整个生命周期。
（2）出于比较各种方案时，可能只分析产品生命周期中的某个阶段。

6.4 成立LCC分析小组
组长：新产品或新项目由项目经理担任组长；如果只分析单个生命周期阶段的LCC，则由该阶段LCC分析责任人担任组长。
然后由组长确定其他成员：小组还应包括其他有关部门成员，例如PM、NPD、IE工程师、测试工程师、QA工程师、PE工程师、财务成本统计人员等。

6.5 确定限制条件和假设
在LCC分析前，小组应确定有关的限制、假设，举例如下。
（1）产品使用环境、维护条件等。
（2）产品规格性能要求。
（3）产品的RAMS要求，如MTBF要求等。
（4）资金限制、价格限制等。

6.6 确定LCC结构
LCC小组可参照下表来确定LCC结构。

序号	LCC项目	说明和举例	可能的信息源	分析责任人	统计Owner
1	策划论证成本	对产品项目进行策划、对方案可行性进行评估和确认等活动所产生的成本 例如策划论证产生的差旅费、会议费、专家咨询费、培训费、专利费等	产品经理/NPD NPD	产品经理 NPD	

续表

序号	LCC项目	说明和举例	可能的信息源	分析责任人	统计 Owner
2	产品设计成本	对产品进行设计而产生的成本。 例如：产品有关标准购买费、设计确认有关的测试设备购置费、性能/可靠性/环境等外部测试及运输费、UL等产品安规认证费、RoHS检测和运输费、模具开发费、设计打样和试生产所需材料成本（如供应商免费提供，则材料成本为零）等	NPD 测试实验室 QA实验室 IE工程师 战略采购员	NPD	
3	工序开发成本	开发、设立生产、检验、测试等工序的成本。 例如：生产设备和软件的购置费、检验测试设备和软件的购置费、工装费、旧设备维修和改造费、工作台购置和改造费、生产环境改善和控制成本、生产人员外出培训有关费用、外部讲师费用、特殊工作服等个人防护装备费用、特种作业人员培训和考核费等	工艺工程师/产品制造 设备维护 ESH健康安全 人力资源部 生产部 工程部	工艺工程师 产品工程师	
4	生产制造成本	批量生产后，产品的生产和制造成本。 例如：材料成本、包装材料成本、工时成本（生产、检查、返工）、固定资产折旧、设备购置和维护费、产品运输费、产品安全规范认证年费和工厂检查费等、不良品质成本、摊派的能源和管理费等	QAD 工艺工程师 Maintenance QA 产品项目策划 财务部	工艺工程师 NPD	
5	销售成本	产品销售过程中产生的成本，忽略不计	—	PM 销售	
6	安装成本	根据本公司产品应用特点，可忽略安装成本	—	NPD	
7	使用成本	如使用过程中所需要的人力资源成本、能源消耗成本等 根据本公司产品应用情形，可忽略使用成本	NPD 顾客	NPD	
8	维护成本	在产品投入营运后，进行维护所需要投入的成本。 例如：维护工时、维护设备和工具投入成本、人员培训费、备品备件成本等 根据本公司产品特点，维护工时、人员培训等成本忽略不计 虽然维护成本均由客户支付，不列入本公司成本统计，但仍然需要列入产品整个生命周期成本分析	NPD 顾客	NPD	

续表

序号	LCC项目	说明和举例	可能的信息源	分析责任人	统计 Owner
9	报废处置成本	在产品生命周期结束后，对其进行报废和处置所需要的成本，以符合环境、安全等方面法律法规的要求 根据本公司产品材料，可忽略报废和处置成本	NPD 顾客	NPD	

6.7 LCC估计

6.7.1 小组应根据确定的LCC成本结构，从上述的各种可能的信息来源收集信息，用于估计LCC。此外，以往对类似产品的LCC分析和监控结果也可用于LCC估计。

6.7.2 依据LCC成本结构估计的所有成本汇总在一起就是产品的LCC成本。汇总时应使用以下计算假设。

（1）以估计当日为基准日，折算为单位产品的净现值。

（2）不考虑通货膨胀率。

（3）利率为10%。

（4）除了应考虑增值税外，不考虑其他如所得税、增值税等。

（5）最后结果以美元表示。

（6）汇率为估计时的年汇率。

6.7.3 LCC估计结果记入《LCC分析报告》。

6.8 LCC估计结果分析

6.8.1 应尽量使用图表显示LCC分析结果。

（1）各种方案下的LCC比较。

（2）LCC中各成本的比例或总额比较。

（3）本公司支付的成本和顾客支付的成本比较。

6.8.2 LCC分析结果记入《LCC分析报告》。

6.9 LCC报告、评审和应用

6.9.1 《LCC分析报告》应得到工程技术经理和PM经理的确认。

6.9.2 依照《新产品开发程序》，确认后的《LCC分析报告》应该在方案确定阶段中评审，以评选方案或确定采取其他措施，如修改设计方案、工序设计方案、产品使用方案等，以取得LCC和产品性能要求、RAMS要求之前的平衡。

6.9.3 修改方案后，LCC组长应组织再次进行LCC估计、分析、报告和评审，直到得到满意结果或主动终止该项目。

6.10 LCC监控

6.10.1 随产品的实际进展，在后续的产品设计、工序开发、生产制造阶段可以不断地获得实际成本数据。各阶段的LCC分析责任人应统计这些实际成本，提交LCC小组进行讨论、分析，并更新《LCC分析报告》。

6.10.2 当进入使用、维护、报废和处置阶段，包括质保期内和质保期后的阶段，负责与该顾客联系的人员（如QA工程师、NPD或者PM工程师等）应从顾客抱怨信息和售后服务活动中了解可能发生的变化，统计和监控这些成本，提交LCC小组进行讨论、分析，并更新《LCC分析报告》。

6.10.3 这些分析和监控活动如下。

（1）与LCC估计结果进行比较，检查所确定的成本结构是否合理，成本估计是否准确等。

（2）与以往LCC监控结果进行比较，检查成本实际结构是否发生重大变化。

（3）寻找产品设计、生产制造、使用维护等方案的改进机会，并提供建议。

6.11 LCC更新

除了应依照本文6.9和6.10中的规定对《LCC分析报告》进行更新外，在实施工程变更前，各LCC分析责任人应组织对拟变更的方案进行LCC估计、比较，并在工程变更后，监控并更新《LCC分析报告》。

6.12 COPQ（Cost of Poor Quality，劣质成本或不良质量成本损失）

6.12.1 COPQ数据来源

COPQ 数据来源

损失成本	COPQ项目	可能的信息来源
内部损失成本 指在交货前，因产品不满足规定要求所造成的损失	来料报废损失、来料挑选/返工/重检工时等	IQC：MRB单
	来料造成的，在制品和成品报废损失、产品挑选/返工/重检工时、停工损失等	生产线：生产日报表、MRB单
	非来料造成的，在制品和成品报废损失、成品降级报废、产品挑选/返工/重检工时、停工损失等	生产线：生产日报表、MRB单
	库存品（来料、半成品和成品）报废损失、挑选/返工/重检工时、降级报废、停工损失等	仓库：MRB单
外部损失成本 在向顾客交货后，因产品不满足规定要求所造成的损失	顾客罚款、损失赔偿	CS/QA：顾客通知/发票
	退货/换货/补货产生的运输费	CS/QA：快递收据/发票
	产品处理费用，如挑选费、返工费、重检费等	CS/QA：顾客通知/发票 QA：MRB单 生产线：生产日报表
	产品处理产生的差旅费	Finance：报销凭证
	产品报废损失	QA：MRB单、RMA单

6.12.2 COPQ 统计、分析、改善和报告

（1）统计：由QA工程师在每月上旬，使用《COPQ统计分析表》统计上月所发生的COPQ，并记录造成不良的原因、责任和改善措施（如记录8D报告编号、MRB单编号、RMA单编号等）。所有成本折算成美元，统计中所涉及的产品单价和工时单价由Finance提供。

（2）分析：由QA工程师每月对COPQ统计结果进行分析，包括年趋势图和最近连续12个月的月趋势图（内部损失成本、外部损失成本、总COPQ）、本月COPQ图等。

（3）改善：QA工程师应确保所有COPQ项目均有原因分析和改善措施，尤其是成本大幅上升或连续上升、目标无法实现等情况下。

（4）报告：QA工程师应在COPQ分析完成后，报告给生产部门经理、QA经理等。不良品质成本统计分析应在管理评审会议中进行评审。

第三节 面向成本（DFC）的产品设计

一、面向成本（DFC）的含义与特征

（一）DFC 的定义

DFC（Design for Cost，面向成本的产品设计），是指在产品设计阶段，通过准确定义产品规格，从产品成本的角度，选择最优的产品内部结构、零部件材料及其制造和装配工艺，设计产品满足产品功能、外观、可靠性、可制造性和可装配性等要求，并在整个产品开发阶段进行目标成本管理，包括设定目标成本和成本计算与核算等，从而达到降低产品成本的目的，保障企业能够获得足够的利润和投资回报。DFC将全生命周期成本作为设计的一个关键参数，并为设计者提供分析、评价成本的支持工具。

与传统的降低产品成本方案集中于产品制造阶段不同，面向成本的产品设计把降低产品成本的方案向前推进到产品设计阶段，这是基于一个众所周知的事实：约80%的产品成本决定于产品设计阶段。

（二）DFC 的设计特点

（1）在工程系统研制开发中，应将费用（成本）作为一个与技术、性能、进度和可靠性等要求列为同等重要的参数给予确定。

（2）要求在工程项目的全部生命周期内考虑成本问题。

（3）确定准确的生产、使用和维护等阶段中的DFC参数（如每单位的装配成本、每单位的使用成本等），并使得这些参数与进度、性能、可靠性等参数之间达到一种最佳平衡。

（4）确保向工程设计及有关人员进行成本信息的及时交流与反馈，以便有效地采取相应的控制措施。

二、DFC的研究内容

DFC的研究内容如表9-1所示。

表9-1　DFC的研究内容

序号	内容	说明
1	建立目标成本说明书和对照表	目标成本是企业在管理中对成本进行的预测，也是企业追求的目标，建立目标成本后，一般可采用材料选择、加工设备选择等方法来降低成本
2	研究成本分配情况并对高成本部分进行标识	在成本会计中，一般需要对成本进行分析，以加强对成本的管理和控制
3	依据产品和投入工程的费用进行设计	在实际应用中，有的工程项目或产品在设计开始前，就已经知道可以获得多少投资，此时需要根据可获得的投资进行设计工作
4	依据市场情况进行设计和成本的平衡	在市场竞争日益激烈的情况下，只是具有最低的成本已经不够了，必须寻求最佳的性能价格比，即在客户能接受的范围内以适当的价格提供最佳的功能，而价格主要是由成本决定的，产品性能与设计是密切相关的，即成本与设计之间需要进行平衡
5	为设计者提供制造材料对成本的影响信息	在一般情况下，材料成本在制造成本中占有较大的比重，而材料的信息一般比较容易获得且比较准确，因此材料对成本的影响不可忽视
6	选择制造手段，降低制造成本	在现代企业中，制造手段多样化（如净成型、快速成型技术的广泛应用），不同的制造方法其成本差异很大，选择制造手段已经成为降低制造成本的有效方法

三、DFC的关键技术

DFC是并行工程的支持工具之一，是DFX（Design for X）的重要组成部分，DFM、DFA等是面向产品生命周期某一环节的，而DFC是面向整个产品生命周期的，即成本问题在设计、加工、装配、检验、使用、维修、回收和报废等环节中是一直存在的，这一点是与DFM、DFA不同的。

相关链接

并行工程与串行工程

并行工程是一种新的产品开发方法，旨在改善产品质量、降低开发成本、缩短开发周期、提高生产率。

与之相对，传统的新产品开发是串行工程。

一、串行工程

长期以来产品开发工作一直采用传统的串行工程方法，先进行市场需求分析，将分析结果交给设计部门，设计人员进行产品设计，然后将图纸交给工艺部门进行工艺设计和制造准备，采购部门根据要求进行采购，一切齐备后进行生产加工和测试，结果不满意时再修改设计与工艺，如此循环直到满意。

串行方法的弊端：串行方法设计在设计中各个部门独立工作，设计中不能及早考虑制造及质保等问题，造成设计与制造脱节，导致产品开发成为设计改动量大、开发周期长、成本高的大循环。

二、并行工程

"并行"是相对传统产品开发的"串行"而言，其实还是有时间先后的。由于这种方法能够较好地兼顾产品生命周期中各阶段的需求，并将它们在设计中加以考虑，因此也称为"生命周期工程"。其特点如下。

（1）集成地、并行地设计产品及其相关的各种过程（包括制造与支持）。

（2）要求产品开发人员在设计一开始就考虑产品整个生命周期中从概念形成到产品报废处理的所有因素。

（3）强调一切设计活动尽早开始，力争一次获得成功，关键是产品及其相关过程设计工作的并行集成。

三、串行工程与并行工程的对比

串行工程与并行工程的对比如下表所示。

串行工程与并行工程的对比

竞争	并行工程	串行工程
产品质量	较好，在生产前已经注意到产品的制造问题	设计与制造之间沟通不足，导致产品质量无法达到最优化
生产成本	由于产品的易制造性提高，成本低	开发成本较低，但制造成本可能较高
生产柔性	适于小批量、多品种、高技术产品	适于大批量、单一品种、低技术产品

续表

竞争	并行工程	串行工程
产品创新	较快速推出新产品,能从产品开发中学习及时修改的方法及创新意识,新产品投放市场竞争力强	不易获得最新技术以及市场需求变化趋势,不利于产品创新

相关链接

面向产品生命周期各环节的设计方法DFX

并行工程涉及人员管理以及产品开发过程管理,并行工程也提供技术和方法,以DFX技术和方法为代表。

DFX是面向产品生命周期各环节的设计,其中X代表产品生命周期的某一个环节或特性,它是一种新的设计技术,在设计阶段尽可能早地考虑产品的性能、质量、可制造性、可装配性、可测试性、产品服务和价格等因素,对产品进行优化设计或再设计。其中的Design不仅仅指产品的设计,也指产品开发过程和系统的设计。

一、DFX的内涵

DFX是一种设计方法论,但它本身并不是设计方法,不直接产生设计方案而是设计评价分析方法,为设计提供依据

DFX不仅用于改进产品本身,而且用于改进产品相关过程(如装配和加工)和系统。

二、常见的DFX

常见的DFX主要包括以下内容。

DFA:Design for Assembly 可装配性设计。针对零件配合关系进行分析设计,提高装配效率。

DFA:Design for Availability 可用性设计。保证设备运行时,业务或功能不可用的时间尽可能短。

DFC:Design for Compatibility 兼容性设计。保证产品符合标准、与其他设备互联互通,以及自身版本升级后的兼容性。

DFC:Design for Compliance 顺从性设计。产品要符合相关标准/法规/约定,保障市场准入。

DFC:Design for Cost 面向成本的设计。是指在满足用户需求的前提下,尽可能

地降低产品成本。

DFD：Design for Diagnosability 可诊断性设计。提高产品出错时能准确、有效定位故障的能力。

DFD：Design for Disassembly 可拆卸性设计。产品易于拆卸，方便回收。

DFD：Design for Discard 可丢弃性设计。用于维修策略设计，部件故障时不维修，直接替换。

DFE：Design for Environment 环保设计。减少产品生命周期内对环境的不良影响。

DFE：Design for Extensibility 可扩展性设计。产品容易新增功能特性或修改现有的功能。

DFEE：Design for Energy Efficiency 能效设计。降低产品功耗，提高产品的能效。

DFF：Design for Flexibility 灵活性设计。设计时考虑架构接口等方面的灵活性，以适应系统变化。

DFF：Design for Fabrication of the PCB 为 PCB 可制造而设计。PCB 设计需要满足相关可制造性标准。

DFH：Design for Humanity/ Ergonomics 人性化设计。强调产品设计应满足人的精神与情感需求。

DFI：Design for Installability 可部署性设计。提高工程安装、调测、验收的效率。

DFI：Design for International 国际化设计。使产品满足国际化的要求。

DFI：Design for Interoperability 互操作性设计。保证产品与其他相关设备的互联互通。

DFL：Design for Logistics 物流设计。降低产品包装、运输、清关等物流成本，提升物流效率。

DFM：Design for Migrationability 可迁移性设计。通过设计保证系统的移植性与升级性。

DFM：Design for Maintainability 可维护性设计。确保高的维护能力、效率。

DFM：Design for Manufacturability 可制造性设计。为确保制造阶段能够实现高直通率而开展的设计活动。

DFP：Design for Packaging 为包装而设计。

DFP：Design for Portability 可移植性设计。保证系统更容易从一种平台移植到另一种平台。

DFP：Design for Performance 性能设计。设计时考虑时延、吞吐率、资源利用率，提高系统的性能。

DFP：Design for Procurement 可采购性设计。在满足产品功能与性能前提下物料的采购便捷且低成本。

　　DFP：Design for Postponement 延迟性设计。设计支撑将客户差异化需求延迟到供应的后端环节来满足。

　　DFQ：Design for Quality 为质量而设计。

　　DFR：Design for Recycling 可回收设计。保证产品易于回收处理。

　　DFR：Design for Reliability 可靠性设计。在产品运行期间确保全面满足用户的运行要求，包括减少故障发生，降低故障发生的影响，故障发生后能尽快恢复。

　　DFR：Design for Repair 可维修性设计。在设计中考虑为产品维修提供相关便利性。

　　DFR：Design for Reusability 可重用性设计。产品设计/模块能够被后续版本或其他产品使用，提升开发效率。

　　DFS：Design for Safety 人身安全设计。在产品设计中考虑产品使用中保护人身的安全。

　　DFS：Design for Scalability 可伸缩性设计。有效满足系统容量变化的要求。

　　DFS：Design for Security 安全性设计。最大限度地减少资产和资源的脆弱性，包括机密性、完整性、可用性、访问控制、认证、防抵赖和隐私保护等方面。

　　DFS：Design for Serviceability 可服务性设计。提高系统安装调测与维护管理能力，提高服务效率。

　　DFS：Design for Simplicity 简洁化设计。减少产品零部件与复杂度，降低物料、供应、维护成本。

　　DFSC：Design for Supply Chain 可供应性设计。提升供应效率，提高库存周转率，减少交付时间。

　　DFS：Design for Sustainability 可持续性设计。可持续的原材料、生产和消费之间的互动。

　　DFT：Design for Testability 可测试性设计。在设计阶段将一些特殊设计加入电路中，以便设计完成后方便对产品进行测试，以提高产品的故障检测与定位隔离能力。多放测试点（过孔露铜），电路板上多放丝印（器件标识、方向、丝印说明等）。

　　DFU：Design for Upgradeability 易升级性设计。产品运行中的升级容易操作。

　　DFU：Design for Usability 易用性设计。用户使用的方便性、有效性、效率。

　　DFV：Design for Variety 可变性设计。管理产品多样化需求，平衡客户多样性需求和规模供应效益。

　　在实际产品设计中根据实际场景关注主要设计即可。

三、典型的DFX方法简介

　　（一）DFA（Design for Assembly）面向装配的设计

DFA面向装配的设计原则如下。
（1）减少零件数。
（2）采用标准紧固件和其他标准零件。
（3）零件的方位保持不变。
（4）采用模块化的部件。
（5）设计可直接插入的零件。
（6）尽量减少调整的需要。
（7）适合自动生成线生产。

（二）DFM（Design for Manufacture）面向制造的设计

这里的制造主要指构成产品的单个零件的冷热变形加工过程。DFM的目的是减少该类加工的时间与成本，提高加工质量。具体原则如下。
（1）简化零件的形状。
（2）尽量避免切削加工，因为切削加工成本高。
（3）选用便于加工的材料。
（4）尽量设置较大公差。
（5）采用标准件与外购件。
（6）减少不必要的精度要求。

（三）DFI（Design for Inspection）面向检验的设计
（1）着重考虑产品、过程、人的因素以便提高产品检验的方便性。
（2）加工中的产品检验是为了提供快速精确的加工过程反馈，而维修中的产品检验则是为了快速而准确地确定产品结构或功能的缺陷，及时维修以保证产品使用的安全。
（3）产品检验方便性取决于色彩、零件内部可视性、结构等诸多因素。

（四）DFS（Design for Service/Maintain/Repair）面向维修的设计

售后服务是现代企业非常重视的环节之一。产品的售后服务主要是指产品维修。维修总是伴随着拆卸和重装，产品维修性主要取决于产品故障确定的容易程度、产品的可拆卸性和可重装性，减少拆卸重装的时间与成本是DFS的重要问题。

维修性也取决于产品的可靠性，要尽量使容易发生故障的零部件处于容易拆卸的位置，从而有利于维修时间与成本的减少。

（五）DFR（Design for Recycling）面向回收的设计

当今社会环保问题的严峻性促使产品回收开始成为企业的责任。企业产品开发必须将产品回收问题提到日程上来。

面向产品回收的设计重点集中在产品的可拆卸性的提高和材料方面。

产品的可拆卸性取决于零件数、产品结构、拆卸动作种类、拆卸工具种类等因素。

（六）DFC（Design for Cost）面向成本的设计

面向成本的设计 DFC 和按费用设计 DTC（Design to Cost）是不同的，DFC 是一种设计方法，DTC 在很大程度上属于管理方法；DFC 主动地运用各种方法降低产品的成本，而 DTC 是为了获得一个满足给定的目标成本并符合用户要求的设计。两者的相同之处主要体现在从设计入手考虑产品的全生命周期成本。从两者对成本的重视程度、对设计的改进和产生的时间顺序看，可以说 DFC 是 DTC 的进一步发展。

（七）DFQ（Design for Quality）面向质量的设计

DFQ 面向质量的设计采用方法为：质量功能配置 QFD（Quality Function Deployment）、故障模式和效益分析 FMEA（Failure Mode and Effect Analysis）、鲁棒性设计 RD（Robust Design）、优化设计、质量信息反馈的有效利用等。

具体原则如下。

（1）产品易于检查。

（2）采用标准件。

（3）采用模块化设计。

（4）图纸标准清楚、规范。

（5）尺寸公差设置合理。

DFC 的实现需要以下一些关键技术的支持。

（一）基于并行工程的全生命周期成本模型

此模型必须能够在产品的不同设计阶段对成本进行相应的估算。

（二）目标成本的确定

在目前还缺乏精确的方法对目标成本进行确定，实际中一般是考虑市场、利润、工厂条件和生产批量等因素，利用历史资料进行确定。

（三）与其他 DFX 工具的集成

由于 DFC 是面向产品全生命周期的，这就要求它必须能够与其他 DFX（如 DFM、DFA 等）工具协调一致进行工作，即需要建立不同评价标准的协调原则和方法。

（四）设计结果评价和改进设计建议的生成

这一工作需要在其他 DFX 技术的支持下进行，即不能只考虑成本一个要素，而且还要综合考虑其他的评价模块提供的评价依据，才能生成合理的设计建议。

（五）成本估算方法

不同的估算方法有可能产生不同的结果，怎样合理地确定估算方法是值得研究的问题。一般来说在并行工程中，由于不同的设计阶段所产生的信息的完整程度不同，所采用的成本估算方法也不同，例如：在设计的初期，可采用参数化估算方法、神经网络等方法；在详细设计阶段，可采用手册估算方法、详细估算等方法。而且，生产批量、产品类型、产品生命周期长短的不同在选择估算方法时也是需要考虑的因素，同时所选方法应该是灵活易用、可靠准确的。

总的来说，为了解决上述关键技术，应该综合运用特征建模技术、拟实技术、人工智能、成组技术、工业工程和信息集成等技术。

四、DFC 的实现方案

针对不同的设计类型有不同的成本估算方法，也就存在不同的DFC实现方案。设计是一种创造性行为，但是创造性设计在实际的日常生产中所占比重不大，而变型设计和模块化设计确占很大比例。

（一）成组技术之模型建立

成组技术是为了适应多品种小批量的生产需要，将品种繁多的机械零件，按其形状、尺寸、工艺等相似性分类归组，扩大其加工批量，用大量生产的先进技术和设备来解决小批量的生产，达到提高生产率、降低成本和提高质量的目的，并且在设计阶段按相似原则进行标准化，减少零件的品种以利于生产技术和设备的准备并促进生产组织合理化。成组技术在设计、制造、生产管理等方面的应用产生了明显的经济效益，它为并行工程的实施提供了良好的基础。在并行工程中，与产品设计并行工作的工艺、装配、检验等下游工作都是在产品信息和制造信息不完整的情况下进行的，而以成组技术为基础的设计思想关键是利用产品的相似性，在原有相似零件和产品的基础上进行适当修改后形成新零件或新产品，而不是"一切从头开始"，这一点有力地支持了并行工程的应用。从线框造型、表面造型、实体造型到特征造型CAD系统的功能日益完善，在此主要介绍基于成组技术和特征建模技术的模型。

1. 模型的工作流程

首先，设计人员根据用户要求采用特征造型技术进行零部件的设计，然后系统自动对所设计的零部件进行成组编码，并根据编码搜索与之近似的零部件，若有相似零部件，则可按相似的零部件估算成本，否则，进行成组工艺设计，并根据加工特征估算成本。在零部件成本估算的基础上对产品成本进行估算，所得到的成本信息再反馈给设计人员，进行设计上的修改,保证既定成本目标的实现。这些工作可以反复进行直到满意为止。

2. 模型的主要组成模块

模型的主要组成模块如图9-11所示。

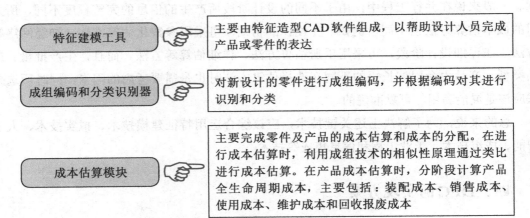

图9-11 模型的主要组成模块

3. 模型的特点说明

此模型利用特征技术和成组编码技术实现零件特征的分类和识别,并根据成组技术估算其成本;在产品成本的估算中考虑了用户使用成本、维修成本和回收报废成本,体现了全生命周期成本的特点;而且,在具体计算成本时还选择应用了国际上正在兴起的作业成本计算方法,保证了成本计算的可靠性和科学性。

(二)产品模块化设计

产品模块化设计就是将产品分成几个部分,也就是几个模块,每一部分都是具有独立功能,具有一致的几何连接接口和一致的输入、输出接口的单元,相同种类的模块在产品族中可以重用和互换,相关模块的排列组合就可以形成多种不同功能或相同功能、不同性能的系列产品。

简单概括就是要像组装积木一样组合出不同产品。

通过模块的组合配置,就可以创建不同需求的产品,满足客户的定制需求;相似性的重用,可以使整个产品生命周期中的采购、物流、制造和服务资源简化。

1. 模块化设计思想的基本原则

模块化设计思想有两条基本原则:力求以少量的模块组成尽可能多的产品,并在满足要求的基础上使产品精度高、性能稳定、结构简单、成本低廉,模块间的联系尽可能简单;模块的系列化,其目的在于用有限的产品品种和规格来最大限度又经济合理地满足用户的要求。

2. 主要特点

模块化设计可以通过模块的选择和组合构成不同的顾客定制的产品，以满足市场的不同需求。而且这是相似性原理在产品功能和结构上的应用，通过模块化设计我们可以实现标准化与多样化的有机结合及多品种、小批量与效率的有效统一，这是模块化设计的主要特点。

3. 模块化设计的应用

现如今模块化设计思想已经应用到各个领域。

（1）模块化软件在AVR单片机及教学机器人上的应用。该软件在设计上采用了模块化，将机器人的各个动作指令如直行、转向、启动关闭电机等模块化，在编写程序的时候只需将各个指令模块组合，即可完成对机器人动作指令的简单编写。

（2）模块化机器人。机器人的模块化，就是将机器人某些要素组合在一起，构成一个具有特定功能的子系统；再将这个子系统作为通用性的模块与其他子系统进行组合，构成一个完整的机器人，甚至产生多种不同功能或相同功能、不同性能的效果。

通过机器人的模块化过程有助于研究和开发。将机器人的各个组分分离开来进行研究，可以降低机器人研发的复杂度，使设计、制作、调试和维护等过程简单化、经济化、高效化；同时让各个领域的专家做自己擅长的事情，可以让他们充分发挥各自的专业优势，将自己负责的模块做到最好。

（3）模块化设计在机床行业的应用。模块化机床具有很大适应性和灵活性、设计制造周期短、制造成本低等一系列优点，使产品在市场上具有很强的竞争能力。机床模块化设计的主要方法有横系列模块化设计、跨系列模块化设计、总系列模块化设计及全系列模块化设计。而组合机床和组合夹具则是模块化设计在早期产品中的成功运用。

组合机床实际上是专用机床的模块化。对某些特定工序，通用机床上的某些机构成为无用机构，并且在生产效率、加工质量稳定等方面无法满足批量生产的要求。专用机床是针对某一特定产品中某一特定零件加工中的一个或几个加工工序而设计、制造的，可提高自动化程度并保证产品质量。专用机床是专门设计、单件小批量生产，成本高、设计制造周期长，为解决这些矛盾，出现了组合机床。

组合机床是由通用部件与少数量的专用部件、零件组合而成，通用零部件是经过事先规划设计并且可成批进行制造。有关厂家和主管部门已制定了组合机床通用部件系列的统一标准，当需要一台新的组合机床时，只需设计和制造其中专用零部件，然后与现有的或外购的通用部件组装在一起即可，从而大大地缩短了机床设计和制造周期，降低了成本。因而组合机床出现以后，获得了迅速的发展和广泛的应用。组合机床的特征是在对专用机床进行分析的基础上，将其具有共性或相似的部分分解出来，再按其功能、尺寸、驱动和运动方式等方面的不同，设计成系列的通用部件，这些通用部件实质上就是可以互换的模块。所以可以说，组合机床是专用机床的模块化。

（4）模块化的液压系统。目前，液压系统的设计正朝着集成化、模块化方向发展，其中液压系统叠加阀式集成配置形式是集成模块化方式中的一种。叠加阀式集成配置形式是在集成块和集成板的基础上发展起来的新型液压控制系统。它采用标准化的液压元件，通过螺钉将阀体叠接在一起，组成一个系统。其优点是：叠加阀在组成系统时，由自身的阀体直接叠合而成，可节省大量油管和管接头；集成模块组成的液压系统结构紧凑、重量轻；由于系统元件之间是无管连接，消除了因油管、管接头等引起的漏油、振动和噪声；系统元件配置灵活，当工作系统发生变化、需要增加元件时，重新组装方便迅速，系统也易于保养维修；由叠加阀组成的集中供油系统，可大大节约能耗。

五、DFC面向成本设计的关键过程

面向成本的设计关键过程如图9-12所示。

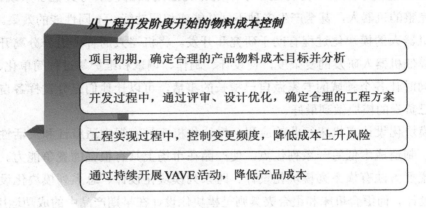

图9-12　面向成本的设计关键过程

六、DFC面向成本的设计思路

DFC面向成本的设计思路如图9-13所示。

图9-13　DFC面向成本的设计思路

（一）产品成本构成与管理

产品成本构成是多个因素组成的。要加强成本管理，做好这项工作，研发人员首先就应了解构成成本的要素。产品成本由原材料初始价、加配料初始价、生产工资、其他费税、应得利润、生产管理费用组成构成,这也就是产品出厂价。商品是工厂生产出来的产品,产品转为商品是要通过流通渠道完成的。作为商品流通渠道的企业,它的成本与工厂成本是有区别的,产品的出厂价就是商品的最初始价的基础,即进价。它应加上流通环节的各项支出,并要加上企业应得的利润,才形成商品的售价。

(二)成本设计检查清单

面向成本的设计首先是从功能出发,兼顾客户感知,最终在材料、结构、工艺要求中体现,如表9-2所示。

表9-2 面向成本设计的Checklist(产品设计20问)

序号	问题	序号	总是
1	这个零件的功能能否用其他方式达到	11	这个零件能否设计为标准零部件
2	这个零件的现功能能否消除	12	这个零件能否借用现有零部件(通用化)
3	这个零件的次要功能能否消除	13	对零件进行小的改动,能否降低用料
4	这个零件能否和其他零件组合在一起	14	这个零件表面处理很重要吗,能否用其他的表面处理方式
5	是否有较为便宜的替代零件	15	能否放宽设计要求以利于制造(尺寸等要求)
6	能否使用便宜的材料进行生产	16	是否可以使用密度更低的方案替代(发泡密度)
7	零件是否设计为以较便宜的材料进行生产	17	零件的性能要求是否过高(性能指标)
8	零件所有的功能/特色是否都需要	18	零件的机加工能否代之为铸造、冲压或锻造
9	零件能否用标准材料生产	19	改善加工方法能否降低成本
10	零件下料形成和尺寸是否经济(利用率)	20	这个零件所有的螺丝、铆钉和其他紧固件是标准的吗

(三)精益对标设计

选取恰当的对标对象,有助于设计思路的挖掘和成本控制,如图9-14所示。

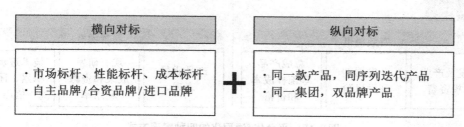

图9-14 选取恰当的对标对象

(四)价值工程实施

价值工程就是围着产品功能,分析和制定合理的功能实现路径,如表9-3所示。

表9-3 价值工程实施步骤

工作步骤		对应的问题
功能定义	(1)对象选择	(1)这是什么
	(2)收集情报	
	(3)功能定义	(2)这是干什么用的
	(4)功能整理	
功能评价	(5)功能成本分析	(3)它的成本是多少
	(6)功能评价	(4)它的价值是多少
	(7)选择功能改进对象	
制定改善方案	(8)创意	(5)有其他方案实现吗
	(9)方案具体化	(6)新方案的成本是多少
	(10)详细评价	(7)新方案能满足功能要求吗
	(11)提案	

(五)平台化/通用化

平台化/通用化主要有图9-15所示四种实现方式,对产品成本控制有着重要的意义。

图9-15 平台化/通用化的四种实现方式

第四节　全生命周期成本管理关键实践

一、设计成本改进

设计前端节省1元钱，就可能带来大量的利润，另一方面，聚焦局部的改善有助于把一些研发费用处理得更有效率，用在用户看得见摸得着的地方。

在产品成本管理方面，将研发成本计入产品成本来计算获利率及决定价格的做法，对于不同产业会有不同的影响。例如机械行业，每一个产品开发的成果可能只用来制造一台或数台机械，研发成本占产品成本的比例比较高，管理所带来的效益也比较大；然而对电子制造业而言，产品开发的成果可能用来生产数百万台电子产品，分摊之后的研发成本的比例可能极微小，即使加强管理可能也看不出效益。因此，企业需要对研发方案进行再次审核，看是否可以通过改进方案来控制研发成本。

（一）研发方案对产品成本的影响

在不同行业，如传统制药厂，研发费用占整个生产成本的比例较小，计入当期损益对企业只有相应比例的影响；而在软件行业，研发费用是其主要的生产成本，如果全部计入当期损益，对企业的财务效益的反映方式和所得税的确认与计算影响极大。一般来说，改进研发方案对产品成本具有以下影响，具体如图9-16所示。

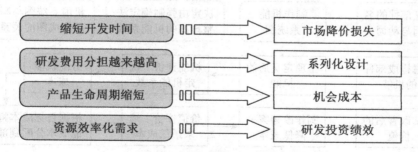

图9-16　改进研发方案对产品的影响

（二）研发方案的改进内容

研发方案的改进内容如图9-17所示。

明确制造产品的先后顺序的组合图（工序流程图），运用的原理是遵循事物的发展规律，由里到外，从简单到复杂

图9-17

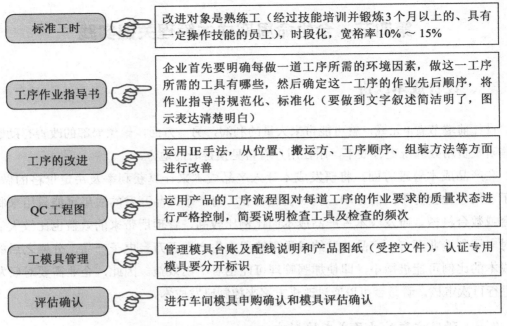

图9-17 研发方案的改进内容

（三）改进最低成本的步骤

改进最低成本的步骤如图9-18所示。

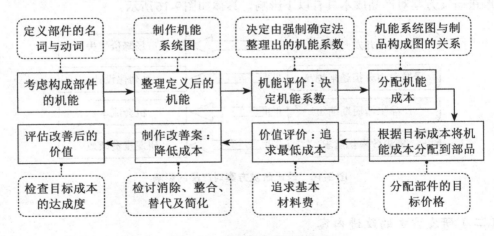

图9-18 改进最低成本的步骤

（四）成本的改进方法

1. 最低成本法

最低成本法是为了追求必要的基本机能。基本机能的组成如图9-19所示。

图 9-19 基本机能的组成

追求最低成本=必要基本机能

必要基本机能包括材料费（完成必要机能所设计的材料使用量及最适材料）；加工费（完成必要基本机能所需的加工工时）。

2. 竞争分析法

以追求最低成本的观点追求必要的基本机能，虽然是企业进行成本管理的最佳模式，但需要有整体的配合才能成功。相比较而言，利用竞争分析法来进行成本控制相对简便。将自有产品分解，与竞争产品或目标成本进行比较，应用价值手法的成本控制方法。下面给出了两家公司的一次性相机拆卸表（见表9-4），由该表可以看出如下内容。

个数：K公司＞F公司 35%　　　质量：K公司＞F公司 3.2%

胶卷：F公司＞K公司　　　　　体积：F公司 30mm×58mm×105mm（厚）

　　　　　　　　　　　　　　　　K公司 25mm×59mm×108mm（薄）

表 9-4　一次性相机拆卸表

项目	F公司		K公司	
	个数	质量/g	个数	质量/g
包装纸	1	4.3	1	3.8
外箱	1	9.7	1	5.0
前面板	1	11.6	1	15.9
视窗镜头	0	—	2	—
本体	2	16.8	2	17.0
软片	1	19.2	1	16.0
软片轴	0	—	1	2.1
卷片杆	2	—	2	—
镜头、盖子	1	5.1	2	8.5
计数器	3	—	4	—
快门部品	7	—	9	—
后面板	1	11.4	1	12.3
合计	20	78.1	27	80.6

3.相对比较法

(1)材料费标准偏差分析法。利用材料费标准偏差分析,通过制程改善,可以达到降低成本的目标。

(2)加工费标准偏差分析法。利用设备稼动偏差的分析,来寻求最适当的设备配置。

二、采购成本改进

在产品研发设计之初,就考虑到原物料的采购成本,有利于建立竞争环境,推动研发改进,把控供应风险。

采购成本是指与采购原材料部件相关的物流费用,包括采购订单费用、采购计划制订人员的管理费用、采购人员管理费用等。存货的采购成本包括购买价款、相关税费、运输费、装卸费、保险费以及其他可归属于存货采购成本的费用。

(一)采购的职责

(1)在公司统一的供应链目标下持续供应,保持物料的可供应性。
(2)物料品质控制:通过供应商的质量管理体系与过程控制。
(3)降低采购成本,选择最合适的供应商,建立竞争格局。

采购的目标如图9-20所示。

图9-20 采购的目标

采购降价不是采购一个部门的事情,而是很多部门协同参与的事情,如图9-21所示。

(二)实现价值采购

价值采购就是从生命周期成本与全流程成本的角度,评估采购标的。

(1)TCO分析最初就是用于采购。TCO(Total Cost of Ownership,总拥有成本)包括产品采购到后期使用、维护的成本。这是一种公司经常采用的技术评价标准。

(2)ESI(Early Supplier Involvement,早期对供应商参与)在产品设计初期,供应商即参与产品开发,既能缩短开发周期,又能保证量产质量。

(3)在设计前端开展DFSC设计,在设计前端建立供应商竞争格局。DFSC(Design for Supply Chain,可供应性设计)有助于提升供应效率,提高库存周转率,减少交付时间。

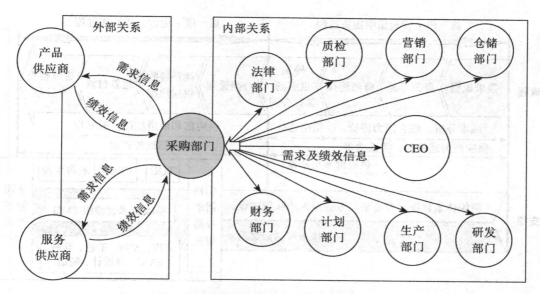

图9-21 采购降价是采购多部门协同参与的事情

（4）尊重合作伙伴，建立供应商交付能力基线，与合作伙伴共同成长。现场审核发现的问题，识别改善机会，纠正和预防措施纳入供应商改善行动要求系统中，持续跟进闭环。

（5）归一化设计，汇聚采购量，以量换价。一般来说，物料成本会上升，原因是低端产品选用低价物料，高端产品选用高价物料。归一化一般是就高不就低。归一化带来的批量采购收益，可减少呆死料，缩短货期，提升制造效率。

（三）构建供应商竞争格局

战略采购的过程，就是需求识别与资源寻找的过程。具体要求完整准确地描述需求规格，对未来的采购量进行预测，寻找最合适供应商，保证可持续供应与成本竞争。这需要全流程跨部门协作（如图9-22所示），在设计前端构建竞争格局。对供应商和物料做充分的考察，一次把事情做对，避免被供应商支配，充分考虑器件可供应性、品质与成本，在设计前端构建成本竞争力。

1. 供应商的竞争格局的确定时间

研发阶段，器件确定了，供应商的竞争形式就基本确定了。企业采取招标还是议价的方式基本也确定了。

2. 采购货期确定的时间

研发阶段，器件确定了，物料的采购交付周期也确定了。

3. 采购如何发挥作用

（1）采购代表需要深入产品研发项目组，第一时间把采购的需求，纳入研发设计之中，哪些物料可选，哪些物料优选，哪些物料不能选，要建立起自己的器件管理库。

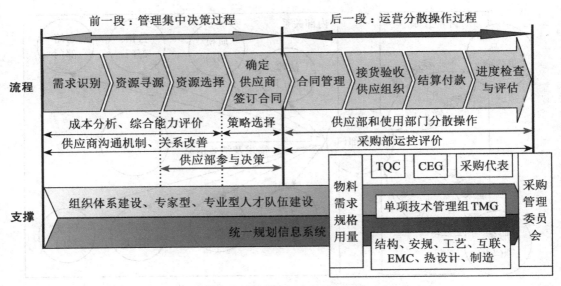

图9-22 全流程构建供应商竞争格局图示

（2）对于不得已要选用的独家供货物料、长周期物料，需要推动研发设计人员，承诺替代引入的时间计划，并提前建立独家供货与长周期物料的风险管控计划。

（3）选择独家供货、独家使用的物料责任在于研发设计人员。

（4）非独家供货、非独家使用的物料，没有建立竞争格局，责任在于采购。

三、供应成本改进

供应链的隐性成本是尚待开发的金矿，企业在产品研发的过程中要关注供应链。

（一）优秀的供应链管理收益

优秀的供应链管理收益如下。

（1）降低成本：库存降低10%～50%，存货跌价损失和报废40%～50%，提高资源利用率10%～20%。

（2）改善客户服务水平：改进交付达成率到95%～99.9%，缩短交付时间10%～20%。

（3）加快资金周转，比一般企业的资金周转时间短40%～60%。

（4）增加市场占有率。

（5）成为受欢迎的业务伙伴。

（二）供应链的指标

供应链集信息流、物流、资金流等三流合一，如图9-23所示。供应链的指标如下。

（1）速度：材料采购，生产组织，到达客户的速度。

(2) 柔性：响应市场需求的能力，柔性设计与生产。
(3) 质量：设计，生产，销售，服务总质量。
(4) 成本：单位产品的成本。
(5) 服务：规定交期内的交付达成率与客户满意度。
(6) 库存：原材料库存，半成品库存，成品库存。

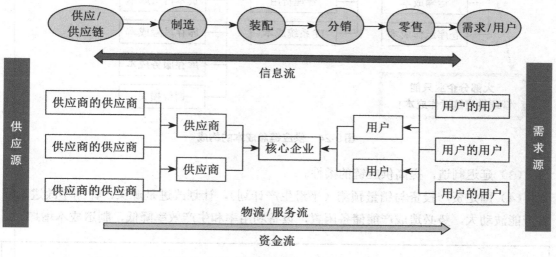

图 9-23 供应链三流合一

（三）供应成本改进

供应成本改进即从全供应链的角度，持之以恒地构建难以企及的、可持续的极致成本竞争力。

1.供应成本改进的理由

因为即使是最优秀的产品，如果没有预估好销量，备货不足，造成紧急备货，当市场热度过去了的话，就会造成大量呆滞货。供应链上的优势不容易复制，同时是形成可持续核心竞争力的所在。

供应链总成本由许多项目构成，如图9-24所示，但企业关注的只是供应链运作成本，而这对于企业的竞争力是远远不够的。

2.供应成本改进的措施

（1）库存是最根本性的问题，要充分重视存货成本，消除库存。

（2）开展模块化设计，缩短上市时间，对于快消品，上市时间是最大的成本。真正对质量与成本产生卓越贡献的，是结构化设计，平台化与CBB（Common Building Block，共通性建构基础，指那些可以在不同产品、系统之间共用的零部件、模块、技术及其他相关的设计成果），基础是全流程和端到端损益分析。

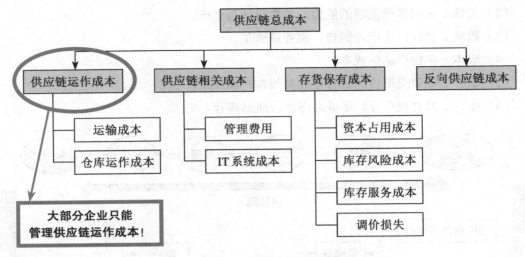

图9-24 供应链总成本的构成

（3）延迟制造，提高供应链的柔性。

（4）固定资产投资与销量预测（平滑生产计划）。计划改进是源头，计划不改进，峰谷产能波动大，势必造成产能储备闲置，设备利用率和生产效率降低，制造成本增加。

供应成本改进——重新认识宜家家具，结构化设计的典范。

1. 缩短上市周期

TTC是最大的成本，模块化可以使得设计、验证、制造有机地并行。

2. 采购成本降低

单一模块大批量采购招标降价，零件数减少一半，制造成本约降低10%。

3. 生产效率提升

模块化意味着可以大规模生产和大规模物流，异地生产。

4. 维护成本降低

大大降低售后服务成本。

5. 物流成本降低

集装箱，托盘作业30分钟，非托盘作业3～4小时。提高仓储效率，保证周转速度。

6. 促进销售

模块化使得共性与个性化得到有机统一，实现成本效益最大化。

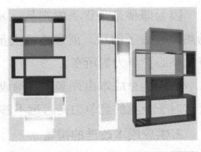

总而言之，现代企业的竞争，本质上说就是供应链的竞争。供应链上的优势不易复制，这是形成核心能力的地方，供应链是利润的"新"源泉，供应链成本为总成本的40%，供应链时间为总时间的90%。供应链的改进，需要多个部门协同作战。供应链成本改进是一个大命题，因为供应链系统发展至今，已经变成一门很专业的学科。

四、质量成本改进

质量成本改进就是要一次把事情做对，在设计前端构建质量标准，以降低后期的质量成本。

（一）质量改进认识的误区

（1）片面地认为，质量要靠流程制度保证，忽略了技术手段。
（2）片面地理解，在组织中构建质量能力，忽略了人的重要性。
（3）错误地认为，质量问题是质量部负责，忽略了业务部门是问题预防与解决的源头。

一般来说，技术垄断类的、与安全相关的、研发周期较长的产品，必须实施非常完善的研发流程。快消类的产品，流程必须高效。因此，质量管理专家常说，没有最好的，只有最适合的质量管理体系。由于质量改进导致的成本，对于管理不善的公司，可以高达销售额的25%。而对于一个管理成熟的企业大约可以控制到销售额的3%。

（二）质量改进的观念更新

质量管理，首先是缺陷管理，所有的质量问题都是有原因的，没有原因的质量问题是不存在的针对问题的改进，才是效率最高的，任何质量管理系统，都应该是围绕问题的发现与解决。

1. 质量改进铁三角

质量改进，需要人、技术、管理并重，需要长期坚持不懈努力，只有长期坚持的东西，才能达到难以企及的竞争力，如图9-25所示。

在质量铁三角中，我们强调的是管理很重要，并没有说流程很重要。原因是，流程只是管理手段之一，流程代替不了所有的管理。流程要解决的是可重复的成功，不要寄希望于用流程解决一切问题。如果流程能解决一切问题，那么一些顶级企业就不需要那么多的管理人员。所以，人、技术、管理三要素在质量改进中都是同样重要的。

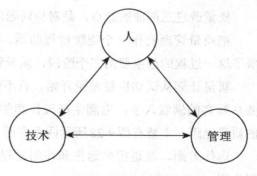

图9-25　质量改进铁三角

2. 在设计前端构建质量

在设计前端构建质量，是最经济的做法。我们要知道，不计成本的质量，与不要质量的成本，都不可取。研发设计人员要找到最佳质量点，这一质量点也就是质量总成本最低的一点，如图9-26所示。

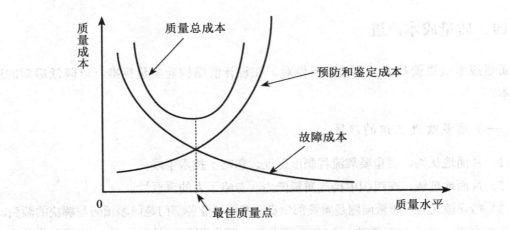

图9-26　质量成本与质量水平的关系

（三）质量改进的模型

质量改进的模型如图9-27所示。

质量改进不是一天两天的事情，要在正确的方向上，坚持，坚持，再坚持！

图9-27　质量改进的模型

1. 对待问题的态度

质量改进三部曲的起点，是对待问题的态度。

把质量管理看作一个连续过程的话，"质量计划""质量控制"和"质量改进"便构成了这一过程的最主要的三个阶段，质量管理专家朱兰博士称之为"质量管理三部曲"。

质量计划从认知质量差距开始。看不到差距，就无法确定目标。而这种差距的定位，要从顾客的满意入手，追溯生产设计和制造过程，就能使存在问题清晰化。现实中存在的质量差距，主要有图9-28所示四个方面。

运作差距，就是用来运作和控制过程的各种手段在最终产品或服务的提供中会产生副作用。

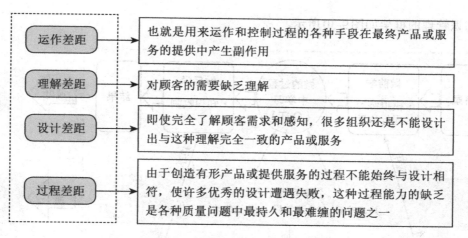

图9-28 现实中存在的质量差距

为了消除上述各种类型的质量差距,并确保最终的总质量差距最小,作为质量计划的解决方案,朱兰列出了图9-29所示六个步骤。

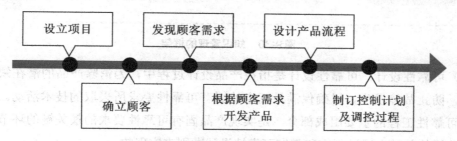

图9-29 消除各种质量差距的六个步骤

2. 析出缺陷的手段

析出缺陷的目的是要向技术和人要效益,其手段主要如下。

(1) 纲举目张。需求和规划是个纲,纲举目张。稳定的需求、明晰的规格、合理的周期、合理的架构、模块化与CBB、足够的资源投入等,是质量的基本保证。

(2) 设计审查。设计审查不是运动,而是量产前,或者进入下一个阶段之前的战役准备,做设计审查要注意:①设计审查是最重要的质量活动,特别是总体方案阶段、样机阶段审查,任何人不得请假;②技术评审,不属于管理评审,需形成技术分析报告,提供管理评审和决策参考。

(3) 质量问题日清日结。早例会是快速发现问题,管控项目进度与风险的重要手段,也是质量问题日清日结的重要线索。

(4) 知识管理。知识管理可以帮助新员工快速成长,以快速获得某方面的能力,在一定范围内复制经验,在项目中重用以往的经验教训,从而避免重犯同样的错误,也确保离职员工或者换岗员工的知识能够保留在公司内。

知识管理的框架如图9-30所示。

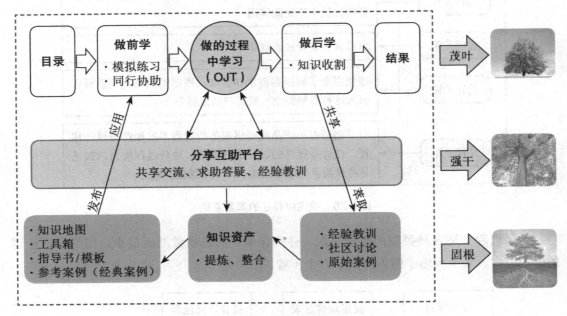

图9-30 知识管理的框架

（5）可靠性设计。可靠性设计是指在产品设计过程中，为消除产品的潜在缺陷和薄弱环节，防止故障发生，以确保满足规定的固有可靠性要求所采取的技术活动。可靠性设计是可靠性工程的重要组成部分，是实现产品固有可靠性要求的最关键的环节，是在可靠性分析的基础上通过制定和贯彻可靠性设计准则来实现的。

在产品研制过程中，常用的可靠性设计原则和方法有：元器件选择和控制、热设计、简化设计、降额设计、冗余和容错设计、环境防护设计、健壮设计和人为因素设计等。除了元器件选择和控制、热设计主要用于电子产品的可靠性设计外，其余的设计原则及方法均适用于电子产品和机械产品的可靠性设计。

可靠性涉及的领域非常多，企业应该根据自身产品特点与行业特点，有选择的采用。

（6）可靠性增长试验与可靠性寿命试验。传统的可靠性试验周期长，试验效率低，试验耗费大量的资源。越来越多的厂家开始以HALT试验，缩短研发周期，快速提升品质。HALT是一种激发试验，通过激发失效，研究和根治产品缺陷，达到提高可靠性的目的。

（7）结构化分析。结构化分析是一种面向功能或面向数据流的需求分析方法，采用自顶向下、逐层分解的方法，建立系统的处理流程。

（8）自动化测试。自动化测试是把以人为驱动的测试行为转化为机器执行的一种过程。通常，在设计了测试用例并通过评审之后，由测试人员根据测试用例中描述的规程一步步执行测试，得到实际结果与期望结果的比较。在此过程中，为了节省人力、时间或硬件资源，提高测试效率，便引入了自动化测试的概念。

3. 解决问题的方法

解决质量问题的目的是让技术与管理双归零。因为不合格的质量，从来不是来自质量部，它是源于不合格的设计、不合格的制造、不合格的采购。任何时候企业都要鼓励发现问题，暴露问题，激发团队自主改进的内生动力，这有助于解决质量问题，其方法主要如下。

（1）IQC。IQC（Incoming Quality Control，来料质量控制）是预防批次质量的利器，IQC的工作方向是从被动检验转变为主动控制，将质量控制前移，把质量问题发现在最前端，减少成本，达到有效控制，并协助供应商提高内部质量控制的水平。

（2）原因分析——5why分析法。5why分析法是寻找质量改进点与质量控制点的关键所在，也是组织能力提升的重要手段。

5why分析法，又称"5问法"，也就是对一个问题点连续以5个"为什么"来自问，以追究其根本原因。虽为5个为什么，但使用时不限定只做"5次为什么的探讨"，主要是必须找到根本原因为止，有时可能只要几次，有时也许要十几次。5why法的关键：鼓励解决问题的人要努力避开主观或自负的假设和逻辑陷阱，从结果着手，沿着因果关系链条，顺藤摸瓜，直至找出原有问题的根本原因。5why分析法示例如图9-31所示。

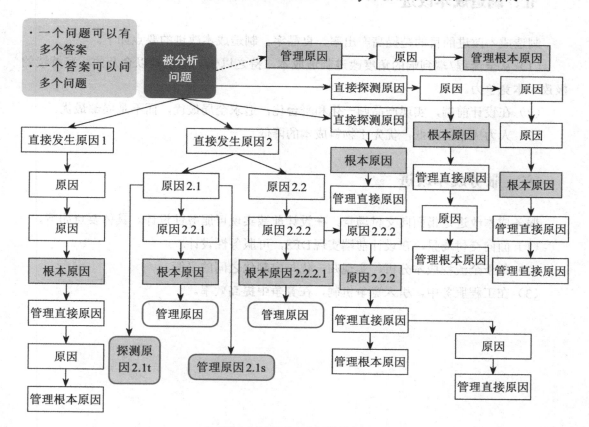

图9-31 5why分析法示例

（3）QA。QA（Quality Assurance，质量保证）的定位是：协助管理者管理质量；其工作内容是：审计，审计，再审计；检查，检查，再检查。QA在企业中具有独特的价值，如图9-32所示。

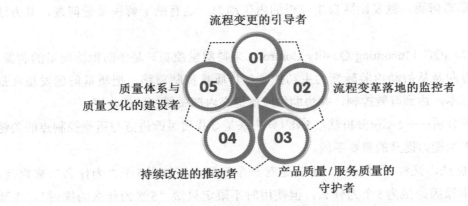

图9-32　QA在企业中具有独特的价值

五、制造成本改进

制造成本改进的目的是提高产出率、良品率。制造成本改进的要点如下。

（1）从全流程/端到端的角度改进制造成本，持之以恒，追求难以企及的、可持续的极致成本竞争力。

（2）在设计前端，实现产品归一化和平台化，追求全局最优，而不是局部最优。

（3）人力成本的降低，优先于物料成本的降低。

六、服务成本改进

服务成本改进是指面向交付场景，在设计前端实现可服务性设计。具体要点如下。

（1）面向交付场景，在设计前端实现DFS，可服务性设计。

（2）基于全流程成本分析，实现归一化与定制化之间的平衡。

（3）在工程服务中，引入竞争机制，在竞争中提高效率。

第十章
目标成本与研发费用管理

> **导言**

目标成本是在设计、生产阶段关注的中心，也是设计工作的动因，同时也为产品及工序的设计指明了方向、提供了衡量的标准。在产品和工序的设计阶段，设计人员应该使用目标成本的计算来推动设计方案的改进工作，以降低产品未来的制造成本。

研发费用是指生产经营中发生的用于研究开发新产品、新技术、新工艺的各项费用，也就是研究开发成本支出。研发费用管理主要包括费用概算、预算、费用的跟踪和控制、研发费用归集处理以及最后项目费用的核算等活动。

第一节 目标成本管理

产品研发和设计是我们生产、销售的源头所在，一个产品的目标成本其实在设计成功后就已经基本成型，作为后期的产品生产等制造工序（实际制造成本）来说，其最大的可控度只能是降低生产过程中的损耗以及提高装配加工效率（降低制造费用）。有一个观点是被普遍认同的，就是产品成本的80%是约束性成本，并且在产品的设计阶段就已经确定。也就是说，一个产品一旦完成研发，其目标材料成本、目标人工成本便已基本确定，制造中心很难改变设计留下的先天不足。有很多产品在设计阶段，就注定其未来的制造成本会高于市场普遍（目标）价格。一旦确定了产品的目标，包括价格、功能、质量等，设计人员将以目标价格扣除目标利润得出目标成本。

一、何谓目标成本管理

（一）何谓目标

目标成本——是企业在成本预测的基础上所制定的未来成本应达到的水平。是企业在成本管理上的奋斗目标。

（1）有利于有效地利用人力、物力、财力，提高企业的管理水平。

（2）为成本控制提供了前提条件。

（3）有利于有效地进行成本的分析比较。

（4）有利于实行例外管理。

（二）何谓目标成本管理

目标成本管理就是在企业预算的基础上，根据企业的经营目标，在成本预测、成本决策、测定目标成本的基础上，进行目标成本的分解、控制分析、考核、评价的一系列成本管理工作。

目标成本管理是企业成本管理的重要内容，如图10-1所示。

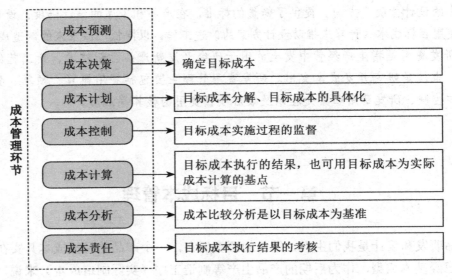

图10-1　目标成本管理的重要性图示

二、目标成本管理的实施原则

（一）价格引导的成本管理

目标成本管理体系通过竞争性的市场价格减去期望利润来确定成本目标，价格通常由市场上的竞争情况决定，而目标利润则由公司及其所在行业的财务状况决定。

（二）关注顾客

目标成本管理体系由市场驱动。顾客对质量、成本、时间的要求在产品及流程设计决策中应同时考虑，并以此引导成本分析。

（三）关注产品与流程设计

在设计阶段投入更多的时间，消除那些昂贵而又费时的或暂时不必要的改动，可以缩短产品投放市场的时间。

（四）跨职能合作

目标成本管理体系下，产品与流程团队由来自各个职能部门的成员组成，包括设计与制造部门、生产部门、销售部门、原材料采购部门、成本会计部门等。跨职能团队要对整个产品负责，而不是各职能部门各司其职。

（五）生命周期成本削减

目标成本管理关注产品整个生命周期的成本，包括购买价格、使用成本、维护与修理成本以及处置成本。它的目标是生产者和联合双方的产品生命周期成本最小化。

（六）价值链参与

目标成本管理过程有赖于价值链上全部成员的参与，包括供应商、批发商、零售商以及服务提供商。

三、目标成本管理的过程

目标成本管理是目标管理和成本管理的结合。目标成本管理的过程如图10-2所示。

设定目标成本	分解目标成本	设计目标成本	实现/验证目标成本
·市场和竞争分析 ·客户需求分析 ·确定目标售价和利润率 ·明确目标成本（范围）要求	·比较不同备选概念成本和选择依据 ·E2E（End to End，端到端）目标成本初步分析分解，纳入系统需求 ·评估目标成本达成可行性 ·明确产品成本竞争力	·E2E目标成本需求转化为成本设计规格，分解到结构、单板、模块、关键器件、工程/维护/物流成本等 ·明确构建低成本的关键措施	·落实成本措施，实现目标成本 ·跟踪E2E目标成本达成情况 ·评价E2E目标成本达成情况

图10-2 目标成本管理的过程

目标成本的设定是循序渐进的，一开始有一个假设，在后续分解、设计过程中不断求证、修改，最后确定。

实施目标成本管理的基本环节如下。

（1）建立各级责任中心为实行行之有效的目标成本管理，首先是明确划分和建立各级责任中心，以分清各个部门的职能，正确评价其工作业绩从而为目标成本的贯彻落实提供组织保证。

（2）制定目标成本，目标成本的制定贯彻"先进性、科学性、严肃性、通俗性、可行性"的原则，制定科学合理的目标成本是成本控制的前提和基础，也是目标成本管理能否贯彻实施的关键。

（3）目标成本的分解为明确责任，使目标成本成为各级奋斗的目标，在确定目标成本后，应对其进行自上而下的逐级分解。在分解目标成本时贯彻可控性原则，凡上级可控而下级不可控的成本，由上级控制，不再向下分解，同级之间谁拥有控制权就分解给谁。

第二节 加强研发费用管理

一、研发费用的分类

产品研发过程中的费用主要分为两类：直接费用和间接费用，直接费用是项目组可控的费用，是项目经理和产品开发团队关注的重点。

直接费用：包括业务费用和员工费用，业务费用主要用于产品开发业务的费用，合作费用、物料费用、资料费用、软件费用等；员工费用包括项目人员的工资及附加费用，如加班费、奖励费，可以通过控制员工投入的工作量来控制员工性费用，如提高员工的资源利用率，避免员工被单项目独占，及时释放资源；做好项目计划管理和项目风险管理，避免项目延期。项目延期会大大增加员工性费用的投入。

间接费用：项目间接费用是项目组无法直接控制的费用，如项目所需要的行政/运作费用，如仪器仪表的折旧费用、租赁费用。通常这些费用首先归集在部门，再按一定方法（如工时比例）分摊到项目，对于这部分费用，项目经理主要关注费用分摊的依据和合理性。间接费用的管理是公司层面需要关注的重点，如何提供公司资源的利用率。

二、研发费用管理活动

对于项目的费用管理，主要包括费用概算、预算、费用的跟踪和控制、研发费用归集处理以及最后项目费用的核算等活动，如图10-3所示。

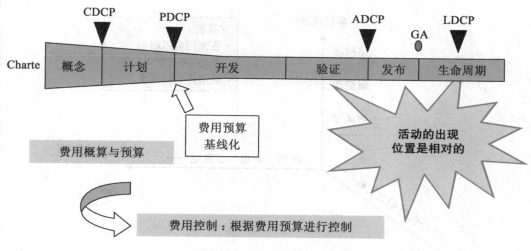

图10-3　研发费用管理活动

（一）概算与预算

在立项阶段，对整个项目所需投资进行粗略的概算，其准确性一般控制在30%以内即可。在概念阶段，随着产品开发项目1/2级计划的形成，费用预算可进一步精确，其准确度一般可以控制在10%左右。在计划阶段，随着产品开发项目3/4级计划的形成，费用预算将被确定，费用预算可控制在5%以内，该项目费用预算数据将被纳入产品开发业务计划中，并作为高层决策团队和产品开发团队签署合同的重要依据。

（二）费用的跟踪和控制

产品的开发与验证以及发布阶段，项目经理在项目研发费用管理上重点做好费用的跟踪和控制，当发生大的偏差时，需要向高层决策团队提出PCR（项目变更请求），给出变更的理由和变更的要求，经高层决策团队批准后修改合同和项目计划。

（三）研发费用归集处理

在企业和产品线的产品管理中，为了便于对研发费用进行管理，可以将产品开发中的每一项费用按三个维度进行归集：产品/项目、部门、费用性质，如图10-4所示。特别是在项目群管理和项目组合管理中，每一项研发费用都应该具备这三个属性，这项费用是什么性质、用在哪里、哪个部门用的。这种归集方法便于整个公司、整个产品线的概算、预算和决算。

（四）费用核算

费用核算是对在经营管理活动过程中发生的各项费用的核算。

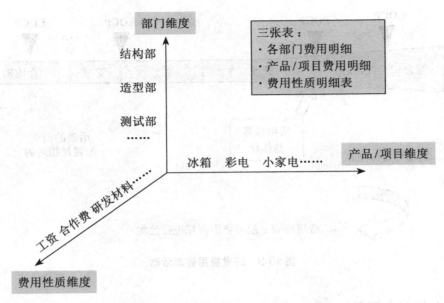

图 10-4　研发费用的三个维度：产品/项目、部门、费用性质

三、研发项目费用管理的角色和职责

研发项目费用管理的角色和职责如图 10-5 所示。

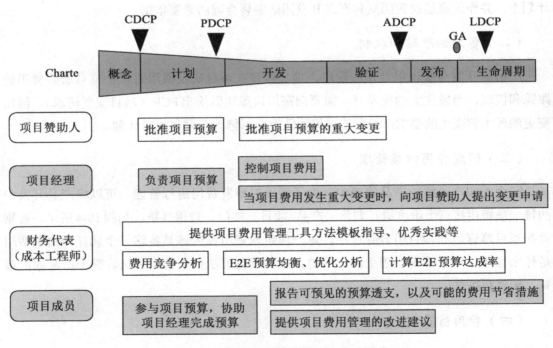

图 10-5　研发项目费用管理的角色和职责

大部分研发费用预算的变更来自研发方案和项目管理范围的变化，如项目内外部价值、项目范围、项目质量要求等。项目费用预算和目标成本也是有关联的，要降低成本，往往要投入更多的研发预算费用。

四、做好研发费用预算

项目预算的编制应当根据项目任务的合理需要，内容要紧紧围绕项目的总体目标，不能安排和项目目标不相关或关系不紧密的支出内容；要严格控制设备的品种、价格、台件，出差人次，会议规模与次数，样本采集数量，原材料的种类、价格与数量，返聘人员数量与报酬等。

（一）研发预算编制的内容

研发预算编制的内容如表10-1所示。

表10-1 研发预算编制的内容

序号	编制内容	具体说明
1	设备费	项目研究的专用设备，须列明设备的用途，表明设备名称、规格、型号、国别、单价、台件等。设备费一般占项目经费的10%～15%，最高不得超过20%
2	材料费	材料费主要包括主要材料的品种、规格、数量、单价、逐项计算；主要材料品种各自的作用，数量必要性的说明；辅助材料数量、价格的计算。材料费一般占项目经费的30%～40%
3	测试化验加工费	测试化验加工费包括测试、化验、加工的具体名目、作用、次数、单价、计算；数据的录入、统计、归集、整理的费用；占项目经费的20%～30%
4	燃料动力费	支付给外单位和合作单位的水、电、气、暖费用；本单位设备、实验室有单独的水电气暖的计量消耗和本单位内部单独经济核算的可以支付；燃料动力的消耗要有单价、吨位、度等数量的计算；经费掌握在项目经费的5%以内
5	差旅费	支付的范围仅限于研究人员外出调研、考察、业务洽谈、参加会议等的机票、车船票、住宿费、伙食补助费和公杂费；占项目经费的10%以内
6	会议费	用于项目研制过程中召开的咨询、论证、结题等会议所支付的餐费、资料费、会议室租用费等费用，特邀专家的机票、火车票、住宿费等也可列入会议费支付；严格控制会议的次数、天数和参会人数，一般项目在执行期内不得多于五次会议，每次会议不超过两天，人数也要严格控制；经费控制在项目经费的5%左右

续表

序号	编制内容	具体说明
7	出版/文献/信息传播/知识产权事务费	费用取费标准按科技市场公允价计算；占项目的5%左右
8	劳务费	发放范围严格控制在参加研究的在职研究生和临时聘用人员，不能变相地发放给本单位在职研究员；占项目经费的3%左右
9	专家咨询费	严格按会议形式和通信形式的不同规定发放专家咨询费；严格控制专家咨询的会议次数和参会人次；占项目经费的3%左右
10	管理费	按项目总经费预算数实行分段超额累进比例法核定；100万元以下的部分核定比例为8%；100万~500万元的部分核定比例为5%；500万~1000万元的部分核定比例为2%；1000万元以上的部分核定比例为1%

（二）预算编制中应注意的要求

（1）认真、详细地编写预算说明，要同项目研究内容和要实现的目标紧密相关，不要怕篇幅过长。

（2）凡财政部有明确规定的，一定要依据标准认真测算，不要自定标准或超标准计算。

（3）按市场价格计算的要依据市场公允价，不可高估冒算。

（4）购置的主要设备和主要材料时，要在预算后面附两个以上的报价单。

（5）预算说明不能太简单、笼统，不能用"大约"等模棱两可的词。

（6）预算各支出科目要做到依据充分，取费标准要合理，计算数据要准确。

（三）预算的确定方法

预算的确定方法有营收比率法、销售单位法、成长趋势法、获利比率法、目标获利法、投资报酬法和竞争比较法。它们各自的计算公式及优、缺点如图10-6～图10-12、表10-2所示。

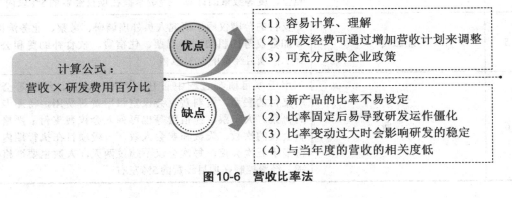

图10-6 营收比率法

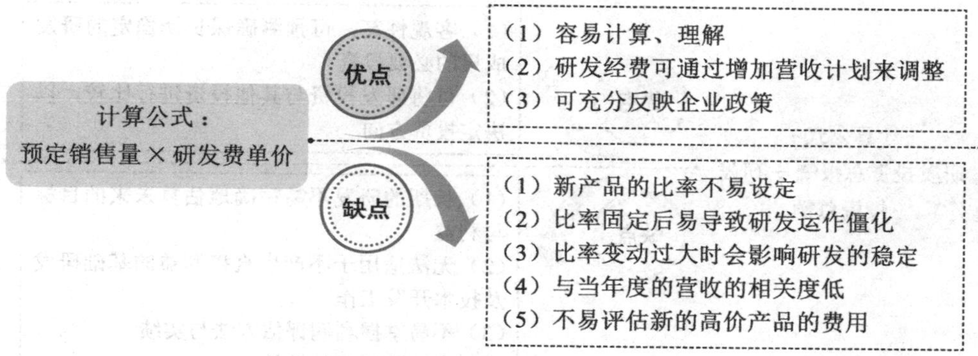

第十章 目标成本与研发费用管理

计算公式：
预定销售量×研发费单价

优点
（1）容易计算、理解
（2）研发经费可通过增加营收计划来调整
（3）可充分反映企业政策

缺点
（1）新产品的比率不易设定
（2）比率固定后易导致研发运作僵化
（3）比率变动过大时会影响研发的稳定
（4）与当年度的营收的相关度低
（5）不易评估新的高价产品的费用

图 10-7　销售单位法

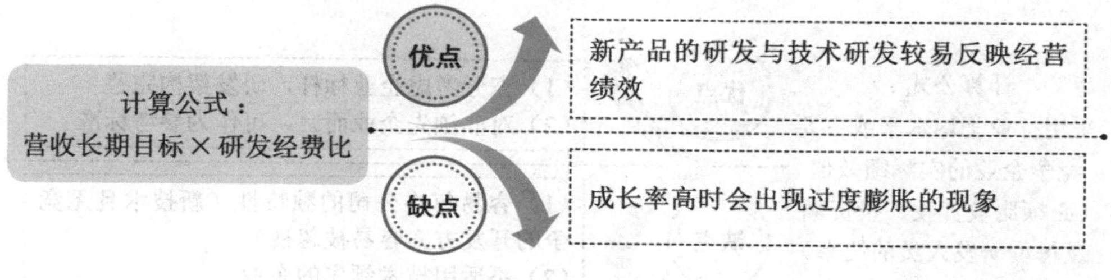

计算公式：
营收长期目标×研发经费比

优点
新产品的研发与技术研发较易反映经营绩效

缺点
成长率高时会出现过度膨胀的现象

图 10-8　成长趋势法

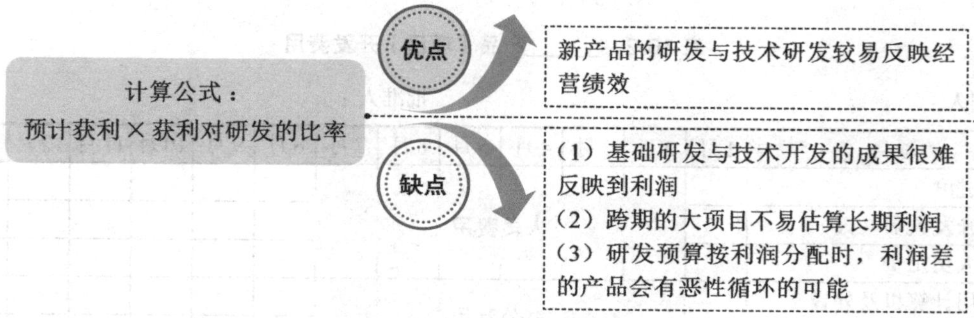

计算公式：
预计获利×获利对研发的比率

优点
新产品的研发与技术研发较易反映经营绩效

缺点
（1）基础研发与技术开发的成果很难反映到利润
（2）跨期的大项目不易估算长期利润
（3）研发预算按利润分配时，利润差的产品会有恶性循环的可能

图 10-9　获利比率法

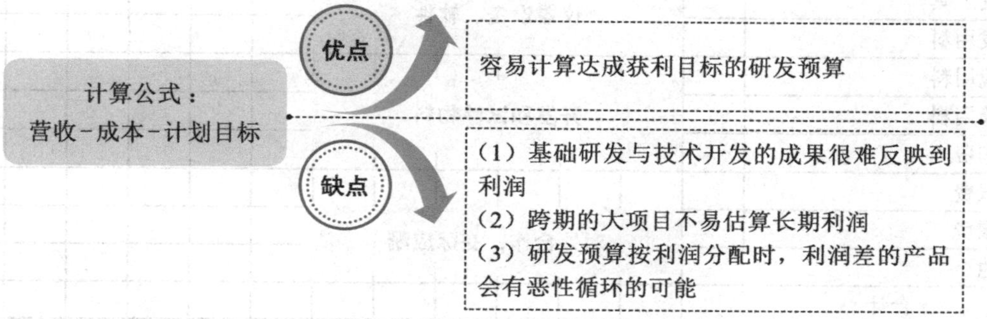

计算公式：
营收-成本-计划目标

优点
容易计算达成获利目标的研发预算

缺点
（1）基础研发与技术开发的成果很难反映到利润
（2）跨期的大项目不易估算长期利润
（3）研发预算按利润分配时，利润差的产品会有恶性循环的可能

图 10-10　目标获利法

图 10-11 投资报酬法

图 10-12 竞争比较法

表 10-2 _____产品（项目）开发费用

编制人：　　　　　　　　　　　　　批准人：

项目	1月	2月	3月	4月	5月	6月	7月	8月	9月	10月	11月	12月	合计
开发进度													
参与开发人员（人）			人员费用										
开发人员工资													
开发用计算机及外设			办公费用										
仪器设备（10万元以下）													
仪器设备（10万元以上）													
模具工具			仪器设备、软件										
开发用料													
环境用料													
实验用料			开发和试验物料										
合作费													
测试费													
差旅费			对外合作，交际应酬										
其他													
合计													

说明：此表中的内容皆是直接相关费用。

_____研究部（资源线）费用预算表

编制人：   批准人：

项目	1月	2月	3月	4月	5月	6月	7月	8月	9月	10月	11月	12月	合计
员工总人数：													
参与（　）产品													
参与（　）产品					人员费用								
参与（　）产品													
预留人员：													
员工总工资													
个人办公用计算机					办公费用								
办公设备													
办公设备（超过2000元）													
办公文具													
仪器设备					仪器设备、软件								
仪器设备（超过10万元）													
信息软件费													
合作费													
差旅费					对外合作，交际应酬								
邮电费													
交际应酬费													
培训费					培训培养								
租赁费（外地研究所）													
水电费（外地研究所）													
其他：													
合计													

注：（1）此表中的各项费用除工资及福利费外，皆为与产品无直接关系，而作为部门资源建设的费用。

（2）外地研究所还需加填租赁费及水电费。

五、做好研发费用控制

（一）研发费用控制的原则

1. 事前控制

事前控制，即事先建立各项支出的合理标准，预防成本超支。例如开发一个新产品，应该投入多少，研究发展的费用是多少，需要事先设定一个标准。

很多企业总是事后控制，虽然说亡羊补牢，为时未晚，但是在控制上最好能够做好事前的控制，未雨绸缪。

2. 事后控制

事后控制是对已经发生的成本差异采取修正的行为，调整或修正未来的成本支出。当实际的支出超过原来所编的预算或标准时，不管是量差还是价差，都应该了解原因，然后针对这些差异，采取相应的对策。

3. 避免过度控制

在进行费用控制时，应采取适度原则，避免过度控制。在现实生活中，很多企业往往矫枉过正，采取过度的控制，把钱管得太死。

例如某企业开发一个新产品，理当投入50万元，而老板只投入20万元，这就是过度控制。最后也许产品勉强开发出来了，可是上市以后却无人问津，因为20万元的预算开发出来的产品，可能功能不足，性能度不够。

所以在成本方面应做到合理控制。

（二）研发费用的使用控制

1. 研发经费使用的制度措施

（1）建立研发经费管理专款专用制度。

① 所有研发项目经费均纳入公司财务统一管理。

② 研发项目经费需按照单个项目的预算拨给，单列账户，实行专款专用。

③ 研发经费的使用由财务部负责监督，研发部负责管理支出，研发经费不得挪作他用。

（2）建立研发经费预算制度。

① 研发经费应编制单独的预算。

② 研发部一般需要根据已制订的年度研发计划，在财务部的协助下，对下一年度的研发经费进行预算，并编制研发经费预算报表。

③ 所编制的研发经费预算必须经过总经办的审批。

（3）研发经费管理项目负责制。

① 项目经理负责根据项目的具体进度分配研发经费的使用，并定期接受财务部对于研发经费使用情况的审核。

② 若研发决策委员会在审核项目进度过程中，发现无任何进展或在研发过程中因特殊原因受阻，应及时组织人员重新审核研发项目，重新确定其经济性。若重新审核的结果为"不经济"，应立即停止拨款。

③ 在规定时间内完成研发工作且研发经费有剩余的，剩余费用可按照一定的比例奖励给研发项目小组。

2. 研发费用使用控制的方法措施

（1）建立经费本。公司研发部要按照研发项目编制研发经费本、核定经费的分配比例、开具内部拨款支票，由项目经理到财务部建立经费本。

（2）研发设备购置。凡使用研发经费购置的仪器设备等固定资产，除合同另有规定外，均属于公司的固定资产，应按照公司的固定资产管理规定进行审核和管理。报销所购置的外协设备时，须附相关合同书。

（3）经费转拨管理。

① 公司各级管理机构需加强研发费用的转拨管理，所有转拨经费须附相关合同，并经研发部和财务部共同审批，不得借协作之名将研发费用挪作他用或者转入和项目无关联的单位。

② 研发费用需转拨给合作单位时，合作单位必须是"研发立项申请书"中规定的参与单位，一般情况下需在办理经费本之前与合作单位签订合同或协议书。转拨给合作单位的经费，公司按照一定的比例提取管理费。

（4）支付外协费用。因项目研究开发需要支付的加工、测试等外协费，且金额在××元以上的，须与受托方签订相关协议。

（5）管理费提取和劳务费核算。公司按照项目管理办法或者项目合同的规定提取管理费、核定人员劳务费，实行总额控制。对于没有明确规定的项目，应由公司按照项目的类别结合行业内部相关做法设定相应的比例，提取管理费、核定人员劳务费。

（6）奖励研发人员。

① 为了鼓励和激发产品研发人员的研发热情，项目完成后，公司规定的项目奖励应及时全额发放到项目团队，每个成员的得奖比例应由项目经理根据贡献决定，发放方式按照公司规定执行。

② 具体研发人员的奖金由研发部经理和项目经理确定之后，报财务部与总经办批准。

③ 研发成果按照销售提成的奖金和其他奖励应根据产品研发初期公司规定的标准来执行。

（7）清理账目。研发项目完成后，项目经理应会同财务部清理账目，结清应收、应付款。项目经理应根据要求和经费使用情况，如实编制经费决算，由财务部审核、签署意见后报送总经办批准。

（8）结算账目。

① 项目经理应按照项目合同规定的时间及时结账，原则上应在研发项目结束后或者通过验收后6个月内办理结账手续。对无正当理由逾期不办理结账手续的，财务部将根据研发中心提供的清单暂时冻结该项目经费，待办理完结账手续后方能继续使用。

② 项目经理负责填写"项目经费结算表"，并附上项目完成证明或者结题报告，经研发中心审批后到财务部办理结算手续

（9）结余经费处理。

① 若在项目完成后有结余经费，结余经费按照30%研发经费基金、20%奖金、30%劳务费的比例作二次分配，由研发部掌握使用。

② 项目中止、撤销后的剩余经费由公司统一收回，并按照有关项目经费管理规定处理。

（三）研发经费细分类控制

1. 研发经费估算控制

研发项目经理要正确地估计研发产品的费用，使产品研发决策建立在准确的费用估计的基础上，不要因过分关注产品性能而忽略产品的经济性。

2. 研发采购费用控制

研发部应协助采购部加强物资采购计划管理，限量采购，避免存货积压和浪费。

3. 研发工具费用控制

（1）技术部与研发部应共同制定研发工具的使用规范，特别是高价值、高精度的研发工具，必须由达到操作要求的人员使用，避免因操作失误造成研发工具的损坏，增加研发工具的使用成本。

（2）研发部应指派专人对研发的工具进行保养，延长研发工具的使用寿命，提高研发工具的使用效率，降低研发工具的更新、修理费用。

（3）人力资源部应将对研发工具的保养项目纳入对研发人员的绩效考核体系中。

4. 研发人力资源费用控制

（1）研发人员的数目要严格控制，避免项目中出现人浮于事的现象。

（2）将研发经费的控制情况、研发进度、研发阶段成果等纳入研发项目组考核指标，促进项目组工作的积极性，提高研发效率，降低研发人力成本。

（3）研发项目小组应尽力减少涉及交付生产前需要被修改的次数，节省研发人力、物力成本。

5. 研发资料费用控制

（1）研发资料费由研发部归口管理，由其根据需要不定期申请经费成批更新和添置技术图书或资料。

（2）研发人员因工作需要，也可临时购置少量技术资料，交技术资料室归档后限期借阅，但需经研发部经理审核方可在研发资料费中报销。

（3）研发人员要添置长期留用的工具书，必须提出书面申请，研发部经理签字同意后，方可购买报销。

六、做好研发费用核算

企业应对研发费用进行详细的核算，以确实地知道费用的使用状况。具体需要根据企业的实际情况制定研发费用核算制度，明确研发费用核算的类别、科目的设置、账务的管理、核算的流程。以下提供一个范本供参考。

【范本】

研发费用核算管理办法

1. 目的

为规范研发支出统计与核算，根据国家科技局和财政部关于研发支出相关规定，制定本办法。

2. 适用范围

本办法适用××有限公司研发费用的核算。

3. 管理规定

3.1 研发费用指标及相关统计范围

3.1.1 研究开发费用是指企业为获得科学技术（不包括人文、社会科学）新知识，创造性地运用科学技术新知识，或实质性改进技术、产品（服务）而持续进行了研究开发活动而发生的各项费用。

3.1.2 研发支出统计口径按国家统计局规定确定，包括外部支出和内部支出，外部支出是指委托或合作研发项目支付给对方单位费用，内部支出包括日常支出和资产性支出。

3.1.2.1 内部支出中的日常性支出包括研发活动人员的人工费及其他日常支出；内部支出中资产性支出是指为开展研发活动而进行建造、购置、安装、改建、扩建固定资产，以及进行设备技术改造和符合资本化条件的大修理等实际支出的费用。

日常性支出中职工薪酬是指以货币或实物形式直接或间接支付给研发活动人员的劳动报酬。包括各种形式的工资奖金、津贴补贴、职工福利、社会保险等。

其他日常支出包括因开展研发活动而发生的各项管理费用、外协加工费用和购买非资产性的材料、物资费用等。具体包括原料、材料、辅料、元器件、零配件、低值易耗品的费用（包括包装、运输、储存及各种杂费等）；房屋租金、水电费、燃料费、维修费；科研项目前期论证费、调研差旅费、资料费、计算机服务费、印刷费、邮寄费、专题技术及学术会议费、成果鉴定费；办公费、行政管理费、人事及财务管理费等。

3.1.2.2 资产性支出包括土建工程和仪器设备支出，其中土建支出是指为开展研发活动而用于建设科研楼、中试车间、试验场地等土建项目的实际支出。仪器设备支出是指为开展研发活动而用于购买仪器和设备的实际支出。

3.1.3 研发外部支出是指委托外单位或与外单位合作进行研发活动而拨给对方的经费，不包括外协加工费。

3.1.4 研发支出金额等于内部支出与外部之出之和扣除重复部分，主要是固定资产折旧和长期费用摊销。

3.1.5 为了全面反映公司技术来源情况和挖潜情况，根据实际情况将科技成果应用支出视同公司研发支出，主要包括公司对外技术引进支出和技术改造、技术措施支出。

3.2 研发费用科目设置规范

3.2.1 研发支出核算应符合企业会计准则和内部管理要求。

3.2.2 公司实行一定条件下研发支出资本化政策。研究阶段支出全部费用化，开发阶段符合一定条件（技术可行、目的明确、有资源支持、有市场需求和支出可计量）确认为无形资产。

3.2.3 公司应设置《研发支出》科目用于归集研发过程发生各种费用，《研发支出》科目下设《费用性支出》和《资本性支出》二级科目，在二级科目下根据支出性质设三级科目和四级科目：人员人工、直接投入、折旧费用与长期待摊费用、设计费用、装备调试费、无形资产摊销、委托外部研究开发费用和其他费用等八大类费用，同时根据研发项目辅助核算。

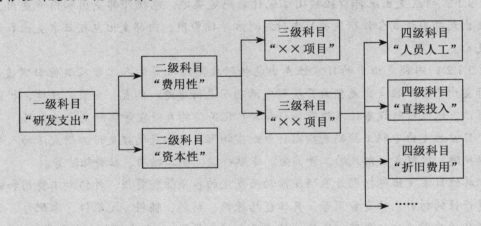

3.2.4 核算范围及要求

核算范围及要求

研发费用归集范围	核算范围及要求	备注
人员人工	从事研究开发活动人员（也称研发人员）全年工资薪金，包括基本工资、奖金、津贴、补贴、年终加薪、加班工资以及与其任职或者受雇有关的其他支出	
直接投入	（1）企业为实施研究开发项目而购买的原材料等相关支出 （2）水和燃料（包括煤气和电）使用费等，用于中间试验和产品试制达不到固定资产标准的模具、样品、样机及一般测试手段购置费、试制产品的检验费等，用于研究开发活动的仪器设备的简单维护费；以经营租赁方式租入的固定资产发生的租赁费等	

续表

研发费用归集范围	核算范围及要求	备注
折旧费用与长期待摊费用	包括为执行研究开发活动而购置的仪器和设备以及研究开发项目在用建筑物的折旧费用，包括研发设施改建、改装、装修和修理过程中发生的长期待摊费用	
设计费用	为新产品和新工艺的构思、开发和制造，进行工序、技术规范、操作特性方面的设计等发生的费用	
装备调试费	（1）主要包括工装准备过程中研究开发活动所发生的费用（如研制生产机器、模具和工具，改变生产和质量控制程序，或制定新方法及标准等） （2）为大规模批量化和商业化生产所进行的常规性工装准备和工业工程发生的费用不能计入	
无形资产摊销	因研究开发活动需要购入的专有技术（包括专利、非专利发明、许可证、专有技术、设计和计算方法等）所发生的费用摊销	
委托外部研究开发费用	是指企业委托境内、外机构进行研究开发活动所发生的费用（项目成果为企业拥有，且与企业的主要经营业务紧密相关），委托外部研究开发费用的发生金额应按照独立交易原则确定，认定过程中，按照委托外部研究开发费用发生额的80%计入研发费用总额	
其他费用	为研究开发活动所发生的其他费用，办公费、通信费、专利申请维护费、高新科技研发保险费等，此项费用一般不得超过研究开发总费用的10%，另有规定的除外	

3.2.5 公司应在《管理费用》科目下设置《研发费用》二级科目，或根据现行准则设置《研发费用》一级会计科目，用以核算不符合资本化从研发支出中结转过来费用；设置《无形资产》科目用以核算符合资本化从研发支出中结转过来的费用。

3.3 研发费用账务处理规范

3.3.1 研究阶段及开发阶段不满足资本化条件的支出全部费用化，计入《管理费用—研发费用》或《研发费用》科目；满足资本化条件的形成无形资产计入《无形资产》科目。

财务部门根据研发费用资本化条件及公司实际情况，决定研发费用是否资本化。

3.3.2 技术改造应按固定资产购建程序进行核算和管理，并定期与生产技术部核对相符。技术措施项目作为大修处理，财务上单独设置科目进行归集，生产技术部按项目进行明细管理，并定期与财务核对相符。

3.3.3 引进国外技术或国内相关技术直接用于商业项目建设的，支付许可使用费用作无形资产核算，与之相关其他相关费用按实际情况根据会计准则规定进行核算。

3.3.4 研发形成的无形资产按受益年限进行摊销，一般不超过十年。

3.4 研发费用核算流程

3.4.1 人员人工核算

3.4.1.1 员工入职时，人力资源部门做好员工信息的统计工作，编制《全体职工花名册》，收集员工资料，包括：毕业证书、职称证明、身份证复印件等。

3.4.1.2 根据公司实际情况，人力资源部门及研发中心共同确定研发人员，填写《大专以上研发人员名册》，并提交管理小组审核、批准后，确定大专以上研发人员。研发人员具体要求如下：

（1）研发人员包括研究人员、技术人员及辅助人员三类。

研究人员是指公司内主要从事研究开发项目的专业人员。

技术人员具有工程技术、自然科学和生命科学中一个或一个以上领域的技术知识和经验，在研究人员指导下参与下述工作的人员：

——关键资料的收集整理；

——编制计算机程序；

——进行实验、测试和分析；

——为实验、测试和分析准备材料和设备；

——记录测量数据、进行计算和编制图表；从事统计调查等。

辅助人员是指参与研究开发活动的熟练技工。

（2）公司应与全职研发人员签订劳动合同并缴纳"五险一金"。兼职或临时聘用人员，应有公司考勤记录，全年须在公司累计工作183天以上。

3.4.1.3 总管理部根据当月考勤记录，编制考勤表，并将研发人员考勤表提供给技术研发部。

3.4.1.4 技术研发部根据研发人员所从事的研发项目，填写《研发人员工时分配表》，一个研发人员参与多个研发项目，研发费用按实际参与各个研发项目的工时分摊。

3.4.1.5 月末，财务部编制《薪酬分配表》，确定当月各项目人员人工费用，同时填制凭证、登记账簿。

3.4.2 投入核算

3.4.2.1 研发负责人根据研发计划及研发项目的进度情况确定领料的品种及数量，填写《领料单》。具体要求如下：

（1）《领料单》应明确注明研发项目的编号及名称。

（2）研发负责人及技术研发部负责人在《领料单》上签字后，到仓库领取材料。

3.4.2.2 技术研发部指派专人按照编号整理并保管《领料单》。月末，根据当月收取的《领料单》编制《领料汇总表》，并将《领料汇总表》递交财务部门。

3.4.2.3 技术研发部记录在试生产过程中使用水电气的情况，如无法精确计量水电及其他动力消耗情况，则应根据实验消耗的材料、实验耗时、机器台班等信息，合理确定消耗数量及金额，并编制《水电气分配表》。

3.4.2.4 技术研发部指派专人保管《水电气分配表》。月末，根据《水电气分配表》编制《水费（电费、燃料）汇总表》，并递交财务部门。

3.4.2.5 用于中间试验和产品试制达不到固定资产标准的模具、样品、样机及一般测试手段购置费，试制产品的检验费；用于研究开发活动的仪器设备的简单维护费；以经营租赁方式租入的固定资产发生的租赁费等费用发生时，技术研发部填制相关单据，并递交财务部门。

3.4.2.6 财务部门根据《领料汇总表》和《水费（电费、燃料）汇总表》及其他相关单据，填制凭证、登记账簿。

3.4.3 折旧费用与长期费用摊销核算

3.4.3.1 折旧费用

（1）技术研发部负责提供研发仪器、设备及研发项目在用建筑物台账，递交财务部门，并明确各研发项目设备设施使用情况，划分研发专用固定资产和研发、生产共用固定资产。

（2）月末，财务部门根据技术研发部提供的研发仪器、设备及研发项目在用建筑物台账，编制《固定资产折旧表》，并据以填制凭证、登记账簿。

（3）专用固定资产折旧全部计入研发费用，多个研发项目使用同一个专用固定资产，该固定资产折旧平均分配至各项目；非专用固定资产折旧按研发领料占当月总领料的比例分配。

（4）财务部门根据《折旧汇总表》填制凭证、登记账簿。

3.4.3.2 长期待摊费用

技术研发部办公楼发生的改建、改装、装修和修理过程中发生的长期待摊费用，其摊销年限尽可能大于税法要求的最低年限，专用于研发的技术研发部办公楼，其摊销费用全部计入研发费用，进行试生产的车间按研发领料占当月总领料的比例分配。

3.4.4 设计费核算

3.4.4.1 技术研发部发生的工程测量费、方案设计费、施工图纸设计费等设计费，由技术研发部确定发生费用的研发项目。

3.4.4.2 财务部门根据相关单据填制凭证、登记账簿。

3.4.5 设备调试费核算

3.4.5.1 在研发过程中发生的设备调试费，由技术研发部划分至项目。

3.4.5.2 财务部门根据相关单据填制凭证、登记账簿。

3.4.6 无形资产摊销核算

3.4.6.1 公司购入无形资产时，技术研发部划分专用无形资产和非专用无形资产。

专用无形资产摊销全部计入研发费用,多个研发项目使用同一个专用无形资产,该资产摊销平均分配至各项目;非专用无形资产摊销按各个研发项目的工时分摊比例分配。

3.4.6.2 财务部门根据相关单据填制凭证、登记账簿。

3.4.7 委托外部研究开发费用核算

3.4.7.1 技术研发部根据公司实际需要及公司主要经营业务,提出委托外部研究开发申请,报管理小组审批。

3.4.7.2 采用招标、议标等方式确定受托单位,制定规范详尽的委托研发合同,明确产权归属、研究进度和质量标准等相关内容,具体要求如下。

(1)委托研究合同中开发项目名称要保持申报项目名称一致。

(2)项目成果为公司所有,包括公司应全部或部分拥有产权或5年以上独占许可权利。

(3)价格公允。

3.4.7.3 研发项目结题后,技术研发部负责对研发成果鉴定试验,并按计划进行正式的、系统的、严格的评审验收。验收合格后,技术研发部负责研究成果的保护。

3.4.7.4 受托单位必须按照《公司研究开发费用结构归集》表格式进行归集,由财务部门负责对受托单位出具的归集表进行核实。

3.4.7.5 财务部门根据实际发生的委托外部研发费支付费用,填制凭证、登记账簿。

3.4.8 其他费用核算

3.4.8.1 技术研发部发生与研究开发活动相关的费用,如办公费、通信费、差旅费,专利维护费等,填制《费用报销单》,明确发生费用归属项目,并由研发负责人签字。

3.4.8.2 技术研发部一般将其他费用控制在项目总研发费用的5%以内,特殊情况下最高不超过10%。

3.4.8.3 财务部门根据《费用报销单》填制凭证、登记账簿。

参考文献

[1] 刘向红. 如何构建企业完成的质量管理体系[J]. 科技信息, 2011 (19): 370.
[2] 张时光、刘向红. 研发企业质量管理体系的构建[J]. 天津科技, 2015 (42): 9-10.
[3] 陈声涛. 论研发设计质量管理[J]. 质量工程卷, 2005 (1): 30-31.
[4] 周敏. 项目质量管理中的质量策划及其实施研究[D]. 上海: 上海交通大学机械与动力工程学院, 2012.
[5] 杜康. 浅谈企业研发项目质量管理[J]. 汽车与配件, 2017 (26): 65-67.
[6] 吴桂玲. 一种用于型号质量管理的有效方法——项目质量管理体系[J]. 质量与可靠性, 2009 (3): 16—19.
[7] 关明. 浅谈PDCA循环管理在企业研发项目质量管理中的应用[J]. 管理科学, 2009 (3): 104.
[8] 刘畅. 高可靠卫星电子设备的质量策划研究[D]. 成都: 电子科技大学经济与管理学院, 2010.
[9] 张春秀. 民机研制项目质量策划浅析[J]. 项目管理技术, 2014, 12 (8): 109-113.
[10] 潘加宁. 如何做好项目质量策划[J]. 中国技术监督, 2011 (3): 64-65.
[11] 王宇飞. 装备研制项目质量管理刍议[J]. 管理观察, 2013 (27): 190-191.
[12] 王祖和. 项目质量管理[M]. 北京: 机械工业出版社, 2004: 67.
[13] 王海瑶, 杨艳华, 沈振辉. 企业新产品研发项目的质量策划. 莆田学院学报[J]. 2018 (03): 50-54.
[14] 王祖和. 项目质量管理 (第2版). 北京: 机械工业出版社. 2018.
[15] 汪小金. 项目管理方法论 (第3版). 北京: 中国电力出版社. 2020.
[16] 孙慧. 项目成本管理 (第3版). 北京: 机械工业出版社. 2018.